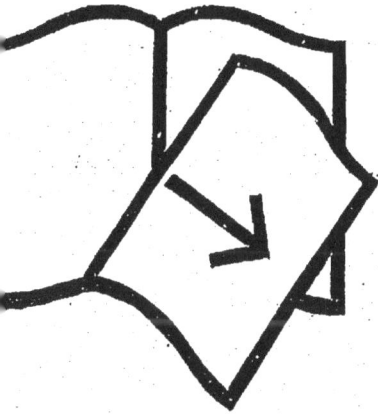

Couverture inférieure manquante

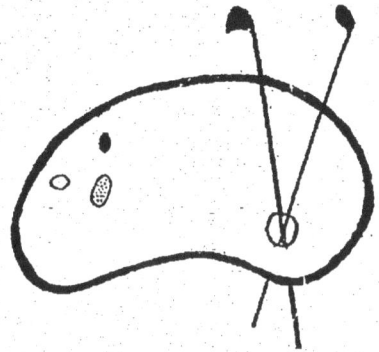

DEBUT D'UNE SERIE DE DOCUMENTS
EN COULEUR

NOTICE HISTORIQUE

SUR

L'HOSPICE DE TULLE

PAR

CH. MELON DE PRADOU

Officier d'Académie

Président de la *Société des Lettres, Sciences et Arts
de la Corrèze*

TULLE

IMPRIMERIE CRAUFFON ADMINISTRATIVE ET COMMERCIALE

10, Rue du Fouret et place Saint-Bernard, 1

1883

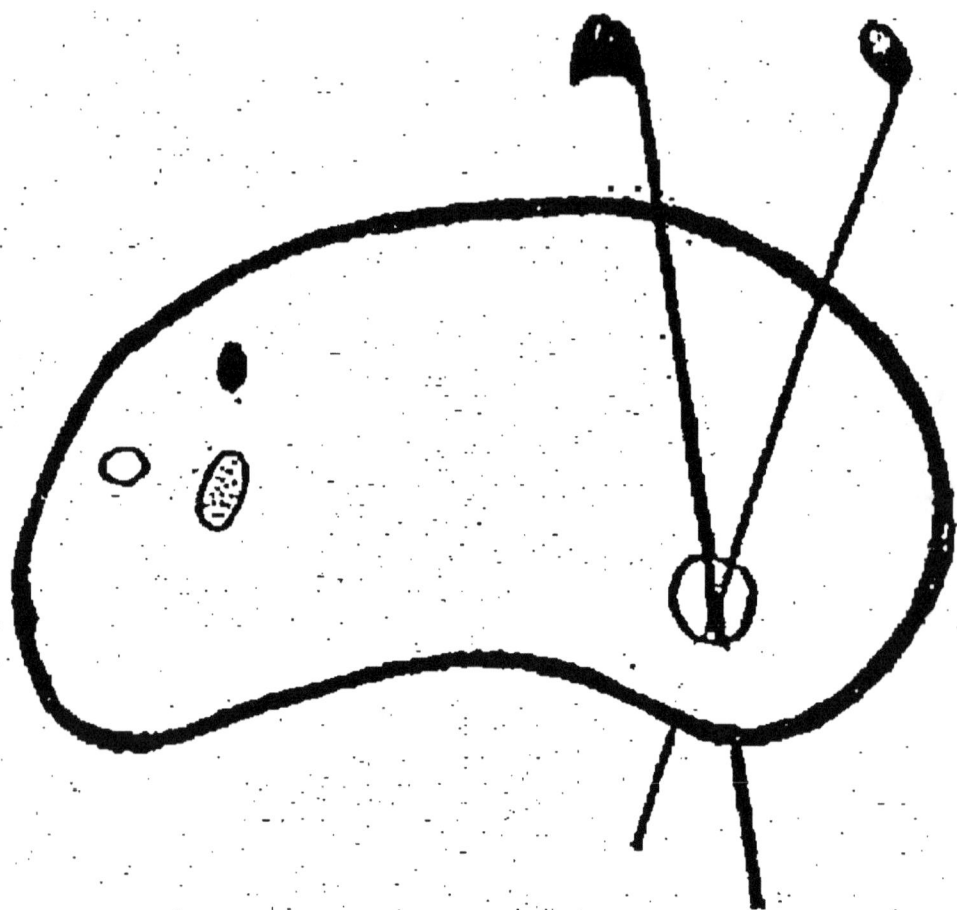

FIN D'UNE SERIE DE DOCUMENTS
EN COULEUR

L'HOSPICE DE TULLE

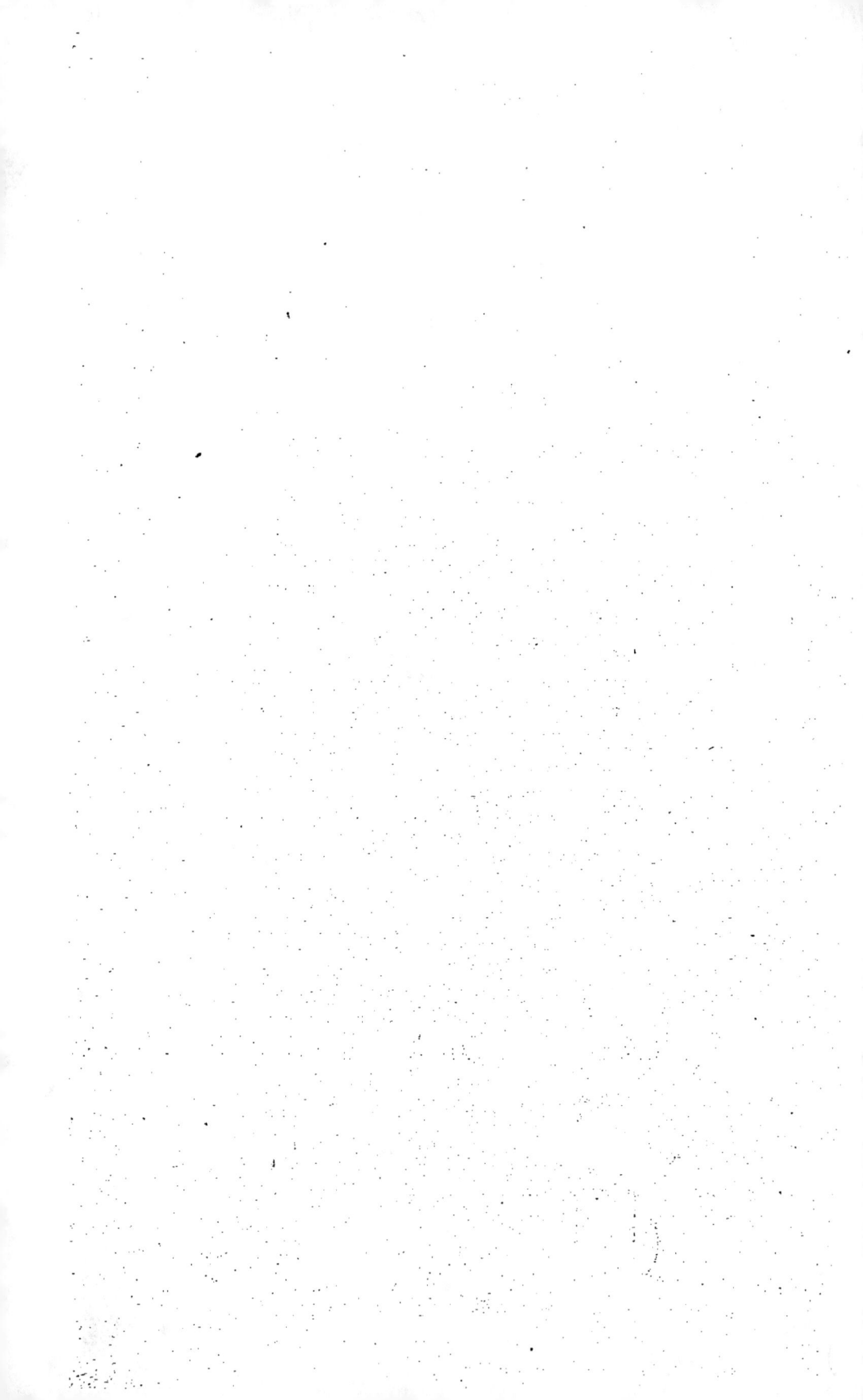

NOTICE HISTORIQUE

SUR

L'HOSPICE DE TULLE

PAR

CH. MELON DE PRADOU

Officier d'Académie

Président de la *Société des Lettres, Sciences et Arts
de la Corrèze*

TULLE

IMPRIMERIE CRAUFFON ADMINISTRATIVE ET COMMERCIALE

10, Rue du Fouret et place Saint-Bernard, 1

—

1883

INTRODUCTION

———

Ceci n'est pas un livre : c'est une analyse aussi complète que possible, souvent littérale, des délibérations de la commission administrative de l'hôpital de Tulle.

Les membres de cette commission étaient désignés, dans le principe, sous le nom de syndics, puis de directeurs et enfin d'administrateurs, titre qu'ils portent encore aujourd'hui. Leur dévouement à la classe pauvre, aux infirmes et aux malades, a été dès le premier jour guidé par les principes d'un ordre élevé et si, parfois, les résultats obtenus n'ont pas été à la hauteur de leurs efforts, il faut en rechercher la cause dans des circonstances malheureuses de disettes, d'épidémies terribles, de ressources insuffisantes, mais laissant toujours intacts leurs sentiments d'honneur et de probité.

Une lacune regrettable existera dans le récit de cette administration, par suite de la perte du registre contenant la période de 1720 à 1750. Il est impossible de pouvoir la combler et de mettre au jour les principaux évènements qu'elle vit naître, ainsi que d'indiquer les noms du personnel administratif, religieux et médical pendant ces trente années.

L'histoire de notre établissement hospitalier peut se diviser en trois parties :

La première sera relative aux faits antérieurs à l'année 1670, alors que l'hospice portait le nom d'*Hostel-Dieu ;* la seconde partira de cette année (1670) où fut créé à Tulle, ainsi que dans plusieurs villes de France, par lettres patentes du roi Louis XIV, un *hôpital général*, et se terminera en 1793, à l'époque où les sœurs de charité laissèrent le service à des laïques ; la troisième, depuis l'époque révolutionnaire jusqu'à l'année 1830.

Nous avons cru devoir limiter nos recherches à cette date. En effet, à partir de cette époque, l'histoire locale n'existe plus : elle perd son caractère particulier pour revêtir les formes générales que lui donne la centralisation administrative. Les coutumes inhérentes à chaque province disparaissent pour faire place à des règles générales et uniformes assignées à chacune d'elles par une autorité supérieure. Les règles d'une comptabilité identique sont appliquées dans toute la France et des états imprimés sur le même cadre enlèvent les signes d'originalité particulière à chaque province.

Cette division est d'autant plus naturelle que le service hospitalier a été fait, pendant ces trois époques, dans des locaux différents, d'un aménagement tout contraire et ne réunissant pas, dans les deux premières périodes, les conditions de bien-être, d'hygiène, de soins et de propreté qu'on trouve dans la dernière.

En faisant ce récit, je laisserai de côté les considérations d'économie politique résultant de la connaissance des faits accomplis. On peut, en effet, se demander avec raison pourquoi aux xviie et xviiie siècles la misère était si grande, alors que les objets de consommation étaient au-dessous de plus d'un tiers du prix actuel ? Pour quel motif, la population de la ville étant inférieure de beaucoup au chiffre de nos jours, l'hôpital contenait trois à quatre cents pensionnaires, alors qu'aujourd'hui il en compte à peine cent?

L'explication de ces faits est facile à donner :

La ville de Tulle, à ces époques, entourée de couvents, était privée de toute espèce de commerce et d'industrie. Les habitants, autres que les religieux, les membres du clergé séculier et les hommes de loi, n'avaient pour toute profession que celle de peigneurs de laine, tisseurs de chanvre, métiers ingrats qu'ils faisaient avec des machines défectueuses, moyennant un salaire de douze à quinze sols par jour. Privés de l'instruction, ils ne pouvaient acquérir des connaissances leur permettant d'aspirer à des emplois plus salariés. La difficulté des voies de locomotion les rivaient au sol d'une manière inflexible et les forçaient à végéter dans l'ornière où ils étaient nés.

Misérables chez eux, ils étaient aussi misérables à l'hôpital dont les ressources ne permettaient pas de leur donner une alimentation suffisante, réduite le plus souvent à du pain très grossier, fabriqué dans la maison, et à des fèves.

Le pain blanc et le vin étaient réservés pour les malades. Souvent même, les greniers de l'établissement étant vides, on donnait aux pauvres un ou deux sols et on les lâchait dans la ville pour y trouver les moyens de vivre et, le soir, cette horde indisciplinée rentrait en désordre coucher à l'Hôtel-Dieu. Les dortoirs étaient insuffisants, pas éclairés, et le mélange des sexes couchés dans le même local, quelquefois dans le même lit, occasionnait les abus les plus graves. (Voir délibération 1662.)

En outre, pour la répression de la mendicité, on condamnait à être internés dans l'hôpital, ceux qui étaient trouvés commettant ce délit. La durée de cette peine était proportionnée aux renseignements recueillis sur la moralité du délinquant. L'emprisonnement était accompagné du fouet et de la marque sur l'épaule de la lettre M si la mendicité avait été pratiquée avec insolence (déclaration royale du 18 juillet 1724). Par jugement du 4 juillet 1742, le présidial de Tulle condamna le sieur Michel Pinèges, *atteint et convaincu d'avoir mendié avec insolence*, « à estre enfermé pendant trois ans dans l'hôspital de Limoges et à estre marqué de la lettre M. »

On comprend le danger qu'il y avait à mêler des gens tarés et vicieux à une population honnête et malheureuse de malades et d'infirmes. L'administration était obligée de recourir à l'emploi de moyens de répression fort sévères, le fouet, la mise au cachot, la marque et le bannissement; spectacle affligeant pour ceux qui en étaient les témoins. L'hôpital qui doit être l'asile de la paix, de la vraie fraternité chrétienne, qui joint ses consolations morales aux efforts de la science pour alléger et guérir les maux inhérents à la nature humaine était transformé en maison de correction qui était l'antichambre du bagne.

Un arrêt de la cour du parlement de Bordeaux, du 8 septembre 1709, servant de règlement pour la nourriture et la subsistance des pauvres, porte :

« Art. 1er. Tous les pauvres mendiants qui ne sont
» pas en état présentement de gagner leur vie, se
» retireront dans la paroisse où ils sont natifs, inces-
» samment après la publication du présent arrêt;
» leur fait défense de vaguer et demander l'aumône,
» à peine, tant les hommes que les femmes, d'être
» renfermés durant huit jours dans les prisons les
» plus prochaines, et les hommes attachés au carcan,
» sur le procès-verbal des officiers qui les auront arrê-
» tés; et en cas de récidive, des galères pendant
» trois ans contre les hommes valides et les garçons
» au-dessus de seize ans, du fouet et du carcan à
» différents jours de marché contre les estropiés, et
» du fouet contre les femmes qui ne sont pas en-

» ceintes, et les garçons au-dessus de douze ans qui
» sont en état de faire quelque travail. Fait ladite
» cour défense à toutes personnes de leur donner
» retraite plus d'une nuit, à peine de dix livres
» d'amende, même de plus grande, s'il y échet. »

Le rapprochement de ces mesures d'une sévérité si
grande des règlements appliqués dans les dépôts actuels de mendicité où les pensionnaires sont conforta-
blement nourris, couchés et soignés, démontre le
progrès accompli dans l'adoucissement de nos mœurs
et dans l'exercice sainement pratiqué de la bienfaisance.

Si les revenus de l'hôpital étaient presque tous les
ans au-dessous de la dépense, il faut en attribuer,
dans une certaine mesure, la faute à MM. les Administrateurs. Ceux-ci, toujours choisis parmi les personnes les plus honorables de la ville, très considérés par leur fortune et leur intelligence, étaient animés des meilleures intentions. Leur zèle était grand,
leur honnêteté la plus pure, mais leur surveillance
n'était pas assez active et leur confiance dans le personnel qui régissait l'intérieur de la maison était
beaucoup trop large. Il s'y commettait de graves
abus, résultat d'une gestion peu intelligente et pas
assez pénétrée des règles économiques qui ne doivent
jamais être négligées dans les plus petits détails.

Les revenus de l'établissement consistant en rentes
de toute nature sur des particuliers habitant à des
distances considérables, sur des maisons religieuses,
sur des cures, des prévôtés, sur des fonds dispersés
n'étaient pas payés exactement. La rentrée se faisait
difficilement et les procès à soutenir étaient nombreux et coûteux. Ils exigeaient des correspondances
actives, des voyages à Bordeaux et à Paris, pour défendre devant le parlement et les conseils du roi.
Aussi le trésorier qui remplissait des fonctions gratuites dont la durée n'excédait pas deux années, pré-

férait, pour éviter tout ennui, faire des avances de ses propres fonds. Il en était remboursé, à la reddition de ses comptes, par son successeur qui prenait en charge le déficit et suivait à son tour les mêmes errements. L'hôpital avait donc sa dette flottante dont le chiffre montait chaque année et devait, à un moment donné, amener la ruine totale.

Lorsque la caisse était vide, ainsi que le grenier, on recourait à des quêtes publiques, à des emprunts, à des ventes de fonds et à des transports de créance. C'étaient des expédients momentanés qui voilaient à peine le triste état de la situation, et la surveillance pour parer au retour de semblables calamités n'en était pas plus utilement éveillée. Les blé, seigle et sarrazin étaient accumulés dans les greniers et livrés à la discrétion des hospitalières qui les convertissaient en pain sans contrôle aucun.

D'un autre côté, en introduisant dans l'intérieur de l'établissement une manufacture pour peigner la laine et confectionner des étoffes grossières, on créait un élément de dépenses supplémentaires et on dénaturait la vraie destination des maisons de charité.

Ces asiles ne doivent être ouverts qu'aux infirmes, aux malades, aux enfants et aux vieillards. Fréquentés par des gens valides, ils deviennent un abri pour l'inconduite et la paresse et détournent l'homme de la voie morale et honnête tracée par le travail.

Les personnes renfermées dans ces murs sont enlevées aux relations sociales, sont privées des douceurs de la vie de famille et deviennent des êtres égoïstes et inutiles à la société.

Aussi, on doit choisir avec une grande prudence les pensionnaires de ces établissements et accorder des places seulement aux infirmes et aux vieillards. Les orphelins qui y sont recueillis, doivent en sortir le plus tôt possible et être placés, dès l'âge de douze ans, chez des cultivateurs qui les reçoivent avec plaisir, les initient aux travaux des champs, les admettent à la table commune et s'attachent à eux comme s'ils étaient leurs propres enfants. C'est ainsi qu'on procède aujourd'hui à l'hospice de Tulle où les enfants sont placés chez des particuliers qui ont justifié, par une enquête sérieuse, de leur probité et des moyens de subsistance qu'ils peuvent fournir. Les résultats obtenus pour la santé de l'enfant et pour son avenir social sont excellents.

Depuis les temps les plus éloignés, l'hospitalité a toujours été pratiquée comme une vertu, comme un devoir sacré à exercer envers les étrangers, les voyageurs, les inconnus. Ceux qui étaient reçus, à ce titre, dans la famille étaient considérés comme des êtres sacrés, ayant droit à une protection réciproque, à des soins particuliers. Les liens de l'affection se nouaient chaque jour davantage et duraient jusqu'à la mort. Les dieux *Lares* qui protégeaient cette hospitalité étaient en grande vénération chez les Romains. Cette hospitalité particulière a été remplacée plus tard par des maisons de bienfaisance, mais elle perdit, en se transformant ainsi, son caractère de grandeur et de noblesse qui la distinguait dans le principe. Au moyen âge elle fut le privilège exclusif de certains ordres religieux créés sous le nom des : *Ordres hospitaliers, des Chevaliers de Saint-Jean-de-Jérusalem, des Chevaliers teutoniques, des Frères de la charité, des Bons-Fils de l'ordre de Saint-François, des Religieux du Mont-Saint-Bernard, des Sœurs hospitalières, des Filles-Dieu, des Haudriettes, des Filles de Saint-François,* et de nos jours, *des Sœurs de Charité, des Petites-Sœurs des Pauvres,* etc., etc....

Les établissements hospitaliers portaient indistinctement les noms d'hôpital et d'hospice. Aujourd'hui ces noms représentent deux sortes d'établissement; l'*hôpital* est réservé aux malades et aux blessés qui peuvent ou doivent guérir; l'*hospice* est l'asile des incurables, des enfants, des vieillards.

Les premiers furent créés à Jérusalem pour recevoir les pèlerins ; plus tard, chaque abbaye ou chaque cathédrale eut son hôpital alimenté par les rois et les évêques. Après les premières croisades, s'élevèrent de nombreuses maisons de refuge et de secours sous le titre de *leproserie, ladreries, maladreries,* qui recevaient les croisés, les hommes de guerre, les étrangers voyageurs.

Iʳᵉ PARTIE

—

L'HOSTEL-DIEU

—

> La charité ne cherche à surpas-
> ser personne; elle n'agit pas avec
> témérité, elle ne s'enfle pas, elle
> n'est point ambitieuse.
>
> SAINT PAUL.

Cette hospitalité était exercée à Tulle dans la lépro-
serie (1) qui s'appelait l'*Hostel-Dieu* ou *Oûstal do-ous
pa-oubres*. Ainsi que le constatent les archives les
plus anciennes existant aujourd'hui, son établissement
remonte au milieu du xivᵉ siècle. On trouve des titres
de fondation en faveur de l'*Hostel-Dieu de Tulle* en
l'année 1346. Il est donc à présumer qu'il fut créé à
l'époque des croisades, comme tous les établissements
de ce genre.

Il se composait :

1º D'une maison, appelée l'*Hôtel-Dieu*, située à
Tulle, rue de la Barrière, sur l'emplacement formant

---

(1) On comptait aux environs de Tulle sept maladreries. La plus
ancienne était de fondation royale. Le roi en était le patron. Revenu
800 livres. Celles des Angles, de Gorsses, de Rilhac, de Favars, de
Montchamps, avaient été fondées par les habitants. Elles étaient sous
le patronage de l'évêque. Leurs revenus montaient à 2,000 livres. Le
commandeur de Saint-Jean de Jérusalem, près de la ville, avait pour
patron le grand-maître de Malte. Son revenu était de 5,000 livres.
(Marvaud, *Histoire du Bas-Limousin*, 2 vol., p. 421.)

aujourd'hui la place Saint-Jean, devant l'église de ce nom. Elle avait deux entrées, au-dessus desquelles se trouvaient gravées sur pierre les armes de la ville. Lors de la création de l'hôpital général (1670), elle fut successivement affermée aux demoiselles de Vaurillon, Puyhaubert et à M. de La Combe, procureur du roi, moyennant 55 livres pour une partie. Le surplus consistant en cuisine, greniers à foin, gabions était affermé séparément à divers ;

2° D'une autre maison, située près l'église dudit Hôtel-Dieu appelée des Pénitents-Blancs ; cette maison, dite du vicaire, consistait en chambres, galetas, boutique ou corridor, a été affermée (après 1690) au sieur Lavaur, cordonnier, moyennant 67 livres 13 sols 6 deniers. Plus tard, la congrégation des pénitents blancs, par les soins du sieur Vialle, son syndic, s'installa dans cette maison, moyennant une rente annuelle et perpétuelle de 18 livres ;

3° Une autre maison, appelée du Maréchal, joignant l'Hôtel-Dieu ;

4° Un four à cuire le pain et à sécher le blé, dit four du faubourg de la Barrière, avec maison et cour. Il a été affermé à Perrette Lagarde, veuve d'Antoine Lagarde, sargetier, moyennant le prix annuel de 303 livres 1 sol 6 deniers, et à la charge de donner, chaque jour, depuis la fête de Saint-Michel jusqu'à Pâques, *deux pleines bassines de braise et une seule depuis Pâques jusqu'à Saint-Michel ;*

5° Le jeu de *Paulme* avec logement et jardin en dépendant situé au lieu dit *lou Pra de l'Espital,* affermé 80 livres par an, et à la charge de laisser tendre dans ledit jeu et tout le long les toiles et rideaux de l'Hôtel-Dieu ;

6° La place où l'on tient les foires dite *Pra de l'Espital.* (La ville devait une redevance pour la tenue de ces foires) ;

7° L'église joignant ledit Hôtel-Dieu *de partage avec messieurs les pénitents blancs ;*

8° Le cimetière joignant l'église et la place des Charrières (1) ;

9° Le poids de la ville affermé 60 livres par an à une demoiselle Jarrige ;

10° Un moulin dit Moulin de la Barrière.

L'Hôtel-Dieu possédait, en outre, dans le tènement, dit Bois des Malades, des prés, terres, garennes et *nouiarèdes* qu'il avait achetés d'un sieur Barrat. Tous ces prés et clôtures étaient affermés à divers particuliers.

Il en dépendait en outre une terre appelée *Baron*, proche du lieu dit la *Bachélerie,* bordée par le chemin *de lo Lunado,* d'une contenance de 7 sesterées et plantée de 82 arbres noyers, 13 pommiers, 4 poiriers, 2 cerisiers (2). Elle était affermée, moyennant 16 livres, à Nicolas et Pierre Pouch, sabotiers, habitant la rue d'Alverge. L'Hôtel-Dieu possédait encore, audit lieu, une vigne appelée du Puy de la Bachélerie, dans le tènement de *Baladigou,* contenant 16 journaux, et vendue plus tard à un sieur Eyrolles, avocat, moyennant une rente annuelle et perpétuelle de 10 livres.

Le 3 février 1669, devant le maire de la ville, et, sur la porte de l'*Hôtel-Dieu,* furent affermés aux enchères :

1° Le jeu de Paulme, à Jean Combes, habitant de la ville, moyennant 100 livres ;

2° Une boutique à Jean Bleygeat, dit Fournier, chapelier, moyennant 12 livres ;

3° Une boutique et chambre à Fraysse, cordonnier, moyennant 27 livres ;

---

(1) Le cimetière de l'Hôtel-Dieu était situé dans le jardin et terrain de la maison aujourd'hui la propriété de M. Brugère, ancien juge de paix.

(2) Ce détail, qui peut paraître puéril, a cependant une certaine importance ; il prouve le soin apporté à cette époque dans la description des lieux.

4° Une boutique, chambre et galetas à Antoine Beynet, chapelier, moyennant 21 livres 10 sols ;

5° Une boutique à la veuve Anne Moulin, moyennant 11 livres 10 sols ;

6° Maison et boutique joignant le four à Guillaume Val, maréchal, moyennant 50 livres ;

7° Boutique à Catherine Malet, moyennant 25 livres.

Des aumônes étaient attribuées à l'Hôtel-Dieu, telles que celle de l'aumônerie de la cathédrale, consistant en blé et fèves, celle des portiers de la cathédrale, *en coupes de sel*, et celle du chapitre dite l'aumône d'Aymard-le-Don. Cette aumône consistait à verser à l'Hôtel-Dieu :

1° Le premier samedi de carême 60 sestiers de seigle ;

2° Dans le courant du carême 15 sestiers de fèves ;

3° Le premier jeudi de carême 6 sestiers de froment à la mesure de Tulle.

L'exécuteur des hautes-œuvres était logé à l'Hôtel-Dieu, moyennant un prix assez minime. Il occupait la chambre sur le portail du pré de l'hôpital et se trouvait isolé des autres pensionnaires et du service intérieur de la maison (1).

L'Hôtel-Dieu possédait, en outre, des rentes foncières, des redevances de toute nature et des titres de créances sur de nombreux particuliers; les contrats étaient volumineux mais les sommes dues, en vertu de chacun d'eux, étaient fort minimes. Ils nécessitaient un travail d'examen et de surveillance qui n'étaient pas en rapport avec les résultats obtenus.

Ainsi on peut citer : rente sur Jean Ceindriat et sa mère de 14 livres 12 sols 6 deniers; obligation de Jacques Verdier pour 30 livres; obligation d'Etienne

_____

(1) Cette chambre existe encore aujourd'hui, elle est située sur le porche servant de passage de la rue Nationale au Champ-de-Mars.

Feix pour 20 livres ; de Martial Debernard pour
6 livres ; de Jérôme Béral pour 14 livres ; legs de
30 aunes de toile de chanvre par Julien Juyé sieur de
Labesse ; legs de 30 livres par M. de Lafargeardie,
lieutenant en l'élection ; de 30 livres par Sébastien
Faugeyron, greffier ; de 10 livres par Julien Régis,
notaire ; de 30 livres par Pierre Meynard, président en
l'élection ; 10 livres par Jean Gendre, bourgeois ;
60 livres par Antoine Duboys, bourgeois.

L'établissement était administré par des syndics
nommés pour trois ans, par les maires et consuls de
la ville qui assistaient aussi aux délibérations importantes et donnaient leurs avis dans des cas difficiles.
Un ecclésiastique faisait partie du bureau. La manière
dont les registres étaient tenus à cette époque ne permet pas de donner une désignation exacte et complète
des personnes qui, au xviie siècle, remplissaient ces
honorables fonctions. On trouve les noms suivants
sur les diverses pièces des archives :

1600 : De Fénis, Fageardis, de la Tour, Deprès,
Baluze, *enquesteur*, Mante, consul ;

1610 à 1619 : De Fénis, Melon, Faige, Baluze,
Meynard, de la Fageardie, Levet, Darche, chanoine
de la cathédrale de Tulle, Meynard, bourgeois, Lagarde, Brivezac, de l'Espinasse-Rinière ;

1619 : De Payan ;

1622 : Dubal, Jean-Baptiste ;

1626 : Antoine Vachot, procureur au siège royal ;

1627 : Jean Larue, bourgeois, Levet ;

1633 : Jehan Dufaure, bourgeois ;

1635 : Julien Juyé de Labesse ;

1637 : Martial Décombes ;

1641 : Annet Maruc, prestre, curé de Cornil ;

1645 : Jean de Lespinasse, conseiller du roi en
l'élection ;

1650 : Rinière, conseiller du roi ;

1652 : Meynard, président en l'élection ;

1656 : De Chadapot ;

1660 : Jean Meynard, sieur du Tournier ;

1663 : Martial de Fénis, seigneur de Pompaden, conseiller magistrat ;

1664 : Jacques de Fénis, conseiller du roi, es-sièges de Tulle ;

1669 : Jean-Calmine Baluze, chanoine de l'église cathédrale de Tulle ;

Jean Braquillange, conseiller au présidial.

Les séances des syndics avaient lieu alternativement à l'Hôtel-Dieu, dans la chapelle, à l'aumônerie de la cathédrale, *dans le parquet et auditoire royal.*

En tête des registres des délibérations étaient inscrites les citations suivantes :

Peccata tua elleemosina redime (Daniel IV).

Caritas operit multitudinem peccatorum (Petrus 1, c. IV).

La première assemblée mentionnée dans les archives se composait de MM. de Fénis, lieutenant-général, Fageardie, lieutenant-assesseur, de la Tour, doyen de la cathédrale, Deprès, procureur du roi, Baluze, *enquesteur,* et Mante, consul.

Pour accroître les ressources de l'Hôtel-Dieu on décida la création d'un nouveau jeu de Paulme sur le pré de l'hôpital. Ce nouveau jeu devait également contenir des logements. Le sieur Brossard, bourgeois de Tulle et syndic, fut désigné pour faire le choix de l'emplacement et dresser les devis de la dépense. Le cahier des charges, rédigé à cet effet, contient de nombreux détails sur la construction, sur les prix à payer de manière à éviter à l'avenir toute espèce de discussion. Le prix des murs était fixé à 4 livres 5 sols la brasse ; il fut adjugé, au rabais, moyennant 3 livres

17 sols. On décida, en outre, de faire construire un nouveau four entre le portail de l'Hôtel-Dieu et le pressoir d'un sieur Vergne, marchand d'huiles, ainsi que des maisons et boutiques dans les jardins. M. de L'Espinasse offrit de donner un bateau pour le transport des pierres de maçonnerie qui étaient extraites de la carrière située vis-à-vis de l'autre côté de la Corrèze (carrière dite aujourd'hui de chez Laforêt).

Les fonctions de sœurs étaient remplies par des demoiselles de qualité qui servaient gratuitement les pauvres. Leur dévouement était extrême et complètement désintéressé. Non-seulement elles soignaient gratuitement tous les pauvres, mais encore elles donnaient toutes leurs économies pour améliorer la prospérité de l'établissement. C'est avec leur argent qu'elles firent approprier deux chambres pour l'*apothicairerie* et la distribution des remèdes qui, pris jusqu'à ce jour, chez des pharmaciens de la ville étaient pour l'administration l'objet d'une grande dépense. Ces dames de charité apportant une grande économie dans la distribution des médicaments et ayant justifié de connaissances suffisantes, les syndics prescrivirent aux médecins et chirurgiens de confier leurs ordonnances à ces dames qui en rempliraient l'objet sans s'adresser aux *apothicaires* de la ville. Seulement ces ordonnances seraient à l'avenir rédigées en français et non en latin. Mlle de Peyrelade est une des premières sœurs dont il est question dans les archives. Elle était très estimée et très aimée. C'est elle qui dirigeait ses collègues et avait la responsabilité de l'administration intérieure. Son décès, arrivé en 1668, fut considéré comme un deuil public; tous les pauvres de la ville et de l'Hôtel-Dieu ainsi que les corps civils assistèrent à ses funérailles. Elle avait sous ses ordres Mlles de Puyhaubert, Jeanneton de Chirac, Catherine de Vaurillon.

Ces dernières, filles d'un marchand et d'un avocat de Tulle, furent admises avec empressement par les syndics qui connaissaient les hautes qualités qui les distinguaient. D'après les conventions faites avec ceux-ci elles prenaient l'engagement de donner tous leurs soins aux malades *gratuitement*. Elles pouvaient résigner leurs fonctions quand elles voudraient, mais on ne pouvait les leur enlever *qu'en cas de crime*. L'administration ne pouvait leur adjoindre d'autres sœurs sans leur consentement. En présence des qualités morales et sérieuses qui distinguaient ces honorables personnes, nous croyons pouvoir exprimer le doute que les partisans de la laïcisation des hôpitaux trouveraient difficilement aujourd'hui, pour remplacer les sœurs de la charité chrétienne, des demoiselles ayant les sentiments de celles que nous venons de citer et qui consentiraient à faire *gratuitement* le service pénible de gardes-malades, à ne jamais sortir de l'établissement, à se soumettre aux règles d'une discipline sévère (1).

En 1631, la peste reparut dans le Bas-Limousin qu'elle avait ravagé si souvent. La ville de Tulle en fut la première atteinte et de la manière la plus cruelle. Plus de deux mille habitants périrent presque sans secours, *car ce mal qui répand la terreur* avait fait fuir une partie des habitants. L'Hôtel-Dieu, en raison de l'agglomération de ses malades, était un foyer de souffrances et de mort. Deux demoiselles de la ville, Mlles Charain, se consacrèrent avec un courageux dévouement au service des pauvres. Non-seulement elles leur distribuèrent les soins les plus délicats et le jour et la nuit, mais encore elles ensevelissaient les morts. Elles restèrent au poste d'honneur qu'elles avaient choisi jusqu'à la fin de l'épidémie. Elles furent alors complimentées par les consuls de

(1) Ainsi qu'on le verra plus tard, pour l'*Hôpital général*, non-seulement ces demoiselles faisaient le service gratuitement, mais, pour être admises, étaient obligées de payer une redevance annuelle.

la ville, qui constatèrent dans un procès-verbal la conduite héroïque qu'elles avaient tenue. Un notaire appelé, pendant l'épidémie, pour recevoir le testament de Marguerite Verdier, refusa d'en franchir la porte, et celle-ci lui dicta ses volontés dernières par *une fenêtre sur la rue qui va au pré de l'Hôpital* (1).

Les procès-verbaux des séances administratives sont remplis des plaintes formulées contre les évêques de Tulle, messeigneurs Jean Ricard de Gourdon de Genouilhac et Louis de Guron de Réchignevoisin, qui opposaient des résistances inouïes pour ne pas payer à l'Hôtel-Dieu les rentes qu'ils lui devaient. Il fut nécessaire de soutenir des procès devant le parlement de Bordeaux, procès longs et dispendieux qui absorbaient les ressources de l'établissement et le temps des syndics. Ces évêques ne voulaient pas se soumettre aux arrêts du parlement et en référaient aux conseils privés du roi où, par leurs démarches influentes, ils trouvaient des appuis puissants. Le nombre des affaires intéressant l'Hôtel-Dieu était si considérable qu'il était impossible de donner des soins à toutes, et les syndics étaient obligés d'abandonner complètement les plus anciennes et les moins importantes.

Les rentes dues par l'évêque de Tulle consistaient

---

(1) Marvaud, dans son *Histoire du Bas-Limousin*, t. II, p. 243, cite un fait à peu près semblable qui se serait produit à l'époque de la peste en 1586 : un notaire d'Ussel nous apprend, dans un testament fait par Anne de Saint-Rémy et par Michel Raynaud, son fils, habitants de la ville, que les testateurs atteints par une maladie pestilentielle s'étaient retirés à l'écart avec plusieurs autres, au-delà de la Sarsonne, dans un lieu appelé les *Cabanes*, et que, pour recueillir leurs volontés, il fallut rester en deçà de la rivière, de peur de la contagion. Le notaire ne put pas même trouver les témoins nécessaires pour signer le testament ; il se contenta d'indiquer quelques personnes qui ne voulurent ni signer, ni approcher.

3

en une aumône de 400 sestiers de seigle (le sestier pesant 56 livres), de 25 livres d'argent et d'une nappe, qui se faisait aux pauvres mendiants dans la cour de l'évêché tous les vendredis de l'année.

Elle était établie sur des titres formels et authentiques : Le premier était une enquête du 12 avril 1373, faite devant l'*Official* de Tulle. Les témoins assignés par ce tribunal, *de mandato nostro*, déposèrent : l'un, qu'il avait été receveur et économe de l'évêché pendant six années, et que, pendant tout ce temps, il avait fait porter dans les greniers de l'aumônier, par les ordres de son évêque et à ses dépens, les 400 sestiers de seigle *integraliter* chaque année, sauf pendant l'année 1368 que l'évêque n'eût pas de seigle, mais qu'il avait promis de payer en argent, *opportet solvere in pecunia quia non habemus bladum*. Il ajouta que ladite aumône avait été payée de tout temps. L'autre témoin, qui était comme le précédent un marchand de Tulle, dit qu'il avait été pendant dix ans receveur des aumôniers et qu'il avait reçu pendant ces dix années les 400 sestiers de seigle, et, pour prouver que ladite aumône était due, il produisit les terriers de l'aumônier dont il fut fait procès-verbal, par ordre dudit *Official* par devant notaire et témoins : *Produxit terrarios antiquos ipsius officii Eleemosinariæ quos ibidem coram nobis per testes infra scriptos ac complures alios circumstantes verificabit esse bonos, justos et legitimos et omni suspitione carentes in quibus quidem terroriis clausulæ sequentes sunt. Imprimis dominus episcopus tutellensis debet annuatim viginti duo modia filiginis ad parnam mensuram quæ debentur de ferri ad propprias expensas suas in horreo Eleemosineriæ pro Eleemosina, item debet viginti quinque libras turonenses.*

Le second titre était une sentence du sénéchal du Limousin en date du 16 février 1399. Pierre de Cosnac, évêque de Tulle, ayant refusé de payer aux re-

ligieux de son chapitre ladite aumône et les pensions
qu'il leur devait, ceux-ci portèrent leur plainte au roi-
Charles VI. Ce prince renvoya la connaissance de ce
différend au sénéchal du Limousin qui, à son tour,
commit son lieutenant de Brive dont la compétence
ne fut pas acceptée par le procureur de l'évêque.
Les religieux eurent alors recours, pour une seconde
fois, à l'autorité du roi qui, par de secondes lettres
patentes, intima l'ordre à son sénéchal de juger le
procès sans s'arrêter à des frivoles moyens de récu-
sation. Le sénéchal, après instruction du procès, condamna l'évêque à payer les 400 sestiers de seigle,
les 25 livres d'argent et la nappe.

Le troisième était une reconnaissance du 11 juin
1429. A cette époque, Jean de Cluys était évêque de
Tulle, et, redoutant les effets de la guerre qui agitait
le royaume, il voulut laisser à ses successeurs des
actes authentiques de la situation de son diocèse.
Dans cette pensée, il fit reconnaître par tous les officiers et bénéficiers qui en dépendaient toutes les pensions et redevances qu'ils devaient pour l'entretien
des religieux, pour les aumônes générales et particulières et pour les réparations de l'église. De son côté,
il reconnut tout ce qu'il devait et se fit reconnaître
tout ce qu'il avait droit de prendre.

Après avoir pris toutes les précautions nécessaires
pour donner à ses reconnaissances un cachet solennel
d'authenticité, il reconnut ladite aumône en ces-
termes : *Item debet Eleemosinario quatuor centa*
sextaria filiginis, item vigenti quinque libras
Turonenses, item unam mappam, pro faciendo
Eleemosinam. Il ajouta que cette aumône était due
en conséquence de plusieurs titres anciens qu'il avait
étudiés : *Visis, lectis, palpatis et diligenter exa-*
minatis; qu'elle avait été payée de tout temps, *ab an-*
tiquo.

Le quatrième était une autre reconnaissance du
22 juin 1429. Elle a été donnée avec de si grandes

précautions qu'il semble que cet évêque prévoyait qu'il aurait des successeurs qui feraient des efforts pour enlever cette aumône aux pauvres. Ce titre, du 22 juin 1429, ne concernait que les bénéficiers qui n'avaient pas encore indiqué la pension qu'ils devaient ; néanmoins, dans cet acte, l'évêque reconnaissait de nouveau l'aumône en les mêmes termes : *Item debet D. episcopus Eleemosinario viginti quinque libras et ultra quatuor centa sextaria filiginis pro Eleemosinis faciendis, item debet unam mappam pro faciendo Eleemosinam.*

Ces titres ne laissaient aucun doute sur la légitimité de l'aumône due aux pauvres et qui fut régulièrement payée par les successeurs de Jean de Cluys. Ceux-ci, à la prise de possession de leur évêché, renouvelèrent leurs reconnaissances et prêtèrent le serment d'acquitter *Eleemosinam* (titres de 1451-1455-1471-1495-1536-1561-1583). L'évêque Jean Ricard de Gourdon de Genouilhac, en prenant possession de son évêché, ne voulut pas prêter ce serment et refusa de payer l'aumône. Assigné devant le parlement de Bordeaux, il fut condamné par arrêt du 5 août 1636 à la continuer et à payer les arrérages échus.

Comme il était homme de qualité et d'un grand crédit et qu'il était d'ailleurs *homme de main et qu'il se savait faire craindre,* comme il disait dans ses mémoires en défense, il fit durer le procès pendant vingt-deux ans. Toutes les oppositions ayant été levées par quatre arrêts contradictoirement rendus audit parlement, les 16 février 1646, 16 avril 1650 et 15 mars 1656, ses héritiers payèrent 8,765 livres pour les arrérages de cette aumône.

Son successeur, l'évêque de Guron, renouvela ce procès, et comme il n'avait rien à opposer aux titres des pauvres et aux susdits arrêts rendus en conséquence, il mit tous ses soins à l'embrouiller par la procédure. Dans ce but, il porta l'affaire à l'hôtel des

Requêtes à Paris. Débouté et renvoyé devant le sénéchal de Tulle, il se pourvut au parlement de Bordeaux sur un prétexte inventé. Ce tribunal lui ayant également paru suspect, il l'évoqua aux requêtes du palais du parlement de Paris et ensuite au ʻgrand et privé conseil du roi. Renvoyé par toutes ces juridictions au parlement de Bordeaux, il fut condamné par arrêt du 5 septembre 1659. On comprend, avec les formes lentes et coûteuses de la procédure à cette époque, combien ont été onéreux de tels procès.

La quantité des pauvres augmentant chaque jour, on décida qu'on n'admettrait plus les mendiants étrangers qui, suivant leurs caprices, entraient à l'Hôtel-Dieu et en sortaient à chaque instant. Ce manque de discipline avait donné naissance à de nombreux abus dans les dortoirs qui leur étaient destinés. Ces dortoirs n'étaient pas éclairés pendant la nuit et il n'y avait pas de division pour les sexes. On eut recours aux archers de la ville pour en faire expulser un grand nombre; on donnait à chacun d'eux, à leur sortie, vingt-deux deniers.

Les personnes importantes de la ville venaient souvent au secours de l'Hôtel-Dieu et lui consentaient des legs moyennant certaines conditions pieuses. Ainsi, le 16 octobre 1648, Me Jean Rinière, conseiller magistrat au siège de Tulle et syndic, exposa que son frère prêtre de l'église Saint-Julien de Tulle désirait donner aux pauvres une somme de cent livres, à la condition que le vicaire de l'Hôtel-Dieu, moyennant le paiement annuel d'une somme de trois livres, serait tenu de célébrer, tous les ans et à perpétuité, au maitre-autel de l'église, quatre messes basses du *Requiem* avec les oraisons suivantes : *Absolue quæsumus domine animant fameli tui Joannis sacerdotis et deus veniæ largitor et fidelius deus...* « La première la veille de la Conception de Notre-Dame; la seconde, la veille de la Nativité; la troisième, la veille de son Assomption glorieuse et la quatrième, la veille de la Nativité de Saint-Jéan-Baptiste. »

L) 6 novembre 1666, dans son testament reçu de Boysse, notaire royal, messire Jean-Joseph Jaucen, seigneur de Poissac, donna 6,000 livres pour fonder à Tulle un hôpital général, à la condition que les pauvres diraient, chaque soir à son intention, un *de profondis*.

Le pré de l'hôpital servant à la ville pour la tenue de ses marchés et foires, les syndics proposèrent aux maire et consuls d'entretenir aux frais de la municipalité les murs servant de quais dans toute la longueur de cet immeuble. Ces derniers trouvèrent la proposition fort juste et l'acceptèrent à la condition que l'Hôtel-Dieu cèderait tout le long de ce quai une *brasse* de terrain pour y planter une promenade.

En 1655 et 1656, de grandes réparations furent faites dans l'établissement pour une somme de 746 livres. Elles s'appliquaient : à des *degrés* en brique du côté du jardin, à un bac de pierre pour la *bujaderie* (1), à la porte de l'étable, réparations au four, à l'escalier de la maison contiguë, couverture du boulevard qui est sur le portail, dépenses pour la chambre noire, carrelage de l'église..............
Le mobilier dont l'hospitalière prenait charge se composait, en quarante-cinq articles, de draps, nappes, vaisselle d'étain, coffres, matelas et une *chèze perssée de bois faite à assemblage*.

Indépendamment des pauvres admis à l'Hôtel-Dieu, plusieurs recevaient en ville des aumônes particulières de la part des syndics qui étaient autorisés à cet effet. Ainsi on trouve dans les comptes les mentions suivantes :

Deux sols six deniers donnés chaque lundi au nommé *Fyfy*, cinq sols par semaine à Catherine Payan, *pendant qu'elle sera malade*, même somme

---

(1) *Budzado*, lessive. — Dictionnaire patois de Béronie.

à Thérèse Combes, trois sols au peigneur, cinq sols à la veuve Vareille, huit sols au sergent Comte, *fourniture d'un sac pour mettre en terre le peigneur.*

L'*apothicaire* de l'Hôtel-Dieu était M. de Fénis, dont les comptes (*partyes* dans les livres) s'élevaient pour les années 1654 à deux cent cinquante-quatre livres et 1662 à cent quinze livres.

Le service médical était confié aux sieurs Jean Lachèze, et Vachet, chirurgiens. Ce dernier touchait un traitement annuel de trois livres.

Le service religieux était fait dans le principe par M. Lachèze, prêtre, qui porte le titre de *vicaire* de l'Hôtel-Dieu, et, ensuite par M. Tailhade, premier vicaire de l'église Saint-Julien ; plus tard, il était rempli par un religieux, père des recollets ; mais on ne tarda pas à reconnaître que cet état de choses présentait de graves inconvénients par la nécessité où on était de sortir la nuit de l'Hôtel-Dieu pour aller le chercher, lorsqu'un malade avait besoin d'être assisté, et on le remplaça par un prêtre ordinaire devant être logé dans l'établissement et payé de ses messes.

Indépendamment de son traitement, l'Hôtel-Dieu lui payait les services religieux faits pour les donateurs et autres cérémonies.

Ainsi on trouve dans les pièces de la comptabilité :

Mémoire de ce qui est dû au vicaire Tailhade depuis le 1er janvier 1658 jusqu'au dernier jour du mois de juin de la même année.

« Messes pour divers donateurs, Rivière, Teyssier… …… droits d'assistance aux offices ; messes pour les femmes accouchées à l'Hôtel-Dieu, cinq sols ; pour le *Stabat*, huit sols ; les litanies pendant le carême deux livres cinq sols ; *Salve Regina* tous les samedis pour M. Dugal, deux livres quinze sols ; les enterrements à une livre ; fourniture de cire, trois livres ; total du compte, douze livres cinq sols ; messe de l'Assomption de Notre-Dame, cinq sols; compte de 1655 et trimestre de 1656, quarante-deux livres cinq sols; enterrement d'une petite fille, cinq sols.... »

Les notices des décès tenues par la sœur Peyrelade à l'occasion de la fourniture des linceuls, contiennent quelques détails curieux :

J'ai reçu ce 19° jour (may 1658) : Nadalade Georges, malade est décédé le 22, plus ai baillé un linceul, 4 sols pour sa sépulture ; Jacques le bruslé est mort le 7 et ai baillé pour sa fosse, 4 sols, une coiffe et un linceul ; la moitié d'un linceul pour le blessé ; mort un qu'on appelait Jean de Touraine ; la brune morte le 21 avril ; Jean dit Pétiot ; un pauvre près de Brive ; une femme appelée de Bachèlerie ; il reste 100 draps à l'hospice ; un pauvre nommé Jean Saint-Robert ; un autre François de Bort ; Jean de Forgès ; François de Felletin ; moitié de linceul à la fille de Bachèlerie ; l'autre moitié à la fille d'une passante ; une fille de Saint-Yrieix ; un pauvre de Saint-Angel ; Jean Reiboux de la Barussie ; linge pour le blessé ; Léonard Preux ; un pauvre d'Auvergne ; Jean de Chanus ; Luc de Neuville ; Jean de Forgeix ; un pauvre de Corrèze ; jambe coupée au blessé ; un nommé Eustache près de Poitiers, mort d'un coup de couteau ; un pauvre de Vendôme ; un autre de Frénage ; un pauvre auquel on coupe le pied ; vol d'un drap ; un pauvre nommé Normand ; Gioux, hydropique ; la Gasparde ; un vieux homme d'Ussel ; mort de deux hommes du Berry ; un malade de Chartres du côté de Paris ; Jassoune, tante de la Berthe ; un pauvre de Pierrebuffière ; Guillaume de Toulouse ; une femme et un pauvre de Berry ; un enfant de la Graulière ; un aveugle de Ladignac ; Pierre de Neuville ; un homme fort vieux de Marsillac ; un jeune homme de Roziers (toile neuve) ; un pauvre de Verdun ; la servante de monsieur Rivière qui fonde le catéchisme ; mort d'un pauvre de Chartres, il laisse une petite fille ; la domestique de Pierre Vialle ; une femme de Meymac ; un vieux nommé Balthazar de Limoges ; un pauvre de Louvergne (l'Auvergne) ; mort de la petite fille de Chartres ; fille exposée ; un pauvre de Saint-Flour ; une femme de la même ville ; un pauvre vieux du village de Sagnie (Saigne) paroisse de Saint-Pierre...

La naïveté primitive avec laquelle étaient désignés les décès des pauvres était insuffisante pour créer un état civil régulier.

L'administration hospitalière, débarrassée des ennuis suscités par les deux évêques dont nous avons signalé plus haut les luttes et résistances inouies, songea sérieusement à apporter dans la situation des pauvres des améliorations jugées nécessaires. Effrayée du nombre toujours croissant des malheureux et de la pénurie de ses ressources pour venir à leur secours, elle fut obligée de recourir aux moyens qui pourraient améliorer un pareil état de souffrances et de désolation. Elle fut puissamment aidée dans son œuvre réparatrice par son évêque l'illustre Mascaron dont les sentiments élevés de bienfaisance rehaussaient d'une manière éclatante les talents oratoires. Ce prince de l'Eglise, justement ému et attristé de la conduite de ses prédécesseurs, ajoutait des aumônes importantes à celles qu'il était obligé de payer. Le parlement de Bordeaux prit lui-même l'initiative pour amoindrir le fléau de la mendicité qui, chaque jour, sévissait avec plus d'intensité. Par arrêt du 27 décembre 1659, il déclare qu'il y avait lieu de demander la création d'un hôpital général et royal, dans toutes les villes de son ressort où il y avait un sénéchal. Il engageait les corps constitués de ces villes à réunir extraordinairement tous les habitants et à obtenir une délibération à ce sujet qui serait transmise à Sa Majesté. Cet arrêt s'appuyait :

Sur ce qu'il a esté remonstré à la cour par le procureur général du roy que l'establissement fait depuis peu d'années en divers lieux du royaume des hospitaux généraux et des manu. factures ou les pauvres sont eslevés dans les principes du christianisme pour leur salut et instruicts dans quelque mestier pour gaigner leur vie, a fait connaître que l'exécution d'un si louable dessain avait moing de difficulté qu'on ne craignait et produisait plus de bien quon nen avait espéré, en sorte que tout le monde est à présant persuadé qu'il est peu de villes qui ....

Cet arrêt est suivi de la mention suivante :

Auiourdhuy treizies fiébrier mil six cens soixante, pardevant nous Ignace de Fénis, sieur de la Prade et de Laborie,
con^{er} du Roy en ses con^{cls} Destat Prier lieutenant gen^{al} en la
Sen^{ro} du bas limosin es siège royal de Tulle, en jugement
les plaids tenans lecture et publicàon a esté faite du susd
arrest ouy requerant de Melon pour le procureur du Roy,
dont a esté concédé acte et ord^{ro} quil sera enregistré pour y
en avoir recours quand besoin sera faict a Tulle en jugement
en la cour de la sen^{ce} du bas Limosin. Les jour, moyes, an et
pardevant que dessus.

Signé : DE FÉNIS, lieutenant général ;
MELON, avocat du Roy ;
COMBRAILHE, greffier.

Conformément à l'arrêt du parlement de Bordeaux,
une assemblée générale eut lieu à l'hôtel-de-ville de
Tulle à l'effet d'obtenir la création de l'hôpital général. Elle prit la résolution suivante :

Cejourd'hui, huistième jour du mois de janvier mil six cent
soixante dans l'assemblée générale qui a été tenue dans l'hos-
tel de la ville au son de la grande cloche, en la forme et ma-
nières accoutumées, sur ce qui a esté proposé par messieurs
les maire et consuls que la présente ville estant le refuge et
commun rendez vous de tous les pauvres de la province,
l'affluence et le concours y est si grand, outre le fréquent passage des mendiants estrangers qu'il est impossible de subvenir à leur nourriture et subsistance à moins qu'il y soit
promptement pourvu par l'establissement d'un hospital charitable à l'exemple de ceux qu'on voit establir non seulement
dans Paris, Lyon, Toulouse et Bordeaux, mais encore dans
Limoges et autres moindres villes du voisinage et quelles par
la recherche des diverses et anciennes fondations, prestations
charitables ou rentes obituaires mal dispensées, a esté pourvu
à la nourriture et entretien des pauvres invalides et à occuper, y donner emploi aux valides, le tout à la grande gloire
de Dieu et soulagement du public,

A esté délibéré et résolu d'une commune voix qu'il sera tra-
vaillé incessamment par toutes voies convenables à procurer
en la présente ville l'establissement d'un hospital charitable

et qu'à ces fins Monseigneur l'Evesque sera supplié de vouloir
favoriser, avec son autorité, ceste sainte entreprise et que
pour mesme effet tant messieurs du chapitre de l'Eglise cathédrale de la présente ville et officiers de la sénéchaussée et
siège présidial que messieurs de l'élection d'icelle et autres
corps et communautés seront priés de vouloir le plus tost dé-
puter chacun d'eux, entreux pour élire quatre notables bourgeois lesquels seront commis à mesmes fins, vacquer tous
ensemble et conjointement à acheminer et promouvoir ce pieux
dessain spécialement par la recherche des anciennes fondations, rentes obituaires et ausmônes omises des parties et dis-
continuées pour lequel effet a esté par exprès commis et
députté par ces présentes maistre Hierôsme Dumyrat, sieur
de la Tour advocat en parlement, conseiller du Roy en l'élection de la présente ville cy-devant syndiq des pauvres et
auquel à ces fins a esté donné tout pouvoir d'agir et faire
toutes poursuites en justice..............................

Toutes les démarches nécessaires pour atteindre le
but qu'on désirait furent faites par les personnages
les plus influents de l'époque. Cependant elles furent
infructueuses ; ce n'est qu'après dix ans qu'elles
aboutirent et que la ville de Tulle, par la création
d'un hôpital général, put apporter quelques soulagements à la misère publique.

IIᵉ PARTIE

—

L'HOPITAL GÉNÉRAL

—

> Tu aimeras ton prochain comme
> toi-même : aimer son prochain
> comme soi-même est plus que les
> holocaustes et sacrifices.
>
> SAINT MARC, ch. XII, v. 31-33.

Par lettres patentes du mois de décembre 1670 (1),
enregistrées au parlement de Bordeaux, le 9 février
1671. le roi Louis XIV, à la sollicitation du seigneur
évêque et des habitants de la ville, établit à Tulle un
hôpital sous le titre d'*Hôpital général*. Ces lettres
patentes, en énonçant les droits attribués à cet établissement, contiennent plusieurs règlements relatifs à
l'administration. Ainsi, toutes les aumônes générales
et particulières recueillies dans la ville de Tulle, faubourgs et hameaux en dépendant, celles que le seigneur évêque, les doyens, chanoines et autres bénéficiers du chapitre ont l'habitude de toucher, soit en
corps ou en particulier, et généralement toutes les

----

(1) Voir Annexe nᵒ 1.

autres aumônes affectées aux pauvres, devaient être *attribuées, unies et incorporées à l'hôpital général.*

Le 6 août 1672, tous les corps constitués de la ville furent convoqués en assemblée générale dans la grande salle du palais épiscopal pour élire les directeurs, receveur et secrétaire de l'hôpital général. L'assemblée était présidée par Mgr Jules Mascaron qui était alors l'illustre évêque de Tulle. MM. Jean-Baptiste Saint-Priest, trésorier de l'église cathédrale, et Pierre Dumirat, curé de Chanac, furent nommés directeurs ecclésiastiques ; MM. Martial Borderie, sieur de Chadapau, conseiller magistrat au présidial, François de la Garde, également conseiller, Jean Dubal, sieur de Laborde, et Jean Melon, sieur de Pézarès, furent nommés directeurs laïques. M. Jean-Baptiste Melon, sieur de Salvanès, avocat en parlement, fut désigné comme trésorier, et les fonctions de secrétaire confiées à M. Jean Rinière, procureur ès-sièges royaux.

Le lendemain (7 août 1672), tous les membres ci-dessus désignés, à l'exception de M. de la Garde qui refusa d'accepter ces fonctions, se réunirent chez l'un d'eux, M. de Chadapau, et décidèrent qu'ils iraient, *en corps,* remercier Mgr l'Evêque du choix qui a été fait de leur personne, et le prier de vouloir bien continuer sa protection et son assistance pour l'établissement de l'hôpital général. Le 17 du même mois, les membres du conseil d'administration prêtèrent serment devant le prélat *de bien et fidèlement vaquer aux exercices et fonctions de leur charge.*

Dans la première réunion qui eut lieu le dernier jour de ce même mois d'août, M. de Saint-Priest proposa de fixer le jour, le lieu et l'heure des assemblées et d'en faire connaître les délibérations, afin d'éveiller le zèle des personnes pieuses et les encourager à contribuer par leurs charités et aumônes au bien-être du nouvel établissement hospitalier. On décida de faire imprimer en cent exemplaires, qui seraient distribués aux personnes riches pouvant faire des dotations, les lettres patentes de Sa Majesté. Le sieur Etienne Viallane, imprimeur, appelé au bureau, consentit à faire cette impression moyennant 40 livres. Pour augmenter les ressources, on ferait placer des troncs dans les églises, dans tous les lieux publics et magasins des principaux commerçants. Il fallait que la charité privée fût constamment éveillée et appelée à venir au secours des malheureux.

La première question à résoudre et qui s'imposa naturellement à l'attention du conseil d'administration fut le choix de l'emplacement sur lequel devaient être construits les bâtiments du nouvel hôpital. Chacun des membres devait, à cet effet, faire les études les plus sérieuses et rendre compte à une réunion prochaine du résultat de ses recherches. En attendant, M. de Salvanès, trésorier, devait faire payer toutes les aumônes dues par les présidents et par le chapitre. Au nombre de celles dues par le chapitre figurait l'aumône dite *d'Aymar le don*, consistant en denrées à distribuer immédiatement entre les nécessiteux de la ville sur l'indication de MM. les Curés qui avaient une connaissance particulière des besoins de leurs paroissiens.

Les directeurs, après avoir fait de nombreuses recherches, dans la ville et dehors, pour trouver un emplacement, apprirent que les religieuses de l'ordre de Saint-Benoit avaient l'intention de se retirer de leur couvent et de le vendre. L'aspect et la visite des lieux les déterminèrent à fixer leur choix sur cet immeuble et, après avoir prié Mgr l'Evèque de consentir à l'acquisition, ils chargèrent le sieur Michel Desprez, bourgeois, d'estimer la valeur et de fixer le prix de vente.

Les difficultés que faisait naître, à cette époque, la vente d'un couvent sur lequel reposaient des droits féodaux et des dots de religieuses ayant été aplanies par M. Melon, avocat du roi, l'immeuble fut mis en vente et adjugé moyennant 10,000 livres.

Par contrat authentique du 30 juillet 1673, S. A. Madame la princesse de Conti donna 10,000 livres argent qui furent employées à payer cette acquisition. Dans ce même acte, le sieur Josse de Pomeyrie, tuteur honoraire et intendant de L. A. les seigneurs les princes de Conti et de la Roche-sur-Yon, donna à l'hôpital un domaine, ou métairie, situé au lieu de Villieras, paroisse de Saint-Mexant, élection de Brive.

Le 23 du même mois (juillet 1673), la commission décida que des réparations urgentes seraient commencées et menées avec la plus grande rapidité pour que l'installation des pauvres eût lieu le plus tôt possible. Mais, au préalable, la croix y serait plantée avec le plus grand cérémonial et avec solennité par Mgr l'Evêque de Tulle qui s'y rendrait en procession, accompagné de toutes les corporations religieuses, de tous les corps de la ville et de tous les fidèles convoqués à cet effet par un mandement *chaleureusement éloquent*. Un crédit illimité fut ouvert au trésorier pour faire face à toutes les dépenses.

Cette procession eut lieu le 12 août 1673, et l'évêque, accompagné de tous les corps civils, des communautés ecclésiastiques et séculières et de tous les habitants, y planta la croix, posa et bénit la première pierre. Les réparations jugées nécessaires dans les bâtiments du couvent des religieuses de Saint-Benoit furent faites avec une grande célérité, et les pauvres purent être installés l'année suivante.

Le couvent de Saint-Benoit était situé sur l'emplacement aujourd'hui occupé par les Carmélites (1).

---

(1) Pour se faire une idée de l'importance de ces bâtiments, voir (Pièce annexée n° 9) le rapport fait par M. Boudrie, en l'an III, pour expertiser les immeubles et les vendre de la manière la plus avantageuse. Il faut remarquer que l'hôpital possédait, en outre, les bâtiments détruits par l'incendie, en 1775, et non rétablis à la date du procès-verbal d'expertise.

Ces bâtiments étaient assez vastes pour contenir 400 pauvres; ils se composaient d'une chapelle et de trois corps de logis ayant plusieurs salles, chambres et cinq infirmeries dont deux pour les femmes malades, une troisième pour celles en couche et deux pour les hommes. Trois de ces salles n'avaient pas de cheminées. La maison ne contenait ni prison ni refuge pour la correction des pauvres, et on était obligé de consacrer à cet usage une chambre *peu sûre* située au rez-de-chaussée. Les corps de logis étaient fermés par une cour aboutissant à un jardin qui lui-même était entouré par deux terres plantées d'arbres à fruits. Il en dépendait en outre un bois, dit de l'Hôpital, en essence de châtaigniers, situé au-dessus d'une *pierrerie* (carrière), exploitée par les pères jésuites qui faisaient construire l'église dite du Collège (aujourd'hui convertie en halle). Ce bois confrontait par le haut à la chapelle *dite des Malades* et par le bas à la rivière de Corrèze.

C'est sur ce rocher que, chaque année, les syndics de la confrérie des Pénitents-Blancs, à l'occasion de la fête de saint Jean et avec la permission des directeurs de l'hôpital général, faisaient tirer un feu d'artifice.

Ils donnaient, à ce sujet, une déclaration ainsi conçue :

« Nous soussignés, syndics de la confrérie de
» Saint-Jean, pour la présente année, et après nous
» être servis de la permission ci-dessus à nous don-
» née par MM. les Directeurs de l'hôpital pour faire
» le feu d'artifice à l'honneur de saint Jean sur le
» rocher des Malades, nous avons l'honneur de les
» en remercier et déclarons que nous ne prétendons
» avoir aucun droit de propriété ni pour nous ni
» pour nos successeurs à l'avenir au syndicat de Saint-
» Jean. A Tulle, le 1er juillet 1741. — Signés :
» MEYNARD, chanoine, DU TOURNIER, LACOMBE, LOYAC,
» DE LA SUDRIE, LAMORE DE LAMIRANDE. »

L'annexe de ces bâtiments et dépendances aux propriétés de l'Hôtel-Dieu donnait une valeur considérable à cette maison de charité qui occupait soit en maisons, place, prés, jeu de paume, l'espace compris depuis l'église de Saint-Jean jusqu'au couvent actuel des Carmélites et la Bachellerie.

Les premières réunions du conseil d'administration furent actives et nombreuses. On invita le trésorier à réclamer au sieur Larue la liste des souscriptions gratuites promises par les habitants et, sur le refus de ce dernier, l'intendant de la généralité de Limoges adressa une lettre de cachet. Cette mesure énergique mit fin à toute tergiversation, et le sieur Larue s'exécuta.

La première préoccupation des directeurs fut de faire le choix *d'une fille sage et vertueuse* pour exercer une surveillance active et intelligente sur les pauvres et d'un *valet* pour cultiver le jardin et tenir les logements en bon état. Mlle Jeanne de Chirac, de Tulle, ayant offert de se consacrer à ce service, on l'accepta provisoirement, ainsi que Mlle de Closanges.

On leur promit un traitement : à Mlle Clozanges, de 30 livres, et à Mlle de Chirac de 20 livres annuellement, et payable moitié à Pâques, et moitié à la Toussaint. Ces demoiselles étaient désignées sous le nom de *Sœurs* ; à Nevers et ailleurs, on les appelait : *Données ou rendues*.

Un sieur Fénis fut désigné comme valet; M. Goudal fils, chirurgien, offrit gratuitement ses services, et M. Jean Planche, prêtre, ci-devant curé à Saint-Sylvain, fut agréé comme supérieur ecclésiastique, moyennant le logement et la nourriture. Mlle de Chirac ayant été obligée pour raison de santé de se retirer, Mlle de Clozanges fut chargée de veiller seule à la bonne tenue de l'hôpital. On lui adjoignit une servante, Antoinette Duclaux, aux gages de 15 livres par an pour son vestiaire, le logement et la nourriture aux frais de l'établissement.

Après de nombreuses réunions qui démontrent le zèle et l'intelligent dévouement des directeurs, soit pour régler l'acquisition du couvent de Saint-Benoit, déterminer le mode de paiements des aumônes dotales, s'enquérir des forces actives et passives de l'établissement hospitalier, on décida, le 2 août 1674, que le commencement de la rentrée des pauvres aurait lieu *le jour de Sainte-Croix prochain* (4 mai 1675).

Ce jour de Sainte-Croix était pour les directeurs l'objet d'une grande vénération, et les sentiments de piété dont ils étaient animés à cette époque les portèrent à décider qu'au commencement de chaque réunion on dirait le *Veni Creator* et, à la fin, le *Memento salutis autor*.

Cette décision fut vivement approuvée par Mgr l'Evêque qui attribua à la caisse de l'hôpital les sommes versées *pour les dispenses du Carême*. L'installation des pauvres eut lieu le jour dit : leurs noms devaient être inscrits dans le corridor; les hommes et les enfants devaient être séparés des femmes et des filles. Les pauvres étrangers, c'est-à-dire ceux qui n'étaient pas nés dans la ville, et les deux paroisses de Saint-Pierre et de Saint-Julien n'étaient point admis à moins d'avoir une résidence de dix ans.

On contracta de suite un marché avec un boucher pour la fourniture de la viande, et ce fut le sieur Pastrie jeune qui fut agréé le 3 septembre 1674 (1).

Par autres lettres patentes du mois de mars 1675, enregistrées au parlement de Bordeaux le 13 juin suivant, le roi, en confirmant l'établissement de 1670, « unit et incorpora » les revenus de l'Hôtel-Dieu de Tulle à l'hôpital général, pour être lesdits revenus administrés par les directeurs de l'hôpital, et Sa Majesté approuva et confirma l'union faite à l'hôpital

---

(1) En 1882, c'est encore un Pastrie qui fournit la viande à l'hospice de Tulle.

par le seigneur évêque du bénéfice simple de l'infirmerie de l'église cathédrale de Tulle, pour être, lesdits revenus reçus par MM. les Directeurs qui les emploiraient à la nourriture et à l'entretien des pauvres dudit hôpital.

Enfin, le 26 avril 1700, un arrêt du conseil d'Etat privé du roi condamna l'évêque à se charger des enfants exposés dans l'étendue de la haute justice, de leur fournir les aliments et entretien nécessaires et de rembourser aux directeurs de l'hôpital général toutes les sommes avancées à ce sujet, depuis l'installation de Mgr Ancelin à l'évêché de Tulle. Le même arrêt imposa également à l'évêque l'obligation de payer à l'hôpital l'aumône dite des fèves, évaluée à 30 livres, annuellement, et le débouta de tous les droits qu'il voudrait faire valoir sur le four banal de la Barrière qui était la propriété de l'hôpital. Par un autre arrêt du conseil d'Etat privé du roi, en date du 20 juin 1701, l'évêque fut condamné à payer, chaque année, au trésorier de l'hôpital la quantité de 400 sestiers de seigle (1), bonne mesure de Tulle, 25 livres en argent et une nappe. Enfin, un autre arrêt rendu le 4 mars 1716 par le conseil d'Etat condamna Mgr Ancelin, ancien évêque de Tulle, en sa qualité de seigneur et haut justicier du lieu, à payer et rembourser aux directeurs de l'hôpital la nourriture et l'entretien des enfants exposés à la porte, depuis le jour de ladite exposition jusqu'à l'âge de trois ans. Après cet âge, ces enfants seraient à la charge de l'hôpital.

Il était utile de faire connaître, au début de la création de l'hôpital, la résistance opposée par plusieurs évêques aux justes réclamations des directeurs. Cette

---

(1) Pour se rendre compte de la valeur des denrées à cette époque, voir (Annexe n° 2) l'état indicatif pour les années 1701 à 1768. — La mesure de Tulle était supérieure aux mesures des marchés voisins.

résistance exista encore dans la suite, les arrêts et ordonnances précitées ne purent l'apaiser d'une manière complète. Chaque délibération contient un reflet
du mauvais vouloir des successeurs de Mascaron et
motiva des blâmes sévères qui trouvent leur justifica-
tion dans le récit aussi analytique que possible de ces
discussions.

Après avoir soutenu pendant vingt-deux ans contre
l'évêque de Genouillac une lutte continuée encore
pendant dix ans par son successeur, Mgr de Rechignevoisin, les administrateurs pouvaient espérer une trève
nécessaire à la nature de leurs fonctions. Il ne devait
pas en être ainsi : au départ de l'évêque Mascaron,
on trouva un adversaire aussi redoutable, dans la
personne d'Humbert Ancelin, aumônier de la reine.
À peine installé, il ne voulut pas reconnaître les arrêts
rendus au profit de l'hôpital contre ses prédécesseurs
et refusa d'acquitter la rente de 400 sestiers de seigle,
et ne voulut pas se charger de l'entretien et de la
nourriture des enfants exposés.

Dans leurs défenses, les administrateurs reconnaissaient que si l'évêque de Genouillac avait, « à la
» vérité, troublé les pauvres dans la possession où
» ils étaient de recevoir régulièrement leur aumône »
on pouvait trouver un motif d'excuse dans les guerres
qui ravageaient le royaume et mettaient obstacle à
la rentrée des bénéfices. A cette époque les gens de
qualité profitaient de ces divisions pour s'emparer
d'une grande partie des biens de l'Eglise. « Le sieur
» de Genouillac à qui la naissance donnait un grand
» crédit suivit ce mauvais exemple. »

Ils excusaient également Mgr de Rechignevoisin,
en disant, qu'ayant quitté le commandement des
troupes et préféré la qualité d'évêque à celle de capitaine, il crut devoir suivre son prédécesseur dans
la voie qu'il trouva frayée, ne reconnaissant pas encore
les obligations de son ministère comme il les connut
dans la suite.

Mais, à l'égard de leur adversaire actuel, on ne pouvait rien dire de semblable; son mérite l'avait élevé à l'épiscopat, et, d'un autre côté, la piété et la justice régnaient en France; les troubles en étaient bannis et rien ne pouvait rendre si recommandable un évêque que les soins qu'il prenait des hôpitaux et des pauvres. « Plus il s'épuise en saintes libéralités,
» plus ses ressources augmentent par la magnificence
» du roy qui les comble de pensions et d'abbayes,
» afin qu'ils puissent faire de plus abondantes au-
» mônes. »

D'un autre côté, l'évêque Ancelin avait une par-faite connaissance des titres des pauvres depuis plu-sieurs années; les pressants besoins de l'hôpital qu'on avait été sur le point d'abandonner, dans l'impossi-bilité où on se trouvait de pouvoir les satisfaire, ne lui étaient pas inconnus. Aussi, malgré la déférence qu'on avait alors pour le clergé, les administrateurs insérèrent-ils dans leurs défenses cette clause peu honorable pour leur adversaire :

« Cette conduite n'est pas convenable à la charité,
» et les demandeurs n'ont pu lire sans douleur les
» contredits qu'il a donnés à leurs requêtes. De tous
» les faits qu'il a avoués, il n'y en a pas un qui soit
» véritable, la contradiction est répandue partout, et
» enfin ce n'est qu'un tissu de conjectures qui n'ont
» ni fondement ni vraisemblance. »

Les motifs d'opposition de l'évêque étaient ainsi conçus :

Premier motif.

L'aumône des 400 sestiers n'a jamais été payée, l'aumônier la faisait au nom de toute l'abbaye; Jean de Cluys la re-connut devoir en 1429 par un excès de zèle; étant une charge de toute l'abbaye, les bénéficiers lui payaient par des rede-vances la même quantité de blé qu'il fournissait à l'aumônier. Clément de Brillac en fut déchargé en 1495 moyennant 200 livres qu'il promit de payer à ses religieux *pro omnibus de-veriis.* En 1514 le même Clément de Brillac chargea les bénéficiers de faire ladite aumône à sa décharge, au moyen des remises qu'il leur fit des redevances équivalentes aux 400 sestiers de seigle et qu'enfin ladite aumône estant sujette à modération suivant la cause *pro quibus concordabit*, elle a été modérée.

Les administrateurs répondirent que les 400 sestiers de blé seigle dus par l'évêque devaient être employés à des aumônes générales pour tous les vendredis de chaque année, dans la cour même de l'évêché, au lieu que les aumônes des bénéficiers avaient des distinctions différentes : celle du cellerier était une aumône générale qui devait se faire le premier samedi de carême, suivant le contrat du 14 novembre 1429 : *Item debet D. cellerarius facere charitatem prima die sabbati quadragesime et debet dare cuilibet pauperi quarterium panis, item debet facere potum charitatis.* Celle du trésorier était pour la Cène des filles *pro mandato feminarum* (Reconnaissance du 21 septembre 1623), « plus doit administrer ledit trésorier, un chacun an » le jour du Jeudy-Saint à l'aube du jour dans ladite » église, la quantité de quatre septiers de froment en » pain appelez lous michoux pour donner aux pau- » vres filles. »

Celle du prieur de Saint-Clément était pour la Cène des pauvres, *pro mandato pauperum*; celle de l'aumônier, pour les pauvres malades auxquels il devait envoyer à manger, *pro contractis et infirmantibus in villa* (titre du 22 juin 1429); celle du prévôt de Clergoux, pour la nourriture de douze pauvres, *debet reficere duodecim pauperes.*

Toutes ces aumônes variant par la quantité et la qualité et ayant une distinction différente, en vertu des contrats réguliers, l'évêque Ancelin avait tort de vouloir établir des compensations qui ne reposaient sur aucune preuve sérieuse.

Deuxième motif.

Les administrateurs ne portent aucun titre constitutif de

la dite aumône, que suivant la clause *pro quibus concorda-bit*, elle a été modérée et que Clément de Brillac en a été déchargé en 1514, au moyen des remises qu'il fit aux bénéficiers des redevances qu'ils lui devaient, équivalentes aux quatre cents sestiers de seigle.

Ce motif d'opposition n'était nullement sérieux :

La transaction invoquée par l'évêque Ancelin était un simple acte capitulaire, par lequel les religieux firent remise à Clément de Brillac des pensions qu'il leur devait en grains et vin, pour 200 livres ; mais ils ne firent ce traité que *ad tempus* et pendant le temps qu'il serait leur évêque, *pendente quod erit episcopus Tutellensis*. La cause de cet abandon était dans l'obtention de la sécularisation qu'ils souhaitaient ardemment.

Troisième motif.

Les reconnaissances des 11 et 22 juin 1429 ne sauraient assujettir son évêché à la dite aumône, par la raison que Jean de Cluys n'a pu la reconnaître au préjudice de ses successeurs. il l'a fait sans procès-verbaux *de commodo et incommodo*, il ne paraît ni motif ni circonstance pour autoriser ce qu'il a fait, et enfin ces reconnaissances n'ont jamais été exécutées.

Les procès-verbaux de *commodo et incommodo* n'étaient pas nécessaires, car ils ne sont exigés que pour les aliénations, et Jean de Cluys avait reconnu que cette aumône avait été payée de tout temps par ses prédécesseurs *ab antiquo tenebantur et debeant* (titres de 1320, 1373 et 1399 rappelés dans celui de 1429).

Après que Jean de Cluys eut reconnu l'aumône, le titre porte : *Pro quibus concordabit secundum facultates mensæ episcopalis et qualitates temporum super hoc litterarum confectarum abque præjuditio officii eleemosinariæ*, ce qui signifie seulement que, si par la stérilité d'une année, l'évêque manque de seigle, il faudra s'arranger pour d'autres grains.

C'est pour ce motif qu'en 1368 l'évêque paya l'aumône en espèces : *Opportet solvere in pecunia quia non habemus bladum.*

Quatrième motif.

Les titres de 1373, 1399 et les sept actes de prestation de serment faits par les successeurs de Jean de Cluys sont des pièces inutiles par les nullités qu'on y aperçoit.

Ces moyens de défense étaient puérils :
En effet : 1º les évêques de Tulle étaient soumis à la juridiction de leurs officiaux ; 2º ce fut le receveur de l'aumônerie qui représenta les terriers ; 3º ils furent certifiés par des témoins ; 4º c'étaient des marchands qui avaient été reconnus de l'évêché et de l'aumônerie et non par des valets ; 5º l'official avait ordonné l'enquête *de mandato nostro* ; 6º il était dû au cellerier une année d'arrérages ; 7º la contestation étant formée entre le camérier du pape et l'aumônier, il n'était pas nécessaire de faire assigner l'évêque qui était mort.

« Les actes, disait Mgr Ancelin, faits lors des ins-
» tallations sont réprouvés selon le sentiment de
» Chopin fondé sur le concile de Bâle et la pragma-
» tique sanction, s'ils ne sont faits avec connaissance
» de cause, si les choses promises ne sont autorisées
» par la coutume et si l'installation lui sert de cause
» et de fondement. »

Il était constant que les actes avaient été faits en connaissance de cause. Hugues d'Aubusson, le premier évêque ayant fait la prestation de serment, avait agi en connaissance de cause. En effet, lorsqu'il fut nommé évêque, il n'y avait que quinze ans que Jean de Cluys avait fait lesdites reconnaissances et il ne les fit que sept ans après son entrée en possession. Louis d'Aubusson qui lui succéda fit le même serment seulement quatre années après. Denis de Bar, son successeur, en fit autant seize ans après, ce qui prouve qu'ils ont toujours agi en connaissance de cause.

Les revenus de son évêché sont diminués par la raison que les prieurés de Cuzances, Bougneyroux et Sainte-Radegonde ont été désunis de sa mense épiscopale, et, pour le prouver, il dit que Jean de Cluys reconnut des devoirs pour ces bénéfices en 1429 et qu'il ne jouit plus des pensions que les bénéficiers lui devaient.

Ces bénéfices n'avaient jamais été unis à la mense épiscopale, parce que les prieurés avaient leurs titulaires en 1320, 1326 et 1451. En 1399, Pierre de Cosnac exposa au pape Clément que ces bénéfices étaient vacants et lui demanda l'autorisation de les conférer. S'ils avaient été unis à sa mense, il n'aurait pas songé à s'en dépouiller, avec d'autant plus de raison, qu'à cette époque, il était en procès avec les religieux au sujet de cette aumône.

Si Jean de Cluys reconnut, en 1429, les devoirs dont ces bénéfices étaient chargés, c'est certainement par la raison qu'ils étaient encore vacants et que personne ne voulait s'en charger parce qu'ils étaient ruinés : *Erant adeo diminuata et apperissata et propter guerras annihilata ut non reperirent qui ea regere et tenere vellet.*

Les bénéficiers n'ont jamais rien dû à l'évêché; mais, à supposer qu'ils aient dû quelques rentes, on doit plus naturellement croire que les évêques les ont compensées avec celles qu'ils leur devaient. Dans tous les cas, il ne serait pas juste de remplacer ces redevances aux dépens du patrimoine des pauvres, d'autant mieux que si elles sont perdues, c'est par la non résidence des évêques.

Après de nombreux actes de procédure, le roi, par un arrêt de son conseil d'Etat privé tenu à Versailles, le 20 juin 1701, débouta l'évêque de Tulle de son opposition et le condamna à payer à l'hôpital général l'aumône justement réclamée par les administrateurs.

Par contrat reçu Me Froment, notaire royal, le 23 janvier 1708 et fait au palais épiscopal où étaient présents Mgr André Daniel de Beaupoil de Saint-Aulaire, évêque et vicomte de Tulle, et les administrateurs de l'hôpital général, furent réglées les deux questions suivantes dont l'interprétation pouvait donner lieu à un nouveau procès :

1° Quel était le terme à payer de la redevance annuelle?

2° De quelles grandeur et qualité devait être la nappe à fournir?

Il fût arrêté que le terme de la rente commençait à courir à partir du 2 juillet de chaque année et que la nappe serait en toile du pays et aurait huit aunes de long. Dès lors l'aumône fut régulièrement payée et la paix rétablie entre l'évêché et l'administration hospitalière.

Ce procès ne fut pas le seul intenté par Mgr Ancelin. Il refusa de fournir à la nourriture des enfants exposés, à laquelle il était tenu comme seigneur haut-justicier de la ville. Il fut condamné par arrêt du 29 novembre 1708.

La conduite de cet évêque forme un contraste bien frappant avec celle de ses successeurs qui, avec un zèle louable et pieux, se consacraient pendant leurs exercices au soulagement des pauvres. Ils vinrent souvent au secours de l'hôpital lorsque la caisse était vide, lui firent des fondations, et payèrent l'entretien d'une troisième sœur de Nevers, après leur installation dans la maison de charité. L'un d'eux mérite une mention spéciale, bien que le résultat ne fût pas en rapport des espérances qu'avait fait naître son amour pour les pauvres.

C'était le trente-septième évêque de Tulle, Mgr Fran-

çois de Beaumont d'Antichamp (1), abbé commandataire de l'abbaye royale Notre-Dame-des-Victoires et
ci-devant de l'abbaye royale de Notre-Dame-d'Oigny.
Par testament reçu M⁰ de Jurbert, notaire à Tulle, il
avait institué l'hôpital général pour son héritier universel, à la charge de servir quelques pensions aux
gens de sa maison. Il mourut le 11 novembre 1761,
et, le même jour, l'avocat du roi Brival adressa une
requête au lieutenant général du siège, M. Darluc,
pour faire apposer les scellés sur les appartements du
palais épiscopal. Les termes de cette requête donnent
une idée des regrets qu'occasionnait la mort de ce
prélat :

Vous remontre le procureur du roi qu'il est informé en ce
moment par le son lugubre des cloches, et plus encore, par
les cris d'une douleur universelle, de la mort de Mgr François
de Beaumont d'Antichamp, évêque et vicomte de Tulle. Aussi
ce triste évènement qui doit exciter les plus vifs regrets de
tout bon citoyen et de tout bon diocésain par l'assemblage des
vertus morales et chrétiennes qui formaient le caractère du
respectable prélat qui vient de mourir ne permet pas au procureur du roi de ne pas élever son ministère pour mettre en
sûreté.....

Le conseil d'administration, dans une délibération
du 11 mai 1762 relative à un écrit anonyme et in-
jurieux pour la mémoire du défunt, partage les sentiments de M. l'Avocat du roi :

..... a dit et représenté qu'il courait en ville un libelle dif-
famatoire répandu dans le public par un auteur jusqu'à ce

(1) Son oraison funèbre a été prononcée le 21 avril 1762, dans
l'église de Tulle, par M. l'abbé Melon de Pradou, docteur en théologie
de la faculté de Paris, chanoine de Saint-Germain-en-Laye. (A Tulle,
chez Pierre Chirac, seul imprimeur du roi, du clergé, de la ville et du
ollège, M DCC LXII).

jour inconnu contre la mémoire du digne prélat que la mort
nous a enlevé le 11 du mois de novembre dernier et dont le
souvenir d'une perte si chère nous pénètre encore de la douleur la plus amère. Ce respectable évêque qui a gouverné avec
un zèle vraiment apostolique le diocèse que le Seigneur lui
avait confié, qui a possédé toutes les qualités de l'épiscopat
dans le degré le plus éminent, qui a mérité si dignement et
à toute sorte de l'être, toute la confiance et la vénération du
clergé, qui a opéré dans tout son diocèse et particulièrement
dans cette ville, des œuvres inombrables de piété et de charité
et de tendresse et qui dans l'acte de sa dernière volonté a
montré des entrailles paternelles aux pauvres de cet hôpital,
en lui donnant tout ce qui lui restait de ses revenus ecclésiastiques, y est peint avec les couleurs les plus noires et les
plus affreuses.....

Le bureau décida qu'on s'adresserait à monseigneur le Chancelier et M. le Procureur général du
parlement pour que l'auteur de l'écrit fût recherché
et puni.

La succession du prélat fut acceptée, sous bénéfice
d'inventaire, et tous les objets mobiliers garnissant
le palais épiscopal furent vendus aux enchères, par
le ministère d'Eyrolles, greffier royal, moyennant
2,852 livres 14 sols, et adjugés pour la plus grande
partie à l'évêque successeur de Mgr d'Antichamp.
Ce prix de 2,852 livres est bien minime en présence
de l'existence constatée par l'inventaire de certains
objets d'art qui se vendraient aujourd'hui un prix
considérable, tels que cinq pièces de tapisseries de
cuir dorées ayant 31 pieds de long ; deux chaises à porteur armoriées ; des mouchettes en vieil argent ; des
chenets en cuivre jaune ; des couteaux en argent ;
25 aunes de tapisserie d'Aubusson ; un lit à la du-
chesse, etc.

L'administration hospitalière avait l'espoir de retirer de forts revenus de l'abbaye de la Victoire dont
l'évêque était abbé commandataire. Ses illusions, à
cet égard, furent douloureusement dissipées par la

reddition d'un compte portant à 146 livres seulement le total des sommes dues à la succession (1).

En résumé, l'hôpital général ne retira aucun bénéfice de sa situation de légataire universel et eut de fortes dépenses à supporter pour la liquidation de cette affaire. Les consultations des hommes de loi, les voyages d'un administrateur à Paris lui imposèrent des sacrifices très onéreux.

Les fonctions de directeur exigeaient une surveillance si active et si absorbante, que leur renouvellement avait lieu tous les trois ans. Le trésorier ne pouvant étudier utilement la suite à donner à toutes les affaires, celles-ci avaient été divisées en six lots confiés à chacun des directeurs :

Le premier lot comprenait les affaires des paroisses de Tulle-ville, de Paris et de Chalis ;

Le deuxième lot, celles des paroisses de Chanac, Couderc, Champagnac-la-Nouaille, Eyren, la Chapelle-Spinasse, Marcillac ;

Le troisième lot, celles des paroisses du Lonzac, Favars, Naves, Orliac-de-Bar, Rilhac-Treignac, Saint-Clément, Saint-Mexant, Saint-Germain-les-Vergnes, Saint-Hilaire-Peyroux, Sainte-Féréole, Turenne, la Villeneuve-le-Comte ;

Le quatrième lot, celles des paroisses de Brajac, Forgès, Ladignac, Lagarde, Laguenne, Mauriac, la Roquebrou, Saint-Martial-de-Gimel, Saint-Paul, Saint-Pardoux-de-Gimel, Saint-Sylvain, Saint-Chamant ;

Le cinquième lot, celles des paroisses de Beaumont, Corrèze, Grandsaigne, Maussac, Meyrignac-l'Eglise, Combressol, Neuvic, Saint-Salvadour, Saint-Jal, Saint-Estienne-en-Auvergne, Saint-Yrieix, Vitrac.

(1) Voir ce compte intéressant au point de vue des bénéfices du clergé à cette époque (Annexe nᵒ 3).

Le sixieme lot, celles des paroisses de Sainte-Fortunade, le Chastang (1).

Ce détail démontre d'une manière évidente que les fonctions de directeur n'étaient pas une sinécure et explique les mutations des titulaires à la fin de leur période de trois années d'exercice.

Nous croyons utile de donner les noms des personnes qui furent successivement appelées à l'honneur de gérer les affaires de l'hôpital général.

Désignation de MM. les Directeurs et Administrateurs depuis sa création (1670) jusqu'en 1792.

(Lacune de 1720 à 1750).

1670 : Messire Jean de Braquilanges, conseiller du roi.

1672 : MM. maîtres Jean-Baptiste Saint-Priest, trésorier de l'église cathédrale de Tulle; Pierre Dumirat, curé de Chanac; Martial Borderie, sieur de Chadapau, conseiller magistrat au présidial; François de Lagarde, aussi conseiller; Jean Dubal, sieur de Laborde; Jean Melon, sieur de Pézarès, directeurs; maître Jean-Baptiste Melon, sieur de Salvaneix, avocat en parlement, trésorier; maître Jean-Baptiste Rinière, procureur ès-sièges royaux, secrétaire.

1675 : MM. Lagarde; Meynard; Vaurilhon; de Saint-Priest; Melon du Pézarès; Melon du Salvaneix; Jarrige.

1676 : Maîtres de la Fageardie, chanoine; Borderie, avocat du roi, directeurs; maîtres Pourchet et Bourgeois, trésoriers.

1677 : Maître Jean Rinière, conseiller magistrat au présidial, directeur; M. Pierre Combes, bourgeois à Tulle, secrétaire.

1678 : Messire maître Pierre Maillard, prêtre et archidiacre; messire maître Meynard, président en l'élection; messire maître Martial Lagarde, juge à Tulle; M. Léonard Brivezac.

(1) Voir le détail de ces affaires et le nom des débiteurs (Annexe n° 4).

1680 : Messire maître Ceaux, prêtre chanoine en l'église cathédrale ; messire maître de Fénis, conseiller magistrat ès-siéges royaux ; M. Blaise Pourchet, bourgeois à Tulle ; M. Lamore, bourgeois à Tulle ; messire maître Desouloyt.

1681 : Messire maître Estienne de Lespinasse, lieutenant assesseur au criminel de Tulle ; M. maître Jean Eyrolles, avocat.

1682 : Maître Jean Massoulier, avocat en la cour, trésorier.

1683 : Maître Antoine Melon, sieur du Verdier, avocat en la cour, secrétaire ; messire maître Jean d'Arche, conseiller du roi et lieutenant ordinaire du criminel, directeur.

1684 : Messire maître Martial de la Fageardie sieur de Laval, conseiller du roi et lieutenant général en l'élection, directeur ; M. Jean-Joseph Dugal, bourgeois à Tulle, secrétaire.

1686 : Maître Mesnager, procureur ès-siéges royaux, secrétaire ; M. Joseph Dugal, bourgeois à Tulle, trésorier.

1687 : Maître Darluc, avocat, directeur ; M. Jean-Bernard Froment, procureur ès-siéges royaux, secrétaire.

1688 : Maître Estienne Jarrige, avocat en la cour, trésorier.

1690 : M. Jean Laporte, bourgeois, marchand à Tulle, trésorier.

1692 : Maître Antoine Rabanide, avocat en la cour, trésorier ; maître Melon, curé de la paroisse de Saint-Julien, prévôt de Pouneau, directeur ; messire maître Cholvy, seigneur du Pouget, conseiller magistrat ès-siéges royaux, directeur ; messire maître Jarrige, seigneur d'Armat, conseiller en l'élection, directeur.

20 septembre 1693 : Messire Dominique Bardoulat, seigneur de la Salvanie, trésorier général de France, en la généralité de Limoges, directeur ; sieur Pierre Jaucent, ancien garde du corps, directeur.

3 juillet 1694 : Sieur Georges Levrau, bourgeois et marchand à Tulle, nommé trésorier.

10 septembre 1694 : Maître Brossard, doyen de l'église cathédrale de Tulle, directeur.

23 janvier 1695 : Sieur François de Fénis, marchand apothicaire à Tulle, trésorier.

11 juin 1696 : Maître Teyssier du Mazel, avocat, directeur.

8 septembre 1696 : Maître Deprès de Poumeyrol, conseiller au présidial, directeur; M. Joseph Jarrige de Lavalette, directeur.

4 novembre 1696 : M. messire Jean-Baptiste de Jaucent, seigneur de Poissac, président au siège présidial de Tulle, directeur.

9 mars 1698 : M. messire Antoine-Joseph Melon, sieur du Pézarès, conseiller du roi, assesseur en l'élection, directeur.

31 mars 1698 : M. l'abbé de Larue, prêtre docteur en théologie, chanoine théologal de l'église cathédrale de Tulle, trésorier.

9 novembre 1698 : M. Jean-Baptiste Lacombe, bourgeois et marchand à Tulle, trésorier.

20 avril 1699 : M. François Froment, fils, procureur près la cour prévôtale de Tulle, secrétaire.

26 avril 1700 : Maître Jarrige, conseiller en la cour prévôtale de Tulle, directeur.

19 septembre 1700 : M. Joseph Meynard, bourgeois et marchand à Tulle, trésorier.

1er mai 1701 : Maître messire Jean-Joseph Cholvy, conseiller du roi aux sièges royaux de Tulle, directeur.

11 juillet 1701 : Maître messire Louis-Martial de Brossard, doyen de l'église cathédrale de Tulle, directeur.

17 avril 1702 : Maître messire Antoine Ceaux, conseiller du roi, receveur des consignations des sièges royaux, trésorier.

13 juin 1702 : Sieur Jean-Baptiste Lacombe, marchand à Tulle, secrétaire.

23 septembre 1703 : M. Dubal, curé de Saint-Pierre, directeur; maître Jarrige Dubournazel, lieutenant particulier, directeur; maître Plasse, conseiller du roi au présidial, directeur.

24 octobre 1703 : M. Rabanide, trésorier général de France, directeur.

14 juillet 1704 : M. messire Hiérosme Lagarde, seigneur d'Auberty, avocat à la cour, trésorier.

15 septembre 1704 : Messire Henry Delpy, seigneur de la Voute, Laborde et le Poneau, docteur ès-droits, avocat au parlement de Paris, secrétaire du roi, directeur.

26 janvier 1705 : Maître messire Gabriel Du Myrat, seigneur de Boussat, conseiller du roi, au présidial de Tulle, directeur.

12 mai 1706 : Maître Jean-Baptiste Béronie, notaire royal, secrétaire.

30 août 1706 : Messire maître Antoine-Joseph Melon du Pèzarès, conseiller du roy, trésorier.

6 septembre 1706 : Maître Darluc, théologal, directeur ; maître de La Selve, conseiller magistrat, directeur ; maître Delpy, conseiller du roi, directeur ; maître Ceaux, receveur des consignations, directeur.

29 mai 1708 : M. Pierre Pauphile, bourgeois et marchand à Tulle, trésorier.

9 septembre 1709 : Messire Jean-Louis Darche, chevalier de l'ordre de Saint-Jean de Jérusalem, directeur ecclésiastique ; maître Jean Darluc, prêtre, docteur en théologie, ancien curé de Saint-Pardoux, habitant à Tulle, directeur ecclésiastique ; sieur La Selve, conseiller du roi, directeur ; maître Teyssier, sieur de La Serre, colonel de la milice bourgeoise, directeur ; maître Joseph Friquet, avocat à la cour, directeur ; M. l'abbé Deprès, docteur en théologie, chanoine de l'église de Perpignan, grand vicaire official du seigneur évêque de Perpignan, conseiller en la chambre souveraine de Perpignan, directeur honoraire.

13 juillet 1710 : Sieur Ignace Levraud, bourgeois et marchand, trésorier.

7 septembre 1710 : M. maître Léger Braquilanges, conseiller au présidial de Tulle, directeur.

22 février 1711 : M. messire Antoine de Fénis, seigneur de Margouet, chevalier de l'ordre royal et militaire de Saint-Lazare, directeur.

17 juillet 1712 : Sieur François Darluc, bourgeois et marchand de Tulle, trésorier.

18 septembre 1712 : M. maître Charles Gaye d'Espinet, chanoine de l'église de Tulle, directeur ecclésiastique ; M. maître Jacques Jarrige, prêtre docteur en théologie, directeur ecclésiastique.

23 octobre 1712 : Sieur Ignace Levraud, marchand à Tulle, secrétaire.

6 novembre 1712 : M. Delpy, conseiller, secrétaire du roi, Maison et Couronne de France, demeurant à Paris, sur les fossés de M. le Prince, directeur honoraire.

3 mai 1713 : M. Joseph de Lespinasse, seigneur de Pebeyre, directeur.

21 juin 1713 : Sieur Jean-Baptiste Lacombe, bourgeois et marchand à Tulle, trésorier.

1er octobre 1713 : M. messire Martin Darche, conseiller du roi, lieutenant général criminel au siège présidial de Tulle, directeur.

5 mai 1715 : M. messire Martin de la Fageardie, seigneur de Saint-Germain, conseiller du roi, lieutenant général en l'élection de Tulle, directeur ; M. maître Pierre Darluc, avocat en la cour, directeur ; sieur Blaise Lagarde, bourgeois et marchand à Tulle, trésorier.

15 septembre 1715 : M. messire Melon, chanoine de l'église cathédrale de Tulle, directeur.

20 septembre 1716 : Messire Charles de Jaucen, seigneur de Lageneste, ancien président au siège présidial de Tulle, directeur ; M. Pierre de Mensat de Saint-Priech, directeur ; messire Jean-Martial de Jaucen, écuyer, seigneur de Crosne et de Noisy-sur-Seine, conseiller secrétaire du roi, Maison Couronne de France et de ses finances, directeur honoraire et perpétuel.

9 mai 1717 : M. Payan, chanoine de l'église cathédrale de Tulle, directeur ; sieur Blaise Jarrige, bourgeois et marchand à Tulle, trésorier.

8 mai 1718 : M. Jean Meynard du Tournier, conseiller du roi, président en l'élection, directeur.

7 mai 1719 : M. Jean-Henry Meynard, chanoine de l'église de Tulle, directeur ; sieur Antoine Levraud, bourgeois, ex-marchand, consul de la ville, trésorier.

5 mai 1720 : M. Teyssier, chanoine à Tulle, directeur.

15 septembre 1720 : M. Léonard Meynard de Lafaurie, conseiller du roy et lieutenant assesseur du présidial de Tulle, directeur; M. Blaise de la Fageardie, conseiller du roi au présidial de Tulle, assesseur en la maréchaussée, directeur.

4 mai 1721 : M. Jean-Joseph Duron, conseiller du roi ès-sièges royaux, directeur.

20 septembre 1750 : M. Dominique-Jean-Joseph de Bardoulat, seigneur de la Salvanie, directeur.

9 mai 1751 : MM. Jean-Baptiste Laporte, aumônier de l'église cathédrale et François Juyé de la Condamine, prêtre et licencié en droit canon, directeur; M. Pierre Pauphile aîné, bourgeois et marchand de la ville, trésorier.

7 mai 1752 : MM. Antoine Fortier, conseiller au siège présidial, et Antoine Lajoinie, avocat en la cour, directeur; Jean-Jacques Leix, bourgeois et marchand à Tulle, secrétaire.

La nomination de M. Lajoinie donna lieu à un incident qui mérite une mention spéciale. La compagnie des avocats, toujours susceptible, crut devoir protester contre cette nomination, parce que jusqu'à cette époque leurs membres n'avaient pas fait partie du conseil d'administration de l'hôpital. Ils voyaient dans cette exclusion un affront qu'ils ne pouvaient pardonner et que le choix de M. Lajoinie ne pouvait effacer. Ils prirent donc la résolution, dans une réunion présidée par le premier doyen, d'inviter M. Lajoinie dont ils reconnaissaient l'honorabilité, à refuser ces fonctions. Ce dernier se soumit à cette injonction après avoir toutefois manifesté préalablement son adhésion au choix fait de sa personne. Alors les administrateurs le firent sommer, par acte d'huissier, d'avoir à se rendre au bureau pour prêter le serment d'usage et à se consacrer à la gestion des biens des pauvres. Cet acte de rigueur n'ayant produit aucun résultat, ils adressèrent une requête au parlement de Bordeaux dans laquelle ils rappellent « que la direction tem-

» porelle dudit hôpital doit être composée de six
» directeurs, savoir deux ecclésiastiques et deux laï-
» ques, un receveur et un secrétaire qui doivent être
» élus et nommés à la pluralité des voix et qui doi-
» vent rester, savoir : les directeurs pendant trois
» ans et le receveur et le secrétaire deux ans. Le
» sieur Sclafer de Chabrignac, ayant fini son trienne
» au commencement du mois de mai dernier, le bu-
» reau procéda suivant l'usage et au jour marqué
» par les lettres patentes, à la nomination d'un nou-
» veau directeur laïque, et, par délibération du sept
» dudit mois de mai, Me Lajoinie avocat en la cour
» qui avait cy-devant rempli cette place avec distinc-
» tion fut élu pour la seconde fois, d'une voix una-
» nime, directeur dudit hôpital. Les suppléants lui
» rendirent le même jour, suivant l'usage, une visite
» en corps, pour lui notifier verbalement sa nomi-
» nation, l'avertir de se rendre au premier bureau
» pour prêter le serment au cas requis et le prier
» d'assister au repas qu'il est d'usage de donner au
» nouveau directeur; Me Lajoinie parut flatté de sa
» nomination, il l'accepta avec reconnaissance ; il
» promit formellement de venir prêter le serment au
» 1er bureau, et se rendit au souper indiqué, et le
» lendemain il rendit les visites accoutumées à chacun
» des suppléants pour leur témoigner sa gratitude ;
» il avait même agréé la proposition qui devait être
» faite de sa personne et avait donné sa parole à son
» prédécesseur et à des personnes respectables à qui
» on ne saurait manquer sans honte; cependant au
» préjudice d'une nomination si régulière, agréée et
» acceptée par des actes géminés, Me Lajoinie n'a
» tenu compte de venir prêter le serment de direc-
» teur; les suppléants ont dissimulé autant qu'ils
» ont pu une conduite si peu régulière et contraire
» aux règlements dudit hôpital, ils ont employé
» toutes les voies de la douceur et de la politesse
» pour le déterminer à tenir sa parole et à remplir

» ses engagements ; ils ont eu la complaisance de se
» prêter à des moyens de conciliation pour donner
» le temps à Me Lajoinie de se consulter ; ils ne peu-
» vent pas encore dissimuler que Me Lajoinie a reçu
» des avis et des conseils qu'il devait respecter et
» regarder comme des ordres formels; cependant
» toutes ces démarches ont été inutiles, et il a mé-
» prisé ou éludé toutes les réquisitions qui lui ont
» été faites, sous des prétextes frivoles et qui excite-
» raient l'animadversion de la cour, s ils étaient
» connus.

» Les suppléants ayant épuisé les voies de la
» politesse et la considération qu'ils ont pour Me La-
» joinie, ils ont été obligés pour la conservation des
» lois et règlements dudit hôpital dont ils sont les
» dépositaires d'avoir recours aux voies de droit pour
» le contraindre de venir prêter le serment accou-
» tumé et, en conséquence, ils lui ont fait notifier
» sa nomination en bonne et due forme, par acte du
» 15 du mois de juin dernier fait par Rolland, huis-
» sier. Cette nouvelle tentative a été pareillement
» inutile et Me Lajoinie a persisté dans son refus et
» n'a tenu compte de se rendre au bureau au jour
» indiqué, ce qui oblige les suppléants pour le main-
» tien du bon ordre et la conservation des règlements
» de l'hôpital, d'avoir recours à l'autorité supérieure
» de la cour pour contraindre Me Lajoinie.

» Ce considéré, il vous plaise de vos grâces, nos
» seigneurs, donner acte aux suppléants de la pré-
» sente requête, et, y faisant droit, enjoindre audit
» Lajoinie de venir prêter le serment de directeur
» dudit hôpital, à quoi il sera contraint par toutes
» les voies et rigueurs de justice, même par corps ;
» attendu sa désobéissance aux dites lettres patentes
» et le privilège de la matière dont s'agit, avec tous
» dépens dommages-intérêts soufferts et à souffrir,
» ce qui sera exécuté nonobstant toutes oppositions
» faites ou à faire et permettre aux suppléants d'in-

» timer ledit Me Lajoinie en la cour, attendu le pri-
» vilège des pauvres et ferez bien. » — Signé :
LAPORTE ; — MELON ; — JUYÉ DE LA CONDAMINE ; —
BARDOULAT DE LA SALVANIE ; — PAUPHILE ; — LEYX.

Me Lajoinie, devant un pareil acte de rigueur, fut
obligé de s'exécuter et d'accepter les fonctions de directeur de l'hôpital.

Quelque honorable que soit encore aujourd'hui
l'exercice de cette position, on ne saurait en rendre
l'acceptation obligatoire. On trouvera toujours, dans
le grand et beau pays de France, des citoyens prêts à
consacrer gratuitement leurs soins à soulager les
pauvres. Ce dévouement s'accomplit par une loi écrite
dans le cœur et non dans le code ; ce n'est plus avec
l'aide d'un huissier que ce devoir est effectué ; il
s'impose à l'homme honnête par une satisfaction naturelle de la conscience.

16 septembre 1753 : M. Etienne Desprès du Leyris, conseiller
de police du roi au présidial de Tulle, directeur.

25 mai 1754 : M. Antoine-Joseph Lagarde, prêtre, chanoine
de l'église cathédrale de Tulle, directeur.

15 septembre 1754 : Messire d'Arches, écuyer, seigneur
d'Ambrugeat ; sieur Teyssier, seigneur de Leyrat, administrateur.

14 septembre 1755 : M. Jean Bouzonie, receveur des tailles
de l'élection de Tulle, trésorier ; M. Pierre Pauphile, ancien
trésorier, secrétaire.

1er mai 1757 : M. maître Jean-Louis Lacombe, prêtre, chanoine de l'église cathédrale de Tulle, prévôt de Favars ;
M. François Melon de Pradou, conseiller au présidial, administrateurs.

16 septembre 1759 : Sieur Jacques Mesnager aîné, juge de
la Bourse, administrateur.

27 avril 1760 : M. Léonard Laporte, prêtre, curé de Saint-
Pierre, administrateur ; M. maître Joseph Audubert, seigneur

du Theil, conseiller du roi et lieutenant général criminel, au siège présidial et sénéchal de Tulle, administrateur.

3 mai 1761 : Maître Jean Bouzonie, conseiller du roi, receveur des tailles en l'élection de Tulle, administrateur; maître François Villeneuve, juge de Saint-Priech, trésorier.

7 septembre 1761 : Maître Etienne Albier, seigneur de Bellefond, président en l'élection de Tulle, administrateur.

1ᵉʳ mai 1763 : M. maître François Melon de Pradou, conseiller au présidial de Tulle, administrateur; messire Antoine-Charles de Beaupoil de Saint-Aulaire-de-Brie, docteur en théologie, chanoine en l'église de Tulle, administrateur.

30 avril 1764 : M. maître Augustin Borie des Renaudes, conseiller au siège présidial et sénéchal de Tulle, administrateur.

23 septembre 1764 : M. Martial Melon de Pradou, chanoine de l'église cathédrale de Tulle, administrateur; Messire Gabriel Puyhabilier, écuyer, secrétaire du roy en la chancellerie près le parlement de Bordeaux, administrateur; messire Gabriel de Fénis, écuyer, seigneur de Labrousse, administrateur.

10 novembre 1764 : M. Joseph de Jurbert, notaire royal à Tulle, secrétaire.

4 août 1765 : Messire Jacques Lavaur de Sainte-Fortunade, écuyer, chanoine de l'église cathédrale de Tulle, administrateur.

20 septembre 1767 : M. Charles-Joseph-Marie de Rafélis de Soisson, écuyer, chanoine, grand chantre de l'église cathédrale, vicaire général; maître Joseph-Gabriel-Charles de Fénis, écuyer, seigneur de Saint-Victour, gouverneur de la ville de Tulle, et M. Jean-Antoine Brossard de Lafarge, écuyer, administrateurs.

9 mai 1768 : Sieur Jean-Baptiste Lacombe, bourgeois et marchand à Tulle, trésorier.

19 septembre 1768 : Maître Bernard Ternissien, chanoine de l'église cathédrale de Tulle, administrateur.

9 octobre 1769 : M. Léonard de Fraysse de Vianne, conseiller du roy au présidial de Tulle, administrateur.

15 janvier 1770 : Maître sieur Léon de Fénis de Lacombe, grand prévot de l'église cathédrale de Tulle, administrateur.

29 avril 1770 : Messire Jean-Joseph Bardoulat, écuyer, seigneur de la Salvanie, administrateur.

23 juillet 1770 : MM. Blaise-Toussaint Pauphile, bourgeois de cette ville, trésorier.

19 juin 1771 : Messire Jacques-François-Eymée de la Salvanie de Lissac, chanoine, administrateur ; messire François de Lasselve, écuyer, seigneur de Saint-Avid, administrateur.

20 septembre 1772 : M. Jean-Baptiste Darluc, chanoine de l'église de Tulle, administrateur.

26 septembre 1773 : Messire Hiérosme de Lagarde, seigneur d'Auberty, Cornil, Salague et autres lieux, ancien président trésorier de France de la généralité de Paris, administrateur.

17 mai 1774 : M. Lamore de Lamirande, curé de Saint-Pierre ; et messire Guy de Fénis de Laprade, écuyer, administrateur.

9 octobre 1774 : Maître Brugeau, notaire royal à Tulle, secrétaire.

1er mai 1775 : Monsieur maître Jacques Meynard de la Faurie, conseiller du roi, lieutenant particulier et assesseur ès-sièges royaux de Tulle, administrateur.

24 septembre 1775 : M. Pierre Leyx, bourgeois et ancien juge consulaire, trésorier.

12 mai 1776 : Messire Gabriel-Mathieu de Fénis de La Combe, écuyer, administrateur.

29 septembre 1776 : Messire Jean-François Lamore de Lamirande, seigneur de Marcillac, lieutenant de maréchaussée à Tulle ; M. maître Jean Vialle, avocat à Tulle, administrateur.

21 septembre 1777 : Messire Gabriel Dumyrat de Latour, prêtre curé de la paroisse de Saint-Julien, administrateur ; M. Antoine Charain, bourgeois, négociant et ancien juge consulaire, trésorier.

23 septembre 1778 : M. maître Pierre-Gabriel Duclaux, conseiller du roi au présidial de Tulle, administrateur.

10 mai 1779 : Messire Joseph Meynard de Maumont, chanoine à Tulle, administrateur.

2 janvier 1780 : Messire Jean-Baptiste de l'Espinasse, écuyer, seigneur du Bournazel, ancien capitaine commandant, chevalier de l'ordre royal et militaire de Saint-Louis ; messire Gabriel de Rodorel, chevalier, marquis de Seilhac, lieutenant de nos seigneurs les maréchaux de France, demeurant à Tulle en leurs hôtels, administrateurs.

16 mai 1780 : M. maître François Lanot, avocat au parlement, administrateur.

14 septembre 1780 : Messire François de La Selve, écuyer, seigneur de Saint-Avid.

2 avril 1781 : Messire Joseph Brival, bachelier en théologie, chanoine à Tulle et principal du collège, administrateur.

10 septembre 1781 : M. maître Antoine Serre de Bazaugour, conseiller du roy au siège présidial, administrateur; M. Joseph Floucaud, bourgeois et marchand de cette ville, pour trésorier.

25 février 1782 : Messire Antoine Meynard du Tournier, écuyer, seigneur du Leyrie et autres places, administrateur.

1er septembre 1782 : M. maître Ignace Rignac, notaire royal à Tulle, secrétaire.

7 mai 1784 : M. maître François Dussal, avocat en la cour, administrateur.

14 juin 1784 : Messire Jean-Gabriel Meynard, chevalier, seigneur de Meaumont, administrateur.

19 septembre 1784 : M. Martial Floucaud de la Pénardille, trésorier.

31 octobre 1784 : Messire Joseph de Fénis de Lafeuillade, chevalier.

25 septembre 1735 : Messire Pierre-Ignace Graviche, chanoine de l'église de Tulle, administrateur.

20 février 1786 : M. maître Jean Sudour, prêtre et curé de l'église de Saint-Julien, administrateur.

25 mai 1786 : M. maître François Melon de Pradou, conseiller du roi et avocat au présidial, administrateur.

13 mai 1737 : Messire Arnaud de Combret de la Beisserie,

seigneur de Marcillac, capitaine de cavalerie, lieutenant de la maréchaussée, administrateur.

14 octobre 1787 : M. maître Antoine Lacoste, avocat, administrateur.

10 mai 1789 : Messire Barthélemy Grandchamp, trésorier de l'église de Tulle, administrateur.

13 septembre 1789 : Messire Alexis Borderie de Vernéjoux, écuyer, seigneur baron de Lacombe et autres places, administrateur.

9 mai 1790 : Messire Antoine Sage, chanoine de l'église cathédrale; messire François-Joseph du Myrat de Boussac, écuyer; M. maître Jean-Bonaventure Mougeinc de Saint-Avid, avocat en parlement, administrateurs; M. Joseph Ducher, marchand orfèvre, trésorier.

30 avril 1790 : M. maître Jean-Pierre Lacombe, conseiller du roi es-siège sénéchal et présidial, administrateur.

10 avril 1791 : M. maître Jean-Baptiste Boudrie, notaire royal à Tulle; *Monsieur* Jean-Joseph Brival, évesque de Tulle (la délibération est signée : † Jean-Joseph BRIVAL, évêque de la Corrèze).

7 août 1791 : M. Pierre Rabanide, second vicaire de la paroisse de Saint-Martin; maître Gabriel Soleilhet, homme de loi et accusateur public au tribunal du district de Tulle, administrateurs.

28 septembre 1792, an I de la République : Les citoyens Chammard et Rigole, administrateurs.

7 prairial an III : Le citoyen Pinaud aîné, administrateur.

La fortune de l'hôpital consistait en immeubles, rentes, redevances, dotations, legs et aumônes.

Les immeubles que l'hôpital général possédait étaient :

Le domaine de la Sanguinière, dans la paroisse de Saint-Hilaire-Foissac, élection de Tulle, affermé suivant bail authentique reçu Boy, notaire royal à Egletons, moyennant : seigle, 50 sestiers, mesure de

Tulle ; argent, 100 livres ; le croît des abeilles pour moitié ; laine lavée à 20 livres, poids de marc ; beurre, 30 livres ; fromages de vaches, 20 fromages ou 2 sols pièces ; fromages de brebis, 50 fromages ou 2 sols 6 deniers pièce ; chanvre peignée, 15 livres ;

Le domaine de Vieillemarette, situé dans la paroisse de Gimel, élection de Tulle, affermé suivant bail reçu Sudour, notaire royal à Tulle, moyennant : seigle, 45 sestiers ; blé noir, 6 sestiers ; avoine partagée par moitié ainsi que la laine, le chanvre, le beurre, le fromage et le croît des bestiaux ;

Le domaine de Villieras, situé dans la paroisse de Saint-Mexant, élection de Brive, affermé suivant bail reçu Sudour, notaire royal à Tulle, aux sieurs Pierre et Jean Vacher, *exploitant à échange et mi-fruits* ;

Le domaine dit le Monteil, affermé au sieur Blondel, par bail authentique, pour 50 livres ;

Le domaine de Coly, affermé au sieur Joseph Leymat de Bonnefon, suivant acte reçu Materre, notaire royal, moyennant 51 livres ;

Un pré et un bois situés à Laborderie, commune de Chanteix ; le bois ayant 3 sestérées et le pré un demi-journal ;

Un pré dit Del-Doux et une terre dite Las-Chastaignas, situés à Chataur, paroisse de Saint-Paul ;

Ces parcelles étaient d'un revenu annuel de 100 livres ;

Les prés clôtures de l'hôpital, consistant en jardin potager, prairie, terre labourable et un pacage, d'un revenu annuel de 180 livres ;

Deux vignes, situées l'une dans la banlieue de Tulle, l'autre dans la paroisse d'Argentat, d'un produit annuel pour l'hospice de quatre muids de vin estimés 72 livres ;

Le four du faubourg de la Barrière, d'un produit annuel, frais de réparations déduits, de 300 livres ;

Le moulin situé sur la Corrèze, au pont de la Barrière, affermé, outre la mouture gratuite des denrées de l'hospice, moyennant certaines redevances d'un produit de 96 livres ;

Le Jeu-de-Paume, converti en écuries, arrenté perpétuellement, moyennant 100 livres ;

L'emplacement du pré dit Pra-Del-Hospital, servant de champ de foire. La ville, payait à cet effet quelques redevances.

Rentes foncières assises sur des maisons situées au faubourg de la Barrière.

Pierre Ladet, sargetier, 3 livres, 5 sols ;
Eymard Boisse, notaire royal, 3 livres ;
De Chabannes, lieutenant général, 10 livres ;
Jean Blatterye, coutelier, 5 livres ;
Jean Bal, maréchal, 5 sols ;
Pierre Pastrie, mazelier, 5 sols ;
Pierre Margerie, muletier, 5 sols ;
Demoiselle Jeanne de Naves, femme à François Eyrolles, procurenr audit lieu, 25 sols argent et cire 1/2 livre ;
Guillaume Daudy, Me chapelier, 25 sols, cire 1/2 livre ;
Demoiselle de Chardye, veuve de Jean Vialle, procureur, 25 sols, cire 1/2 livre ;
Charles Goutte, marchand, 1 livre, 4 sols, cire 1/2 livre ;
Jean Vernierre, procureur, 25 sols, cire 1/2 livre ;
Pierre Madelmont, sabotier, pour une maison située « dans l'enclos de la ville de Tulle, au lieu dit Rode-la-Père, paroisse de Saint-Pierre, confrontant avec la maison de M. Baluze enquesteur, 8 livres ; »

Rentes de froment.

Le ténement de la Pampoulie de Lagarde : froment,

1 sestier 1 picotin (mesure de Tulle); seigle, 3 sestiers 3 quartes; avoine, 35 éminal; argent, 22 sols.

Rentes constituées.

Joseph Andral, bourgeois au Bousquet de Saint-Paul, 80 livres;

Messire Martial de Fénis, conseiller ès-sièges de Tulle, 15 livres;

Messire Jean Rinière, conseiller magistrat ès-sièges, 5 livres;

Messire Pierre du Myrat, sieur de Mantes, avocat, 5 livres;

Messire Jean de Larue, conseiller magistrat ès-sièges de Tulle, 10 livres;

Messire Jean-Martial Myrat, sieur de Mons, avocat, 5 livres;

Messire Jean Melon sieur du Pézarès, 18 livres 12 sols;

Anthoine Soulier, bourgeois, 5 livres;

Messire Jean Bardoulat, trésorier général de France, et Jean Saint-Priest de Saint-Mur, 100 livres;

Demoiselle Anne de Beaufès, veuve de Jean-Louis Baluze, sieur de Bessou, 58 livres 11 sols;

Messire Jean Meynard, président en l'élection de Tulle, 12 livres 10 sols;

Jean Mérigonde, procureur, 15 livres et d'autres encore.

Sommes dues par contrats.

Martin Vialle et Jean Sage, bourgeois de Tulle, 350 livres;

Antoine Vergne, marchand à Tulle, 150 livres;

Antoine Aujol de Lavialle, de Chameyrat, 125 livres; Dubal, sieur de la Jarrige, bourgeois de Tulle, 107 livres;

Jean Blatteyrie, coutelier, et Jean Lacombe, hoste, 205 livres;

Demoiselle de Guelmont, veuve Hiérosme Mirat, sieur de Latour, 1,207 livres 8 sols;

Marie Val, veuve Roudaire, mazelière, 98 livres 5 sols;

Demoiselle Anne de Fónis, veuve de M. de Scilhac, 93 livres 1 sol 4 deniers;

Léonard Corrèze et Jean Madelmont de Chanac, 30 livres;

Guillaume Coudert, procureur à Tulle, 410 livres;

Antoine Teilhet et Jean Mongoulounie, marchand à Tulle, 230 livres;

Messire François-Martial de Fénis, prévôt aux sièges de Tulle, et Henri de Fénis sieur de Bach, frères, 160 livres;

Jean et Pierre Vachot, père et fils, greffiers des insinuations au siège de Tulle, 43 livres 10 sols;

Messire Jean Marut, sieur de Saintagne, conseiller, 366 livres;

Jean Chirac, marchand à Tulle, 150 livres; Fourtou-Meynard et Jean Sage, bourgeois, 300 livres;

Léonard Vergne, marchand à Tulle, 100 livres;

Larue, de Chamboulive, 43 livres;

Jean Vergne, marchand à Tulle, 157 livres;

MM. Martial de Fénis, avocat; François et Jean Martial de Fénis, curés de Chameyrat et de Cornil, 315 livres;

Noël Lagarde, marchand drapier près le pont Charlois, à Tulle, 223 livres 8 sols 6 deniers;

Pierre Doulou, marchand à Tulle, 119 livres;

Messire Pierre du Myrat, sieur de Mantes, et Gabriel de Lentillac, baron de Gimel, 220 livres;

Messire Jean Rinière, conseiller magistrat, 300 livres;

Messire Léonard Plasse, conseiller et magistrat, 340 livres;

Étienne Valette, du village du Tilliol, paroisse de la Place, 8 livres;

Messire Jean Lespinasse, conseiller, 200 livres;

Messire François-Martial de Fénis, prévôt de l'église cathédrale de Tulle et président au présidial de Tulle, 200 livres;

Antoine Teilhac, marchand à Tulle, 100 livres;

Messire Pierre Bardoulat, sieur du Plazanet et trésorier général de France, 300 livres;

Messire Jean Meynard, sieur du Tournier, président en l'élection de Tulle, 250 livres;

Maître Jean-François Darche, avocat, 60 livres;

Maître Martial Lagarde, juge à Tulle, 660 livres;

Demoiselle Magdeleine du Pouget, veuve de Martial de Fénis, 140 livres;

Estienne Vialanes, imprimeur à Tulle, 119 livres;

Bertrand Saintipoly, notaire à Naves, 80 livres;

Pierre Lagarde, prévôt de Saint Salvadour, 200 livres;

Pierre et Jean Boussagne, à Seilhac, 15 livres;

Jean Lachèze, seigneur de Couland, 89 livres;

Messire Antoine de Chabriniac, sieur de Ceyrat, 100 livres;

Et d'autres encore.

Legs faits à l'hôpital.

François Jarrige, avocat, 5 livres; Vergne, bourgeois de Tulle, 30 livres; demoiselle Souveraine de Lespinasse, épouse Mirat, sieur de Mons, 100 livres; demoiselle Jeanne de Brivezac, 300 livres; Léonard Dancie, bourgeois à Tulle, 100 livres; mademoiselle Marguerite de Fénis, veuve Soulier, bourgeois, 5 livres; demoiselle Léonce de Maugen, veuve Jean de la Salvanie, sieur de Puymège, lieutenant particulier, 100 livres; Jeanne Chambre, servante chez M. Darche, 36 livres; messire Etienne Desprez, sieur de Chalaux, 300 livres; Jean Meynard, sieur de Queille, 20 livres; Mme de Maruc, veuve Darche, 100 livres; Annet de Lagier, greffier criminel, 300 livres; Mlle Tilhac, 10 livres; M. Loyac, curé de Saint-Jal,

100 livres; Jacques de Perry, 200 livres; M. de la Terrade de Gourdon, 30 livres; François Brivezac, marchand, 30 livres; Pierre Dulaurens, théologien du Chastagnier, paroisse de Saint-Martial, 100 livres; Jean Faugeyron, curé de Saint-Julien, 15 livres; Marguerite Saigne, du village du Trémoulet, paroisse de Marcillac, 130 livres; Latour, chanoine de Tulle, 30 livres; Marguerite Darluc, veuve Vaurillon, 30 livres; Catherine Combret, femme du sieur Brivezac; lieutenant-criminel de robe courte, 30 livres; Jean-Baptiste Lespinasse, conseiller magistrat, 10 livres; Léonard Rabanide, bourgeois, 150 livres; Julien Tendas, huissier, 10 livres; Brivezac, médecin, 20 livres; Blaise Porcher, bourgeois, 30 livres; demoiselle Jeanne de Baluze, 30 livres; Antoine Maruc, bourgeois, 100 livres; Jean-Ignace de la Porte, 100 livres; Jean Fraysse, président en l'élection de Tulle, 10 livres; Chabanne, bourgeois et banquier, 2,213 livres; M. de Bournazel, 300 livres; Françoise Darluc, veuve Ceaux, 20 livres; dame de Meynard, veuve de Fénis, 200 livres; Mathieu Clauzade, prêtre de la communauté de Saint-Pierre, 120 livres; M. de la Serre, président en l'élection de Tulle, 320 livres; Leix, prêtre, 100 livres; M. de la Salvanye, lieutenant particulier, 600 livres.

Capitations et promesses.

Dame Marguerite de Laline, veuve de Jean-Martial de Jaucen, escuyer, seigneur de Crosnes et de Noisy-sur-Seine, conseiller secrétaire du roy, Maison Couronne de France et de ses finances, demeurant à Paris, rue Tiquetonne, paroisse de Saint-Eustache; dame Marie-Anne de Jaucen, veuve de messire Pierre Larcher, chevalier, marquis d'Arcy, seigneur de Vindecq, Aurilly et autres lieux, conseiller du roi, en ses conseils, président en sa chambre des comptes et grand bailly d'épée du Vermandois, demeurant à

Paris, même rue; messire François-Louis-Martial Desmoutiers de Mérinville, chevalier, seigneur comte de Brigueil, baron de Montrocher et autres places, capitaine lieutenant des gendarmes de la reine et mestre de camp de cavalerie, et dame Margueritte-Françoise de Jaucen, son épouse, à Paris, rue de Cléry, 2,000 livres; Jaucen, seigneur de Poissac, 1,500 livres; Jaucen, sieur de Poissac, 1,500 livres; Borderie, seigneur de Chadepaux, 200 livres; Fénis, procureur du roi, 300 livres; Louise de Fénis, veuve d'Arche, 300 livres; l'Espinasse, lieutenant assesseur en l'élection de Tulle, 300 livres; demoiselle de Jaucen, veuve de Maruc, 100 livres; Lagarde, conseiller, 1,000 livres.

Aumônes dotales des religieuses professes du couvent de l'ordre de Saint-Benoit, attribuées à l'hôpital.

Demoiselle Jeanne du Roy de Chaumaret, 3,000 livres; Isabeau de Jaucen, 2,000 livres; Anne Dumont, 1,100 livres; Suzanne Vareillaud, 900 livres.

Aumônes fondées attribuées à l'hôpital par les lettres patentes de Sa Majesté en date du 28 décembre 1670.

L'évêque de Tulle devait annuellement :
Seigle, 400 sestiers (mesure de Tulle) dit *l'ancien eyminal ;* pour fèves, nappe et argent, 60 livres. Il donnait tous les ans, le lundi, pendant le Carème, une certaine quantité de blé seigle et d'huile. Cette aumône fut réduite en le paiement de 30 livres en argent.
Ces redevances fondées par un titre du 22 mars 1429 furent confirmées de nouveau, ainsi que nous l'avons déjà dit, par un contrat du 23 janvier 1708,

reçu Froment, notaire royal, par Mgr de Beaupoil de Saint-Aulaire, en présence de MM. les Directeurs de l'hôpital.

Prévosté de Naves.

Le grand-prévôt devait annuellement la quantité de cinq *muids* et six sestiers de blé seigle, mesure de Naves, *en mesure pauche* et douze gélines, la veille de la Toussaint.

La Cellererie.

M. le grand cellerier de l'église cathédrale de Tulle devait annuellement :
Seigle, 60 sestiers ; ces 60 sestiers devaient être fournis en pain cuit portable dans les cloîtres de la cathédrale, le premier samedi de Carême, ainsi que l'huile. Il devait fournir un homme pour faire la distribution du pain ; froment, 6 sestiers ; fèves 15 sestiers.

L'Aumônerie.

L'aumônier de l'église cathédrale de Tulle devait annuellement 13 *capuçons* et 13 sestiers en seigle. Les sestiers de seigle devaient aussi être livrés en pain portable dans les cloîtres de la cathédrale et distribués, le jour de Saint-Martin, aux pauvres par un homme payé par lui. Il devait, en sus, payer le dîner de 13 pauvres qui assisteraient, ce jour de Saint-Martin, à la grand'messe.

La Trésorerie.

Le trésorier de l'église cathédrale de Tulle devait annuellement : froment, 4 sestiers.

La Chambrerie.

Le chambrier de l'église cathédrale de Tulle devait

annuellement : froment, 9 sestiers, devant être réduits en pain cuit.

Infirmerie.

Les bénéfices de l'infirmerie de l'église cathédrale consistaient en :

1° Dixmes de Sainte-Fortunade :

Le quartier de Périllac : seigle, 125 sestiers; paille, 2 charretées.

Le quartier d'Eure : seigle, 40 sestiers; paille, 1 charretée;

Le quartier de Lavialle : seigle, 50 sestiers; paille, 1 charretée.

Quartier de la tour *del Bos :* seigle, 44 sestiers; paille, 1 charretée;

Quartier de Mortoulouzet : seigle, 41 sestiers; paille, 1 charretée;

Quartier de Mortemouche : seigle, 11 sestiers;

Quartier dit les Quartiers : seigle, 45 sestiers.

Ces redevances changeaient tous les ans.

2° Dixmes des agneaux de Sainte-Fortunade :

Elles étaient affermées 10 livres à Reymond Borrye dit *Lebraud.*

3° Tènement de Vedrennes, paroisse de Chanac, élection de Tulle :

Rentes foncières de 10 sestiers de grain.

4° Tènement du Tramond, paroisse de Naves :

Avoine, 10 sestiers.

5° Tènement de Malpertus et des Palins, paroisse de Laguenne :

Ferme de 60 livres par an.

6° Rentes en froment et en argent sur certaines maisons situées dans les faubourgs de la ville de Tulle et qui s'élevaient annuellement à la quantité de 5 sestiers, 1 émine et 1 quarte de froment, et en argent à la somme de 43 livres 17 sols 1 denier. Ces redevances représentaient les *droits d'investiture* accordés au chapitre de Tulle par Adhémar, vicomte des Echelles, et qui étaient dus pour chaque mutation de propriété. Ils ont été remplacés par les droits payés à l'administration de l'enregistrement pour les actes de vente et de donation immobilières (1). Il y avait encore d'autres rentes dues sur les maisons situées dans le barry, ou territoire de la rue, sur le tènement *del Cheyrou* ou *le Clos-Cheyrou, allant de la porte du Lion-d'Or, derrière Sainte-Ursule à la Bachélerie.* (Ce mot de Clos-Cheyrou est une corruption de celui de la Croix-Cheyrou).

L'hôpital jouissait en outre de rentes directes établies sur les tènements du Mas et de la Paillerie, situés dans les paroisses de Gimel et consistant en : seigle, 29 sestiers et 4 coupes ; froment, 1 sestier et 8 coupes ; avoine, deux *émineaux ;* châtaignes, 3 émineaux ; huile de noix, 1 sestier, 1 pinte et 1/4.

D'après les lettres patentes précitées, l'hôpital avait des droits à percevoir sur les étrangers venant habiter la ville de Tulle, sur l'ouverture des boutiques, sur les prestations de serment et les installations dans certaines fonctions. Ces droits étaient ainsi fixés par une ordonnance de l'intendant de la généralité mise au bas d'une requête présentée par MM. les maires et consuls de la ville et par les directeurs de l'hôpital.

1° Droit d'établissement comme étrangers :

Les gentilshommes et officiers, la somme de 30 livres ;

Les juges, avocats, médecins, procureurs, bourgeois, notaires et greffiers, 20 livres ;

Les marchands drapiers, 20 livres ;

Les marchands *grossiers*, épiciers, chirurgiens et apothicaires, 15 livres ;

---

(1) La désignation de ces immeubles et les noms des propriétaires présentent un certain intérêt. (Voir à ce sujet, Annexe n° 5.)

Les autres marchands, hôtes et cabaretiers, 12 livres ;

Les huissiers et sergents, 10 livres ;

Les artisans et bouchers, 10 livres ;

Les femmes ne payaient que la moitié des droits. (Ordonnance expédiée par Tramond, greffier de la maison de ville.)

2° Droit de *lèvement* de boutique :

Les médecins, 3 livres ;

Les marchands de soie et de drap, 3 livres ;

Les marchands *grossiers*, chirurgiens, apothicaires et orfèvres, 3 livres ;

Les libraires, imprimeurs, peintres et sculpteurs, 2 livres ;

Les hôteliers et cabaretiers, 3 livres ;

Les pâtissiers, 2 livres ;

Les teinturiers, chaudronniers, corroyeurs et chapeliers, 3 livres ;

Les papetiers, petits marchands, cordonniers et autres menus artisans, 1 livre 10 sols.

(Ordonnance expédiée par Brivezac, greffier commis.)

Droits d'installation.

MM. les président, lieutenant général et lieutenant criminel, 20 livres ;

MM. les lieutenant particulier, assesseurs, procureur du roi, 15 livres ;

MM. les conseillers et avocats du roi, 10 livres ;

Les greffiers, 10 livres ;

Les commis, 5 livres ;

Les procureurs, notaires, huissiers, sergents, archer et autres *supports* de justice, 3 livres ;

Les juges et avocats, 5 livres (1). — (Ordonnance expédiée par Brivezac, greffier commis).

Par les mêmes lettres patentes, l'hôpital avait le droit exclusif de fournir les tentures noires pour les obsèques, enterrements et autres services qui se font pour les morts. Treize de ses pauvres, moyennant salaire, assistaient aux obsèques. Ils étaient accompagnés par l'aumônier, les sœurs et les directeurs.

Tous ces privilèges rapportaient fort peu ; on ne pouvait pas être sévère pour exiger le paiement des sommes dues, dans la crainte de déplaire à des personnes haut placées et charitables et qui, dans des moments de disette, venaient largement au secours de l'hôpital.

Tous les dimanches, deux personnes nobles quêtaient dans les églises pour les pauvres de l'hôpital, et le directeur ecclésiastique devait envoyer à cet effet, par un des valets de l'hôpital, deux coupes en étain.

D'un autre côté, les valets quêtaient dans la ville tous les jours, excepté le dimanche, savoir : lundi et mardi au faubourg de la Barrière ; mercredi au faubourg du Trech ; jeudi au faubourg d'Alverge ; vendredi au faubourg de la Barussie, et le samedi dans l'enclos de la ville.

Tous les jours, deux pauvres, avec un grand pot de cuivre *blanchi*, allaient chercher le potage dans les maisons religieuses de la ville et le reportaient à l'hôpital.

Outre cela, des troncs étaient exposés dans toutes les églises pour recevoir *les dons de la charité timide*.

---

(1) Il semble intéressant de faire connaître ceux des habitants de la ville qui, au 1er janvier 1759, figuraient sur les états dressés chaque année pour le recouvrement de ces droits. (Voir Annexe n° 7.)

Pour améliorer les produits de l'hôpital et occuper utilement les pauvres valides, on avait créé des ateliers de fabrication d'étoffes de laine, dites *raz* ou *camelots*, mais si légères que leur usage ne pouvait s'adapter qu'à des doublures d'habits ; le travail était surveillé par un maître payé qui, suivant les aptitudes des individus, faisait filer la laine à la roue ou à la quenouille, la faisait carder ou peigner et enfin convertir en étoffe. Mais l'hôpital n'ayant pas les fonds nécessaires pour faire, dans des conditions favorables, l'acquisition des matières premières, les bénéfices étaient nuls. On verra, plus tard, au cours de ce récit, le fonctionnement de cette manufacture qui était une source d'embarras et de dépenses.

L'énumération, trop détaillée peut-être, des ressources de l'hôpital peut induire en erreur sur leur quotité. Leur multiplicité nuisait à la surveillance, et les sommes touchées chaque année s'élevaient seulement à 5 ou 6,000 livres, et les dépenses variaient de 9 à 10,000 livres.

Pendant un certain temps, l'hôpital recevait sur les fonds royaux une somme importante, soit, pendant neuf ans, 59,043 livres 8 sols 7 deniers. Mais, privé de cette ressource, son budget se soldait en déficit annuel de 2 à 3,000 livres, et il devait arriver un moment où il serait impossible de subvenir aux dépenses les plus obligatoires.

L'hôpital renfermait, année commune, de 120 à 150 pauvres, mais il était en outre envahi par les soldats de Sa Majesté qui, au retour des guerres nombreuses de l'époque, y étaient admis pour se guérir de leurs blessures ou se remettre de leurs fatigues. Ainsi on trouve parmi le personnel des pauvres :

1° Jean La Vérité, soldat au régiment d'Artois, de Saint-Lô (Normandie) ; Jean Tournarion, soldat au régiment de Santerre ; Jean Poly, invalide de la compagnie de Soloniac de Villeneuve (Rouergue) ; Joseph, cavalier du régiment de Crussol de Besançon ; François Desileris, invalide de Chereau (Bourgogne); Pierre Azenot, soldat au régiment de Bourbon; Pierre Balzan, du même régiment; Arnould Delperrier, soldat au régiment de Monboissier; Jean Guillen, dit Saint-Jean, soldat de Charleville; Jean Roger, soldat au régiment royal d'artillerie; Pierre Fresse, dit la Rose, soldat au régiment de Talara; Jean Leblanc, du régiment de Montrolon; Antoine Michaud, soldat du régiment de Picardie; François Vilatte, du régiment de Périgord; François Lacroix, soldat au régiment de Talara; Jacques David, du régiment de Briqueville, et bien d'autres encore.

Les dépenses de l'hôpital général, qui s'élevaient en moyenne à 9 ou 10 mille livres, pouvaient se décomposer de la manière suivante :

L'hôpital comme ayant le bénéfice simple de l'infirmerie était tenu de payer annuellement au curé de Sainte-Fortunade, tant pour sa portion congrue que pour les honoraires du vicaire.   415 l.

Plus pour les dimes dudit bénéfice................... 28 l. 2 s. 6 d.

Entretien de quatre sœurs de la charité chrétienne chargées du soin des pauvres, en raison de 50 livres chacune........ 200 l.

Honoraires de l'aumônier... 150 l.

Honoraires d'un homme d'affaires.................... 200 l.

Gages de deux valets, d'une portière, quatre infirmières, deux servantes de peine........... 250 l.

Gages, habits et équipement des archers destinés à chasser les mendiants de la ville et pour la correction des pauvres à l'hôpital. 100 l.

Nourriture d'un cheval et entretien des harnais.......... 110 l.

Réparations annuelles aux bâtiments, entretien des fontaines et réservoirs............... 250 l.

Entretien des bâtiments, granges et étables des trois domaines   100 l.

Bois de chauffage.... .... 1,200 l.

Consommation de 20 muids de vin pour les sœurs, l'aumônier, les malades ou les médicaments.................... 456 l.

Consommation de 9,253 livres de viande, poids de marc..... 1,620 l. 3 s. (La viande est évaluée 3 s. 6 d. la livre).

Consommation de 1,271 sestiers 1 quarte 1/2 de seigle.. 2,564 l. 15 s.

Consommation de 50 sestiers de froment................ 150 l.

Consommation d'huile, de fromage, beurre, suif, savon, sel et légumes................. 600 l.

Achats de linge pour draps de lit, chemises, coëffes, chemises, tabliers et pansement........ 500 l.

Remèdes et médicaments... 250 l.

Etoffes pour l'habillement des pauvres, bas, bonnets, souliers, sabots, laines pour les matelas, étoffes et couvertures de lit.... 600 l.

Salaires des nourices des enfants dont les mères sont mortes ou malades (à raison de 3 l. par mois).................... 144 l.

TOTAL........   9,898 l. 0 s. 6 d.

En 1750, les charges de l'hôpital se composaient : Rente à Jean Roudeau de Beaugé, maître d'hôtel de l'évèque, 300 livres.

Rente à François Cu, cuisinier de Mgr l'Évêque d'Antichamp, 200 livres.

Rente aux religieuses de la Visitation, 135 livres, 10 sols.

Rente aux religieuses de Sainte-Ursule, 170 livres.

Pension : M. Mignard, supérieur du séminaire, 60 livres.

Ferme : Vicaire de la Magdeleine, 22 sestiers blé.

Pensions : Les quatre sœurs de l'hôpital (supérieure, sœur Pétronille) fixées par l'évêque d'Antichamp, 50 livres à chacune.

Honoraires : L'aumônier, l'abbé Leymarie (fixés aussi par le même évêque), 200 livres.

Appointements : L'homme d'affaires, M. Eyrolles, bourgeois, 200 livres.

Gages : Valets, 33 livres, y compris 3 livres pour une paire de sabots.

Secours : Six enfants de Jacques Rollet, sergent royal, 392 livres 2 sols 9 deniers.

Rente : Curé de Saint-Hilaire-Foissac, 12 sestiers blé.

Subventions : trois missions à Goulles et Auriac et une tous les dix ans à Corrèze (coût indéterminé, mais une à Auriac en novembre et décembre 1756 a coûté 401 livres 7 sols 9 deniers.)

Pension : Demoiselle Teyssier de Leyrat, 250 livres.

Pension : M. le curé de Saint-Fréjoux-le-Riche, 250 livres.

Entretien de l'horloge : 1 sestier de seigle par an.

Couvreur : 8 livres annuellement.

Le marechal ferrant : 6 livres annuellement.

Aumônes : Un pauvre de la paroisse d'Albussac à entretenir à l'hospice.

Une fille folle dans la Barrière, 1 sestier de blé seigle.

Ces charges étaient indépendantes des autres dépenses de consommation d'habillement ou d'entretien faites dans l'intérieur de l'établissement.

Dans le détail des dépenses, on en trouve qui par leur nature ou leur chiffre présentent un certain intérêt :

Pour remplir la glacière de l'hôpital, 155 livres 5 sols ; une lettre pour Paris, 8 sols ; une paire de souliers, 2 livres 8 sols ; un voyage de Tulle à Nevers, 72 livres ; 4 journées 1/2 d'ardoiseur, 4 livres 1 sol ; le fromage, 32 livres le quintal ; beurre, 10 sols la livre ; le vin, 4 livres 10 sols la *baste* ; journée de charpentier, 18 sols ; journée de maçon, 18 sols ; 100 paires de sabots, bois fourni, 24 livres ; chaux, le quintal, 34 livres ; un service mortuaire, 5 livres 8 sols ; les fagots, 3 sols pièce ; *un obit* pour le curé de Saint-Hilaire-Foissac, 11 livres 10 sols ; châtaignes, 19 sols le *tambour* ; bois, le *cercle*, 11 livres ; une grande barrique de sardines, 40 livres ; pour faire un salon pour les sœurs, 477 livres ; journée d'une manœuvre, 15 sols ; un sermon pour le jour de Sainte-Croix, 3 livres ; 300 clous, *aile de mouche*, 1 livre 4 sols ; journalier, pour rigoler et nettoyer les prés de l'hôpital, 12 sols par jour ; toile, 20 sols l'aune ; une dinde aux truffes envoyée à M. Rogeaud, 12 livres ; nettoiement des lieux communs, 1 livre 18 sols ; achat d'un fusil double pour la défense de l'hospice, 20 livres ; voyage en Normandie de M. Mougenc de Saint-Avid, 106 livres.

Le récit des procès avec les évêques de Tulle et l'énumération des revenus de l'hôpital nous ont fait abandonner les actes de l'administration qu'il convient de faire connaître.

Administration.

Toutes les délibérations importantes des directeurs devaient être inscrites sur un registre (13 mars 1679). Pour donner à ces fonctions un éclat plus relevé, il

fut décidé que leurs funérailles, ainsi que celles des médecins, chirurgiens et sœurs seraient faites avec la plus
grande solennité. Les cloches de l'hôpital, des églises
et maisons religieuses devaient sonner ; la chapelle devait, en entier, être tendue de noir, et tous
les pauvres, deux par deux, devaient accompagner le
défunt jusqu'au cimetière en récitant le *de profun-
dis*. Huit jours après, un service devait être fait avec
le même cérémonial.

Le procès à soutenir contre un homme aussi puis-
sant que l'évêque de Tulle, Mgr Ancelin, n'était pas
le seul qui préoccupât les directeurs. La liquidation de
la succession Sanguinaire présentait des difficultés
sérieuses et était disputée par un adversaire également influent.

Antoine Sanguinaire, docteur en théologie, prieur
de Nespouls et curé de Saint-Hilaire-Foissac, diocèse
de Limoges, avait, par son testament, reçu Dézietz,
notaire royal, le 2 mai 1677, institué pour ses légataires universels les *Carmes déchaussés* de la ville
de Tulle, à la condition de venir s'établir à Egletons
et y créer un hôpital ; dans le cas où les religieux
n'exécuteraient pas cette condition, la fortune du curé
devait revenir à l'hôpital général de Tulle. Les Carmes
ne voulant pas quitter la ville, l'hôpital se mit en
possession de la succession. Le testament du défunt
fut alors attaqué par son frère messire Sanguinaire,
seigneur des Gauliers, contrôleur ordinaire de la maison de la reine, par le motif que la loi ne reconnaissait pas les legs faits à *des religieux mendiants* et
que la substitution en faveur de l'hôpital était nulle.
Pour contrebalancer l'influence du *contrôleur ordinaire de la maison de la reine*, on décida de réclamer l'appui de messire Antoine de Josse, seigneur
des Ages, intendant de leurs altesses les princes de
Conti et de la Roche-sur-Yon et de Mgr Mascaron,
évêque d'Agen et ancien évêque de Tulle. Maître
Eyrolles, avocat à Tulle, fut envoyé à Bordeaux pour

défendre les droits des pauvres (13 février 1689).
L'hôpital eut gain de cause, et j'aime à croire qu'il le
dut plutôt à la justice de ses droits qu'à l'interven-
tion des personnages influents auxquels il s'était
adressé.

Cependant, à la mort de M. de Josse, les directeurs,
voulant reconnaître les services qu'il avait rendus en
dons et démarches, et pour en transmettre le souvenir à la postérité, décidèrent que les armes de sa famille seraient gravées en lettres d'or sur une plaque en
marbre *placée en relief au-dessus de la porte d'entrée du nouveau bâtiment* (7 mars 1695).

Malgré la surveillance exercée par le personnel de
la maison, il s'y commettait souvent des vols en raison des sorties journalières des pauvres. Souvent les
coupables étaient simplement réprimandés ; mais une
femme dite *la Cadarosse* ayant été prise sur le fait
par le sieur Dussol, fut poursuivie et condamnée à la
prison.

Les directeurs, pénétrés avec raison de cette idée
que le meilleur moyen pour exercer une charité large
et morale est de procurer aux pauvres la possibilité
de gagner leur vie en travaillant honnètement, pla-
çaient des pauvres en apprentissage chez des ouvriers
et ouvrières de la ville, suivant leurs vocations et leurs
dispositions.

Ainsi Antoinette Rebouysson, Anne Rigole et Antoinette Py furent placées en apprentissage chez des
couturières de la ville (19 septembre 1700.)

Trois jeunes enfants, élevés à l'hospice depuis leur
naissance, ayant l'âge voulu pour apprendre un métier, le bureau leur demanda le métier qu'ils voulaient
prendre; deux choisirent celui de sargetier, et l'autre
celui de cordonnier. On les mit en apprentissage en
ville, moyennant 30 livres pour chacun.

Marie Maijonade fut mise en apprentissage chez
Marie-Jeanne Tournier, maîtresse tailleuse de robes
à Tulle, pour y apprendre son métier, pendant deux

ans. L'hôpital donnait à cet effet 50 livres, et l'enfant était logée, soignée, nourrie et entretenue chez la dame Tournier (15 octobre 1752).

Marianne dite *Joliberte* fut aussi mise en apprentissage chez la même, aux mêmes conditions, le 11 mars 1754.

Léonarde Daubernard fut confiée à la dame Marie Ducher, maîtresse tailleuse à Tulle, moyennant 65 livres et les mêmes conditions (2 septembre 1754).

Marie Rollet fut placée chez Marguerite Montagnac, femme Teyssier, également maîtresse tailleuse en robes, aux mêmes conditions (23 août 1766).

Marie-Anne Rollet, sœur de la précédente, fut mise chez Louise Jubert, lingère, moyennant 40 livres et les autres conditions.

Quelquefois des personnes honorables, touchées de la misère de l'établissement, lui venaient en aide en lui faisant des dons en argent ou en nature. On peut relever les noms suivants : messire Anthoine Rabanide, conseiller du roi, trésorier général de France en la généralité de Limoges, une somme de 732 livres 18 sols 8 deniers; l'abbé Cueille, 100 livres; messire Jarrige, seigneur d'Enval, conseiller en l'élection de Tulle, 120 livres; l'abbé Desprès, vicaire général de l'évêque de Perpignan, 500 livres; maître Baluze, seigneur de Bessou, 300 livres; Mlle de Chabanis de Taysse, 500 livres; Anne Chabannes, fille demeurant à l'hôpital, 714 livres pour faire des réparations nécessaires et urgentes, à condition qu'elle serait logée, nourrie et entretenue comme par le passé et qu'on lui fournirait son tabac; messire Jean-François de Solier, écuyer, seigneur du Peyroux, 12,000 livres à la condition d'établir dans ledit hôpital une maison de force pour les filles de mauvaise vie et les personnes privées de raison. M. Melon, ancien curé de Saint-Julien, avait fait à l'hospice un certain legs à la condition que 3,000 livres seraient données pour marier trente filles de Tulle;

une somme de 100 francs fut remise à Jeanne Boudrie qui épousa Mathieu Aujol. (Tous les directeurs ont signé le contrat de mariage, 9 janvier 1752).

L'évêque d'Antichamp, moins intéressé que ces prédécesseurs et touché de la misère de l'hôpital, lui donna 3,000 livres (9 mai 1752) à la condition qu'une rente viagère de 200 livres serait servie à son chef de cuisine, François Cu.

Le procès avec l'évêque gagné en parlement se poursuivait encore devant les conseils privés du roi, ainsi qu'il a été dit plus haut. M. Melon, curé de Saint-Julien, avait été envoyé à Paris pour défendre les droits de l'hôpital. L'évêque ne reculait devant aucun moyen pour obtenir un succès.

Il accusa le mandataire de l'hôpital d'agir de son propre mouvement et sans autorisation. Il prétendit même que les directeurs l'avaient blâmé et désavoué.

Indigné de ces calomnies, M. Melon en fit part au bureau qui, le 14 août 1701, prit la décision suivante rendue en assemblée générale :

Aujourd'hui quatorzième avril mil cent sept un, au bureau de l'hôpital général de la présente ville de Tulle, tenu extraordinairement, sur l'avis donné par Monsieur Melon, curé de Saint-Julien prieur du Toy-Viam, l'un de messieurs les directeurs dudit hôpital, estant et présent en la ville de Paris pour la poursuite du procès pendant au conseil privé de sa majesté contre le seigneur evesque de la présente ville que ledit seigneur evesque, après avoir fait essuyer audit hôpital des dépenses très considérables et un embarras peu commun pour mettre l'instance de la requeste civile en estat d'estre jugée s'est aussi à la veille jugement du procès de supposer à nos seigneurs les commissaires et surtout à Monsieur le rapporteur que le bureau a désavoué le dernier mémoire baillé au procès par ledit sieur Melon pour contester les inductions que le sieur evesque prétendait tirer du titre de mil deux cent seize et que mesme ledit bureau a aussi donné ordre au sieur curé d'abandonner ledit procès comme ne le soutenant que par animosité et que ledit sieur evesque s'y est pris avec tant d'ar-

tifice qu'il a produit à Monsieur le rapporteur un de ses curés
de campagne pour attester toutes ces suppositions et comme
nos seigneurs les juges auraient peut-être de peine à croire
qu'un evesque fut capable d'une telle démarche, le bureau
sans se départir du respect dû à sa dignité et à sa personne
et d'ailleurs se voyant engagé par son devoir et sa conscience
à prévenir et destruire de telles impressions après avoir mis
la matière en délibération a déclaré et déclare qu'il donne
toute son approbation et même sa louange au procédé plein
de zèle et de droiture qui a esté tenu par le sieur Melon curé
dans l'instruction et poursuite de ce procès qu'il advoue ladite
procédure et par exprès lesdits imprimés intitulé dernière
exception du défendeur contenant ses contredits au titre de
mil deux cent seize et l'addition au mémoire qu'ils s'en rapportent absolument à la conduite dudit sieur curé pour poursuivre sans relasche, comme il en est prié, le jugement du
procès déclarant ledit bureau que ledit sieur curé n'a jamais
reçu ordre du bureau de cesser les poursuites puisque de l'é-
vènement dudit procès dépend le salut dudit hôpital et afin
de prévenir de pareilles suppositions et calomnies suscitées
audit sieur curé le bureau enjoint au secrétaire d'envoyer incessamment au sieur Melon curé une expédition de la présente délibération pour servir et valoir dans les instances ce
que de raison.

Signé : Poyssac de Jaucen, directeur; — Melon sieur du
Pézarès, directeur; — Froment, secrétaire; — Jarrige,
directeur; — Meynard, trésorier.

A partir de ce jour, le bureau décida qu'il ne
voulait plus délibérer en présence de l'évêque et que les
séances ne seraient plus tenues au palais épiscopal. Les
administrateurs prirent, sur l'honneur, l'engagement
de ne jamais consentir le remboursement de la rente
due par l'évêque, car il était avantageux de la recevoir
plutôt en nature qu'en argent, afin d'éviter les augmen-
tations qui pouvaient se produire, en cas de disette,
sur le prix des grains. Ils promirent d'être exacts à
toutes les réunions et votèrent une amende de 15 sols
pour toute absence non justifiée par maladie. Les di-

recteurs ecclésiastiques, en présence du blâme donné à leur supérieur, se retirèrent et déclarèrent qu'ils ne pourraient plus à l'avenir assister aux réunions. Plus tard, en présence du mauvais vouloir de l'évêque, on décida qu'on consacrerait par un serment solennel l'engagement de ne jamais consentir au remboursement en argent de la rente de seigle par l'évêque. Ce serment était ainsi conçu :

Je N. N. jure et promets à Dieu que j'exercerais fidèlement la charge d'administrateur et directeur de l'hôpital général de Tulle, conformément aux lettres patentes de son établissement et que je procurerai autant que je pourrais le bien dudit hôpital, et, en particulier, je jure et promets de ne consentir jamais à aucun traité, transaction, concordat ni autre acte par lequel les aumônes de blé seigle, froment, fèves ou autres denrées, dues annuellement audit hôpital général tant par Monseigneur l'Evêque de Tulle que par les sieurs prévôts, prieurs, trésorier, aumônier, chambrier, cellerier et autres bénéficiers du corps ou de la mense du chapitre et église cathédrale de Tulle ou autres personnes soient en aucune manière aliénées et changées, réduites, diminuées, abonnées, déchargées sur d'autres ou converties en argent ou autres espèces, sous quelques prétextes et pour quelques raisons que ce puisse être, mais de m'en tenir purement et simplement à l'exécution spécifique des reconnaissances qui établissent lesdites aumônes et des arrêts qui ont été rendus sur icelles tant au parlement de Bordeaux qu'au conseil privé du roi. Je jure et promets pareillement de ne jamais consentir que ledit hôpital général se charge envers qui que ce soit de la nourriture des enfants exposés avant l'âge porté par les arrêts donnés au conseil privé du roi en faveur dudit hôpital, sous prétexte de récompense ou pour quelque autre cause ou raison que ce puisse être, ni que aucun soit reçu en ladite charge d'administrateur ou directeur dudit hôpital, sans qu'il prête le même serment que je viens de prêter.

Serment du trésorier et receveur.

Je N. N. jure et promets à Dieu que j'exercerais fidèlement

la charge de trésorier et receveur de l'hôpital général de Tulle, conformément aux lettres patentes de son établissement et que je procurerais autant que possible le bien dudit hôpital et en particulier je jure et promets de ne jamais consentir à aucun traité, transaction, concordat, ni autre acte par lequel les aumônes du blé seigle, froment, fèves ou autres denrées dues annuellement audit hôpital général tant par Monseigneur l'Evêque de Tulle que par les sieurs prévôt......................., Je promets de leur faire faire les actes nécessaires pour le recouvrement de ces aumônes et de rapporter au premier bureau les diligences que j'aurais faites à peine d'en demeurer responsable en mon nom propre et privé par une seule négligence sans qu'il soit besoin d'aucun arrêt, sentence ni jugement pour m'y condamner.............................
....

Il en est fait mention jusqu'à la Révolution, lors de la nomination des directeurs.

Le 13 décembre 1701, le bureau prit une résolution importante. Il fit remarquer que, depuis trente années que l'hôpital occupait l'emplacement de l'ancien couvent des religieuses de Saint-Benoit, des sommes considérables avaient été dépensées pour le réparer, l'agrandir, l'embellir et pour améliorer surtout le sort des pauvres. Les ressources étant complètement absorbées, il redoutait la nécessité où l'on allait se trouver d'abandonner une œuvre si utile à l'humanité. Le gain du procès soutenu contre l'évêque de Rechignevoisin compensait à peine les frais faits pour le soutenir.

L'obligation d'avoir à sa charge les enfants trouvés, autrefois recueillis par l'évêché, avait absorbé une partie des revenus. Mais la cause principale de l'insuccès de l'entreprise était dans l'emplacement même qui présentait des inconvénients les plus sérieux par suite de son éloignement de la ville, par le mauvais air qu'on y respirait et l'absence d'eaux potables.

Ces inconvénients avaient motivé le départ des religieuses de Saint-Benoit, dont un grand nombre y étaient mortes. Depuis l'ouverture, plusieurs sœurs avaient eu le même sort ainsi que les aumôniers.

L'hôpital était dépourvu de prêtre et on ne pouvait en trouver voulant faire le service à moins d'honoraires élevés que l'hôpital ne pouvait payer.

Les sœurs qui y étaient attachées, quoique jeunes, y étaient malades six mois de l'année. Sur cent pauvres, quarante-cinq y étaient morts, et c'est avec peine que trente enfants avaient pu être conservés. Son éloignement de la ville empêchait les directeurs de s'y rendre aussi souvent qu'ils le désiraient, ce qui nuisait beaucoup à la discipline et donnait lieu à des désordres sérieux. L'impossibilité de pouvoir y faire le pain, faute de ressources pour y établir un four, forçait les pauvres à faire des sorties continuelles dans la ville et facilitait des vols de blé, farine, pâte et autres denrées. Ce dérangement perpétuel empêchait tout travail sérieux et donnait aux habitants le triste spectacle de la pauvreté ambulante.

Son éloignement de la rivière rendait les lessives difficiles, et le chemin escarpé qui y conduisait était très pénible pour l'approvisionnement en bois et en denrées. Une consultation des médecins de la ville constata l'insalubrité des lieux et l'impuissance des réparations pour l'améliorer. On décida alors de venir habiter l'ancien Hôtel-Dieu (1).

Cette décision ne paraît pas avoir été exécutée en son entier, et l'hôpital continua à être occupé jusqu'à la Révolution. En 1709, la misère s'accrut dans des proportions vraiment désolantes. L'affluence des pauvres croissait chaque jour. La cherté des grains était excessive. Pour éviter le gaspillage, on décida la

---

(1) Cette appréciation nous paraît exagérée : l'emplacement est occupé aujourd'hui par le couvent des Carmélites, et une mortalité excessive n'y a jamais été constatée.

fermeture du grenier par deux serrures dont les clefs étaient confiées, l'une au trésorier et l'autre à la sœur économe. On mit en vente, par affiches, certains biens de l'hôpital et on demanda à contracter des emprunts.

Pour se procurer des ressources, on vendit la maison située à Tulle, rue *Rodde de la Peyre,* au sieur Collein, paveur, moyennant 240 livres. La vigne de Chadiot, paroisse d'Argentat, fut aliénée moyennant 610 livres en faveur de M. Projet, curé à Haute-Fage.

Les dames de la Visitation prêtèrent la somme de 1,710 livres.

Un pré situé à Trauges, paroisse de Saint-Clément, fut vendu à Jean-François Lamore de Lamirande, bourgeois à Tulle, moyennant 1,226 livres.

La vente d'une maison faubourg de la Barrière fut consentie au sieur Jean Daudy, chapelier, moyennant 1,200 livres.

Trente années se sont écoulées depuis cette époque fatale où l'existence de l'hôpital a été si vivement compromise et sur le point d'aboutir à son anéantissement. Cette crise n'était cependant pas la dernière que devait subir notre établissement hospitalier et on verra bientôt renaître, avec le flot toujours croissant de la misère, ses préoccupations et ses tristesses. Seulement il n'aura plus à lutter contre les évêques et il trouvera dans les successeurs des Ancelin et des Rechignevoisin des bienfaiteurs dévoués, ouvrant largement leurs bourses pour soutenir les pauvres et ranimant chez tous, par leur zèle apostolique, la charité chrétienne que le peuple français a toujours pratiquée et honorée dans les proportions les plus vastes. Alors, comme aujourd'hui, on n'a jamais en vain fait appel au dévouement du riche pour le pauvre ; tous les sinistres émeuvent tous les cœurs et jamais l'indifférence ne s'est dressée calme et égoïste en présence d'un malheur à atténuer, d'une souffrance à guérir, d'une consolation à donner. Les directeurs, mettant à exécution les défenses contenues dans les lettres patentes de 1670, décidèrent qu'on ne recevrait plus aucun pauvre valide ou invalide traversant la ville de Tulle. En compensation, ils exigèrent que tous les pauvres de l'hôpital, valides ou invalides, auraient de la soupe à leur déjeûner Elle leur serait délivrée dans le réfectoire où ils se rendraient au son de la cloche, en été à huit heures et l'hiver à neuf heures ; et à l'heure ordinaire du dîner ils se rendraient également au réfectoire pour y prendre le pain et la viande. Mais bientôt, en raison du défaut de ressources, on est obligé de décider qu'il n'y aura plus dans l'hôpital *de pain passé de seigle,* que tous les pauvres seront nourris de la même manière avec du pain de tourte, celui de froment devant être donné seulement aux malades sur un billet signé par le médecin et visé par la supérieure et l'administrateur de service.

Voici un aperçu des objets consommés en nature en 1733 et 1734 et qui augmentaient chaque année :

Mois de septembre 1733 : blé, 88 sestiers; vin, 200 pintes; viande, velle, 1,262 livres 1/2 ; veau et mouton, 253 livres 1/2.

Octobre 1733 : blé, 64 sestiers ; vin, 132 pintes ; viande, velle, 884 livres 1/2 ; veau et mouton 165 livres.

Novembre 1733 : blé, 72 sestiers; froment, 1 sestier; viande, vache ou velle, 830 livres ; veau, 67 livres 1/2.

Décembre 1733 : blé, 64 sestiers; froment, 1 sestier ; vin, 132 pintes; vache, 866 livres ; veau, 135 livres.

Année 1734 : froment, 6 sestiers ; seigle, 518 sestiers; vin, 928 pintes; viande, 6,871 livres.

Bien que l'entretien des enfants exposés fût à la charge de l'évêque, il arrivait souvent qu'on les lais-

sait à la porte de l'hôpital. Un enfant exposé le
31 septembre 1752 était porteur d'un billet ainsi
conçu :

Madame, nous vous prions d'avoir soin de ce petit enfant
qui se nomme François, baptisé, dont vous aurez la bonté de
prier Messieurs les directeurs de l'hôpital royal dudit hôpital
de Tulle de vouloir bien le recevoir, soyez persuadé que c'est
un enfant que l'on recommande auprès de vous aux sieurs
messieurs les directeurs et à vous mesdames les hospitalières
de vous en souvenir que tout sera payé par sous mains et suis
Messieurs et Mesdames votre très humble et très obéissant
serviteur.

Qu'est devenue cette petite créature? A-t-elle été
retirée et acceptée dans le sein de la famille pour y
reprendre son état civil et progresser suivant sa condition; ou abandonnée dans l'asile de la misère,
a-t elle augmenté le nombre des apprentis de la manufacture de l'hôpital.

C'est un problème sans solution connue (1).

En 1770, l'affluence des pauvres à l'hôpital était
énorme. Les ressources étaient complètement épuisées, et il était impossible de pouvoir subvenir à leurs
besoins. Les greniers étaient vides, le linge complètement détérioré et la caisse sans numéraire. On
décida de faire un emprunt de 3,000 livres aux dames
de la Visitation, et on chargea M. Jean-Pierre Lagarde, commissaire de police à Tulle, de recouvrer
tous les effets dus à l'hôpital. Ses honoraires seraient
proportionnés aux services rendus et à l'importance
des sommes recouvrées. Cette grande misère était
due au retard de la récolte et à son insuffisance en

---

(1) Voir le tableau adressé à l'intendant de la généralité à Limoges
en 1764, qui contient d'une manière très précise et très claire l'exposé des recettes et des dépenses de l'hospice.

Chaque année le déficit était de 5 à 6,000 livres (Annexe n° 10).

raison des intempéries de la saison. Aussi il fut arrêté que les portes de l'hospice seraient fermées à tout malheureux jusqu'au 15 août de cette même année.

Le 10 novembre de la même année, le trésorier fit connaître au bureau que tous les fonds trouvés en caisse étaient épuisés ainsi que ceux recouvrés pendant son exercice. Il ajouta que toutes les redevances dues en nature avaient été également consommées ; il exposa que l'année précédente, indépendamment des quatre cents pauvres de l'hospice, on avait été obligé de nourrir quatre-vingts pauvres externes mis à la charge de la maison par les dames de charité ; que ces quatre cents pauvres étaient entassés dans des locaux insuffisants, couchant quatre dans le même lit, ce qui engendrait des maladies contagieuses. Tous les jours l'hôpital était assiégé par des malheureux qu'il était impossible de secourir et qu'on était obligé de repousser impitoyablement. En présence d'un tableau aussi lamentable, le bureau estima qu'il y avait lieu de le faire connaître au public, et de réunir dans une assemblée générale toutes les notabilités de la ville dont le concours était nécessaire pour éclaircir une situation aussi sombre et aviser aux moyens à prendre pour soulager toutes ces misères.

Le 24 septembre 1770, l'assemblée générale eut lieu au palais épiscopal ; elle était composée de tous les administrateurs, du gouverneur de la ville, des échevins, des magistrats et des membres du clergé. On décida qu'il y avait lieu de poursuivre avec rigueur tous les débiteurs de l'hôpital pour droits de levée de boutique, d'établissements d'étrangers et prestations de serment. On mettrait en vente les domaines de La Sanguiniaire, Vieillemarette et Villieyras et on engagerait, sans faculté de rachat perpétuel, les prés-clôtures de l'hôpital et les vases sacrés, et enfin on adresserait des suppliques au roi, à l'intendant de la généralité et au parlement de Bordeaux. Jusqu'à nouvel ordre, pour éviter des épidémies, on ne recevrait plus aucun pauvre.

L'exécution de ces mesures ne pouvait produire un résultat immédiat et, en attendant des ventes de domaines, on trouva à faire des emprunts qui permirent de donner du pain à beaucoup de malheureux. Les années 1771 et 1772 furent désastreuses ; les récoltes furent insuffisantes et la cherté des grains augmenta encore la misère signalée en 1770. La situation de l'hôpital, au point de vue des ressources, était encore plus mauvaise.

Les administrateurs prirent la résolution de s'adresser à l'intendant de la généralité à Limoges et de lui faire connaître la situation désespérée dans laquelle ils se trouvaient en lui adressant le tableau des revenus et des charges de l'établissement :

ÉTAT DES REVENUS ET CHARGES DE L'HOPITAL ROYAL DE TULLE ET DE LA TRISTE SITUATION A LAQUELLE IL EST RÉDUIT PAR LA MÉDIOCRITÉ DES RÉCOLTES DES ANNÉES 1769, 1770 ET 1771 AU 15 JANVIER 1772.

Revenus.

	En grains.	En argent.
L'hôpital de Tulle jouit annuellement, en rentes foncières, redevances et dixmes, la quantité de onze cent setiers de tous grains, cy...........................	1,100 setiers.	
Ces biens fonds, rentes constituées, quêtes, aumônes et droits casuels, année commune, la somme de trois mil cinq cent livres, cy..........................		3,500 livres.
TOTAL des revenus.........	1,100 setiers.	3,500 livres.

Charges.

Pension congrue et honoraire du curé de Sainte-Fortunade

10

et de son vicaire............................... 500 l.
Dixmes.... 25
Gages des quatre sœurs...................... 200
Honoraires de l'aumônier....................... 200
Honoraires de l'homme d'affaire. 200
Gages de deux domestiques, d'un portier, de quatre infirmiers et de deux servantes de peine.... 250
Gages, habits et équipement d'un archer destiné à chasser les mandians de la ville et pour la correction des pauvres de l'hôpital................... 130
Pour la nourriture d'un cheval ou pour l'entretien des harnois................................ 100
Réparations annuelles des bâtimens, entretien des fontaines et réservoirs......................... 300
Pour le bois à brûler qui se consomme annuellement ou pour le chaufage du four qui est dans l'intérieur de l'hôpital 1,200
Il si consommé aussi annuellement seize muids de vin évalués................................... 500
En viande de boucherie....................... 1,600
En huile, fromages, beurre, sel et autres menues fournitures................................... 900
Habillemens et entretien des pauvres, linge, draps de lit, chemises et coëffes.................... 1,200
Remèdes et médicamens...................... 300
Tous les grains si consomment, cy. 1,100 setiers.

TOTAL des charges............. 1,100 setiers. 7,605 l.

Récapitulation. | En grains. | En argent.

Les revenus montent années communes a........ 1,100 setiers. 3,500 livres.
Et les charges années communes a............ 1,100 setiers. 7,605 livres.
Partant les charges excedent les revenus de........ 0 setiers. 4,105 livres.

Observations.

L'hôpital a été chargé pendant l'année entière 1770,
de.. 400 pauvres.
Idem pour l'année 1771, cy...... .... 400 pauvres.
Le nombre actuel et qui augmente tous les
jours est de.................................... 370 pauvres

La dépense faite en grains pendant les années 1770 et 1771
pour faire subsister tous ces pauvres ont excédé ceux de l'hôpital de la quantité de 1975 setiers montant suivant les différents prix raportés dans le livre journal du Tresorier à la
somme de.......................... 18,917 livres 5 sols.

Et la dépense faite en argent pour tous
les autres objets à celle-ci............. 13,550 l. 1 s. 3.

Total excedant les revenus de l'hôpital pendant les susd. deux années 1770
et 1771 .... 32,467 l. 6. 3 s.

Pour faire face à cet excedent on a été obligé de l'emprunter de differents particuliers a rente constituée ou viagère.
De sorte que les revenus que l'on paye joints aux autres rentes
constituées que l'hôpital avoit les années precedentes contrac-
tées pour faire subsister les pauvres, se trouve aujourdhuy
accablé de dettes passives sans aucune ressource pour les
acquiter et encore moins pour fournir a leur subsistance jusqu'à la recolte prochaine 1772.

Dans cette triste situation, il ne reste aux administrateurs
d'autre esperance ni d'autre ressource connüe que de suplier
Monsieur l'Intendant de vouloir bien obtenir de Sa Majesté
par sa protection des secours proportionnés aux besoins pressants dud. hôpital. Ils osent le prier de desboutés qu'il voudra
bien prendre en considération leur misère et les causes qui
l'ont produite et qu'il ne desaprouvera pas le zèle qui anime
les administrateurs ni la liberté qu'ils prennent de lui faire
connoitre les malheurs dont ils sont accablés.

Fait et arreté au bureau de l'hôpital, a Tulle le 12 janvier
1772.

On convoqua une nouvelle assemblée générale qui

eut lieu le 20 mai 1772 et qui, par les mêmes motifs exposés dans celle de 1770, autorisa la vente à tous prix des valeurs mobilières et immobilières de l'hôpital.

L'évêque de Tulle Mgr de Rafélis de Saint-Sauveur donna à l'hospice 3,000 livres ; le trésorier en emprunta 6,000, mais on fut obligé de faire une regrettable économie, celle de ne donner de la viande aux pauvres que deux fois par semaine.

Dans la nuit du 4 au 5 mai 1775, un incendie terrible éclata dans l'hôpital général et y produisit des ravages considérables. Non seulement une partie des bâtiments fut incendiée, mais on perdit encore un mobilier important et beaucoup de denrées dont l'approvisionnement était récent. Dès le lendemain de l'incendie, les administrateurs adressèrent une requête au lieutenant général de la sénéchaussée du siège présidial pour faire constater judiciairement les dégâts de l'incendie.

Le procès-verbal (1) fut dressé par messire Etienne Darluc, à la date des 8, 12 et 13 mai 1775. Il constate la destruction d'un grand corps de logis formant une des façades de la cour, du côté du nord et qui se terminait au couchant par un pavillon plus long que le surplus du jardin ; il n'en restait que quelques murs crevassés et menaçant d'une ruine prochaine. Les réfectoires, cuisines et offices n'existaient plus et tous avaient été détruits jusqu'à l'église, dont la toiture avait été coupée et enlevée pour arrêter les progrès des flammes. Le procès-verbal d'expertise des dommages fut rédigé par Mougein de Saint-Avid, bourgeois, expert juré, Antoine Charissou, maître maçon,

---

(1) Ce procès-verbal porte, pour constater l'incendie survenu à l'hôpital général : situé *hors et près de la ville de Tulle*. Ce qui prouve que l'intention manifestée en 1701 de l'abandonner pour l'Hôtel-Dieu, ne fut pas réalisée.

et Baptiste Cueille, maître charpentier. Le corps de logis incendié avait une longueur de 21 toises formant 126 pieds de roi, y compris le pavillon attenant au jardin.

La largeur était de 7 toises 1/2 faisant 45 pieds, et la hauteur de la maçonnerie était de 54 pieds depuis le rez-de-chaussée jusqu'à la charpente du toit, ce qui formait une construction en pierres de 513 toises non compris deux grands murs de refend qui devaient être dans l'intérieur, et les fondements dont on ne pouvait apprécier la profondeur. La valeur des immeubles incendiés était portée à 69,334 livres (1). Les meubles et objets mobiliers incendiés consistaient en tous les grains qui se trouvaient dans l'hospice (l'intensité du feu n'ayant pas permis d'approcher des bâtiments), savoir : 60 sestiers de froment; 450 sestiers de seigle; 100 sestiers de blé sarrazin; 20 sestiers d'orge; 6 sestiers de blé d'Espagne; 80 *éminaux* d'avoine; 100 *quartons* de châtaignes sèches; 12 sestiers de pois, fèves ou haricots; 80 *cercles* de bois.

Dans les cuisines et réfectoires, il y avait : 8 grandes chaudières, bâties dans des fourneaux, du poids de 10 quintaux; 4 grandes marmites en fer; 4 grands pots aussi en fer; 4 casserolles; 6 cuillères et 60 lampes, le tout en cuivre; 12 poëles à frire, des pelles, pincettes, grilles, chenets; 20 grands seaux à porter l'eau, en cuivre rouge, pesant 4 quintaux; 12 quintaux d'étain en assiettes, écuelles, cuillères, plats et autres ustensiles; 5 grandes tables dans le réfectoire; 2 dans la cuisine avec leurs bancs; 6 grandes armoires avec leurs serrures et ferrements; 2 grands bancs pour couper le pain; 4 quintaux de lard; une grande cuve contenant 8 quintaux de sel;

---

(1) Voir, pour le détail qui indique les prix de construction, le procès-verbal des experts (Annexe nº 8).

1 quintal d'huile de noix renfermé dans 2 grandes cruches; 2 quintaux de chandelle; une grande quantité de beurre et de fromage; dans la cave, 8 barriques et 2 tonneaux de vin; dans les infirmeries et chambres, 80 lits complets garnis d'une paillasse, un matelas de laine, une couverture, un traversin, oreiller de plume et rideaux d'étoffes vertes; 800 draps de lits de toile commune; 1,200 chemises; 800 coiffes; 100 nappes; 700 essuie-mains; 10 douzaines de serviettes; habillements, nippes et hardes des pauvres des deux sexes.

Au-dessus des cuisines, dans l'appartement des sœurs : lits complets, armoires, oratoires et tout leur linge, meubles, nippes et hardes; tout le linge servant au service de l'aumônier et de l'homme d'affaires consistant en 60 draps de lit; 3 douzaines de nappes; 8 douzaines de serviettes; 6 douzaines d'essuie-mains; 4 douzaines de tabliers.

Dans la sacristie, tous les ornements gâtés et détériorés; un ornement complet en damas noir et galons d'argent disparu.

Au-dessus des infirmeries : grande quantité de laine pour faire les bas et les habillements des pauvres; environ 200 aunes d'étoffes pour vêtements et 400 aunes de toile pour linge, linceul ou chemises.

Dans *l'apothicairerie :* tous les ustensiles, drogues et médicaments avec 6 cantines d'eau-de-vie et un baril d'huile d'olive *qu'on nous a dit être un objet très considérable.*

On constate qu'il y avait en ce moment 400 pauvres. Cinq ans plus tard, en 1780, il n'y en a plus que 170.

Le 14 mai 1775, dix jours après l'incendie, une assemblée générale se réunit pour discuter les moyens à prendre pour parer à ce mal aussi sérieux et en atténuer, dans les limites du possible, les conséquences funestes au bien des pauvres.

Le bureau fit remarquer que les aumônes déjà re-

cueillies et versées par la population avec le plus
grand empressement, étaient insuffisantes pour assurer
la nourriture des malheureux. Il sera nécessaire d'a-
dresser des placets : 1° au roi, par l'entremise de son
éminence Monseigneur le grand aumônier de France;
de Monseigneur le duc de la Vrillière, ministre et secrétaire d'État; de Monseigneur de Turgot, aussi ministre d'Etat, contrôleur général des finances et ci-
devant intendant de la généralité du Limousin, de
M. d'Aisne, intendant actuel de cette province;

2° A Son Altesse royale Monseigneur le comte
d'Artois, apanagiste de cette province, par l'entremise
de Monseigneur de Bastard, son chancelier, garde des
sceaux et surintendant des finances et de M. de Cho-
veru, intendant de ses finances au département de
cette province;

3° A Monseigneur l'Evêque de Tulle, actuellement
dans le Comtat-Venaissin.

4° A Monseigneur l'Evêque de Soissons, ancien
évêque de cette ville;

Pour avoir leurs aumônes particulières et pour être
autorisé à faire une quête générale dans tous les dio-
cèses de France.

Les dons faits immédiatement à l'hospice produisirent 9,015 livres 3 sols; savoir : Mme de Puyhabilier, 12 livres; M. le curé de Saint-Pierre, 6 livres;
les dames de la Visitation, 72 livres; M. Meynard,
24 livres; la corporation des marchands, 600 livres;
celle des notaires, 168 livres; celle des médecins,
168 livres; M. Vergne jeune, 6 livres; M. Teyssier
aîné, 3 livres; les dames de Sainte-Ursule, 42 livres;
MM. du présidial, 720 livres; la compagnie des
avocats, 606 livres; M. Brossard de Lafarge, 400
livres; M. Lagarde d'Auberty, 96 livres; M. de Laprade, 48 livres; MM. du séminaire, 144 livres;
quête du matin 8 mai, 888 livres; quête du soir,
même jour, 240 livres; quête du 9 mai, 265 livres
14 sols; les élèves de rhétorique, 15 livres 41 sols

6 deniers; le principal du collège, 29 livres 3 sols
6 deniers; sieur du Valogne, 30 livres; les pères
Carmes, 12 livres; MM. de l'élection, 600 livres;
M. de Laprade, 261 livres 10 sols; M. le curé de
Saint-Pierre, 31 livres 16 sols; M. Dumas, 24 livres;
la corporation des procureurs, 130 livres; M. le théologal, 240 livres; M. de Laprade, 12 livres; MM. du
chapitre, 1,512 livres; Mme Fortier, pour une personne qui ne veut pas être connue, 9 livres; MM. du
clergé, 1,500 livres; M. Puyhabilier, 96 livres.

On décida le renvoi de l'hôpital général de tous
les pauvres valides et on ne fournit pas de distribution aux pauvres de la ville qui n'y étaient pas renfermés avant l'incendie.

En 1778, trois ans après l'incendie, les grains sont
encore plus rares et plus chers et il faut de nouveau
recourir à l'assistance privée, les ressources de l'hôpital étant épuisées. Une quête générale devait être
faite chez tous les citoyens avec le concours de Monseigneur l'Evêque, MM. du chapitre, MM. du présidial,
MM. les maires et consuls de la ville, MM. de l'élection,
MM. de la bourse, des membres de tous les autres corps
et communautés « qui ont toujours montré le grand zèle
» qui les a animés pour le soulagement des pauvres.
» La charité des citoyens n'a jamais manqué aux né-
» cessités de l'hôpital. Ils voient encore (les adminis-
» trateurs) avec admiration et attendrissement les
» libéralités de tous les corps, après l'incendie du
» 5 mai 1775. Ce fut le salut de cette maison. Ils
» auront souvent la satisfaction de consigner sur
» leurs registres les effets de l'humanité, du zèle et
» de la charité qu'ils réclament pour substanter une
» foule de pauvres qui n'ont que cette seule res-
» source. »

Cet appel désespéré ne resta pas sans écho et produisit de suite quelques ressources qui ne purent
qu'adoucir le mal sans pouvoir en extirper la racine.
Car on fut obligé d'interdire l'entrée de l'hôpital

aux ouvriers de la manufacture des canons de Souillac, parce qu'ils étaient étrangers.

La caisse du trésorier de l'hôpital s'enrichit alors d'une somme de 3,000 livres versée pour satisfaire un petit sentiment de vanité et d'amour propre intéressant à connaître. Messire maître Aymard de Lajeunie de Montégou, conseiller du roi en l'élection de Tulle, offrit de donner 3,000 livres, à la condition que l'hôpital, qui était seigneur foncier et direct de sa maison située place de l'Aubarède, faisant coin sur cette place et sur la rue du Pavé du Collège, lui permettrait d'y mettre pour toujours une girouette sous la réserve, toutefois, de la rente et de tous autres droits et devoirs seigneuriaux et honorifiques dus à l'hôpital sur cette maison.

L'hôpital accepta à la condition que « cette girouette » ne sera pas armoriée et ne pourra jamais être re- » gardée comme une marque de fief ni de nobilité » de ladite maison, ni lui imprimer aucun caractère » de liberté et de franchise, sous la réserve au con- » traire par l'hospice de toute rente et autres devoirs » seigneuriaux et honorifiques droits de lods et d'in- » vestir et divestir qui lui sont dus sur ladite maison. »

Il est à regretter, qu'à cette époque, cet exemple ne fût pas suivi, car l'hôpital aurait pu trouver des ressources importantes et bien utiles dans l'état de pénurie où il se trouvait.

L'intendant de la province donna l'ordre à M. Périer, ingénieur à Brive, de se rendre à Tulle, d'examiner les lieux incendiés et de lui faire son rapport, avec plans et devis à l'appui, sur le chiffre des dommages causés et sur le mode à suivre pour les réparer.

Ce dernier, après de nombreuses lettres de rappel et une volumineuse correspondance conservées dans les archives départementales, proposa 1° de réparer le grand bâtiment actuel et de le destiner pour les hommes ; 2° de construire en face de celui-ci un nouveau bâtiment qui fournirait deux salles pour les femmes et une chapelle;• 3º de construire un autre bâtiment neuf au fond de la cour qui contiendrait la cuisine, de grandes salles pour le travail des pauvres et le logement des enfants.

Ces dépenses présentaient un devis de 75,000 livres. Elles parurent exagérées à l'intendant qui ordonna de nouvelles études. Le mauvais vouloir de l'ingénieur, d'un côté, l'indifférence de l'intendant de l'autre, firent traîner les choses et on atteignit, sans rien faire, l'année 1790 où la marche des évènements politiques tournait les esprits vers d'autres préoccupations.

Le 7 février de cette année 1790, les administrateurs ayant été informés que la municipalité de la ville de Tulle, entièrement formée et organisée, voulait gouverner l'hôpital par elle-même, envoyèrent leurs démissions aux conseillers municipaux. Cette démission ne fut pas acceptée. Les citoyens Mesnager, prêtre, et Meynard, échevin, furent délégués auprès des administrateurs qui voulurent bien reprendre leurs fonctions, en faisant remarquer qu'ils faisaient preuve d'un grand dévouement à la misère et aux souffrances publiques, car le nombre des pauvres augmentait chaque jour et les ressources de l'hôpital étaient presque nulles.

Le 20 octobre de la même année, les administrateurs envoyèrent de nouveau leur démission au directoire du département par MM. Sage et Borderie de Vernéjoux, deux de leurs collègues, par le motif que la nouvelle Constitution française avait changé l'administration générale du royaume et la manière de régler les établissements publics.

Les administrateurs du district écrivirent la lettre suivante à MM. les Officiers municipaux de Tulle :

Nous avons l'honneur de vous adresser, Messieurs, la démission de MM. les Administrateurs de l'hospice général de cette ville. MM. les Administrateurs du directoire du département nous ont verbalement recommandé de vous prier d'engager, par tous les moyens que votre prudence et votre honnêteté vous suggèreront, ces messieurs à reprendre leurs places et à continuer leurs fonctions : ils nous ont dit d'ajouter qu'ils s'occuperaient très essentiellement à procurer à cet établissement les moyens de subsistance. Les administrateurs composant le directoire du district de Tulle. — Signé : Duval et Jean-Anne Vialle.

Le lendemain, 14 octobre 1790, une députation de la municipalité ayant à sa tête le citoyen Laborderie, premier officier municipal, se rendit au bureau de l'hôpital et pria avec instance les administrateurs de rester à leur poste et de continuer à donner leurs soins aux malheureux, leur promettant que la municipalité viendrait à leur secours par tous les moyens dont elle pouvait disposer.

Le bureau, considérant que la misère qui afflige cette maison dont la détresse touche au dernier terme par le concours prodigieux de pauvres qui arrivent de toute part, trouve des ressources suffisantes dans la charité et dans la justice des citoyens constitués en dignité et que toute l'autorité publique soit déployée pour rendre à cet établissement la libre jouissance de ses revenus, que des fausses interprétations des décrets de l'auguste assemblée nationale arrêtent dans les mains des redevables, accepte l'initiative qui est faite par la municipalité et cet acte est d'autant plus agréable à tous les administrateurs de l'hôpital qu'il leur procure la satisfaction de secourir l'humanité souffrante en exécutant la sagesse des vues des corps administratifs.

Cet échange de flatteries rétablit l'harmonie, un instant troublée, entre l'administration hospitalière et l'administration municipale. Elle ne pourra exister bien longtemps avec les tendances politiques du moment qui s'efforçaient d'attribuer à ces municipalités les pouvoirs les plus étendus et les plus absolus pour régir toutes les administrations.

Manufacture.

Ainsi qu'il a été dit au commencement de ce récit, l'hôpital contenait une manufacture pour le travail de la laine. Le but de cette création était d'employer utilement les pauvres valides et de faire apprendre aux enfants un métier qui, à leur sortie, leur permettrait de subvenir honorablement aux besoins de l'existence.

Le 4 décembre 1684, les directeurs, par acte reçu le notaire Magneur, firent une convention avec le sieur Pierre Dumond, sargetier à Tulle, par laquelle il « devoit exercer sa profession dans l'hôpital et non ailleurs pendant trois ans afin d'apprendre son métier aux pauvres. Le produit de son travail lui serait payé: *l'estamine, 4 sols l'aune ; la serge du seigneur, 8 sols ; le raz-paigné-fin, 3 sols ; le cardé, 2 sols; le baratin, 4 sols; le crespon, 2 sols 6 deniers; la demi-serge, 5 sols ; le camelot, 4 sols.* Sur le produit de la fabrication, un quart devoit être déduit pour l'hôpital, » et le sieur Dumond était chargé de sa nourriture et de son entretien. On devait lui donner 10 livres pour chaque apprenti ayant appris son métier, et le travail fait alors par celui-ci restait la propriété de l'hôpital. Le second directeur de la manufacture fut le sieur Pièzaud, de Paris (2 août 1706). Il traita pour une année seulement avec l'administration et s'engagea à apprendre aux pauvres à filer la laine, à faire des bas, des bonnets et à tisser le drap. L'hôpital devait fournir les matières premières dont le prix lui était remboursé par Pièzaud qui conservait pour lui tous les objets fabriqués, devait habiter dans la maison une chambre convenablement meublée, partager la nourriture des sœurs *avec du vin à chacun de ses repas.* Ces conditions étaient plus onéreuses pour l'hôpital. Son successeur fut le sieur Paul Michel, de la *ville de Soissons en Picardie.* L'hôpital devait fournir les matières premières, et, déduction faite de leur valeur, partager avec le directeur. Celui-ci exigeait au moins, pour sa part, un bénéfice de 75 livres, mais il s'engageait à ne pas forcer les pauvres à travailler lorsque la supérieure en aurait besoin et celle-ci se réservait encore le droit de renvoyer ceux qu'elle voudrait sans indemnité ni réclamation de la part de l'entrepreneur.

Il eut pour successeur Jean Pauphile, maître sargetier à Tulle. Ce dernier traita avec l'administration pour une période de neuf ans. Il était nourri à l'hôpital et recevait un quart de vin par jour. Chaque grande pièce lui était payée 20 sols. Celles que feraient les apprentis sous ses ordres 15 sols, et 10 sols celles fabriquées par les employés de Pauphile. Il devait recevoir pour ses gages 24 livres. Les objets formant l'outillage de la manufacture et qui lui étaient abandonnés consistaient en : 1° six métiers de tisserand ; 2° *un ourdissoire avec sa bache* ; 3° un tendoir avec tout son attirail ; 4° quatre navettes ; 5° trois roues ; 6° une petite paire de balances en cuivre avec les poids ; 7° quatre peignes.

Le sieur Pauphile fut remplacé aux mêmes conditions par le sieur Jean Vieillefond, sargetier à Tulle, qui prit en charge le même matériel augmenté de huit métiers, dix lampes et six paires de peignes. Après lui, on traita aux mêmes conditions avec les sieurs Etienne Guillemy et Joseph Chastanet, sargetiers à Tulle. En 1783, les administrateurs découvrirent des erreurs dans les comptes de la manufacture dont l'existence fut funeste aux ressources de l'hôpital ; ils n'osèrent pas la supprimer, craignant pour les pauvres les ennuis de l'oisiveté et les suites fâcheuses de la paresse. Pour apporter un soulagement à l'état actuel des choses, on décida que l'hospice ne fournirait plus les matières premières, qu'on travaillerait seulement pour les particuliers et les fabricants de la ville. La laine serait apportée par eux et reçue par les sœurs qui en seraient responsables.

Jusqu'à la révolution de 1789, il n'est plus question de cette manufacture; peut-être la retrouverons-nous dans la troisième partie de ce récit.

Service médical.

A chaque époque, le service médical dans les établissements hospitaliers a été considéré comme un acte de dévouement honorant celui qui en était l'auteur; de nos jours, il est vivement apprécié par les plus hautes célébrités qui, pour l'obtenir, se livrent aux travaux les plus sérieux et se soumettent au péril d'un concours difficile.

Aussi, à la création de l'hôpital général, M. Goudal fils, chirurgien, se mit à la disposition des directeurs et offrit ses services gratuits. Quelques années plus tard (15 octobre 1674), un seul docteur ne pouvant suffire au travail et donner des soins à tous les malades dont le nombre grossissait chaque jour, on lui adjoignit, comme médecins, MM. Peyrat et Meynard et, comme chirurgien, M. Vachot. Les services de ces messieurs, comme les siens, étaient gratuits. Un avantage était fait, par la ville, au médecin de l'ancien hôpital dit Hôtel-Dieu. Il était exempté de la taille et du logement militaire. Cette faveur était à considérer à cette époque où les guerres nombreuses nécessitaient des transports journaliers de soldats. Aussi, le sieur Peyrat, qui n'en jouissait pas, adressa, à cet effet, une plainte à l'intendant de la généralité qui lui répondit que cette faveur était accordée à M. Meynard, son collègue, et ne pouvait s'étendre à deux personnes. Alors les directeurs, considérant que M. Peyrat avait rendu de bons et nombreux services et voulant les reconnaître, décidèrent qu'en compensation, il lui serait accordé le titre de premier médecin de l'hospice. Le 22 janvier 1682, à la mort de M. Goudal, M. Chassaignie, chirurgien, fut agréé à sa place; mais la goutte le mettant dans l'impossibilité de se rendre à l'hôpital, on lui donna pour successeur (16 août 1699) M. Pierre Merciel. Les directeurs constatèrent à cette époque que de nombreux abus s'étaient glissés dans le service médical. Des malades avaient demandé les soins de médecins étrangers qui avaient ordonné des médicaments payés par le trésorier et pris chez des pharmaciens de la ville. Pour y mettre un terme, il fut décidé que les malades seraient transportés dans l'infirmerie où ils seraient visités et soignés par les médecins et chirurgiens choisis, que les remèdes seraient pris dans *l'apothicairerie* de l'hôpital et que les malades qui voudraient d'autres médecins et d'autres médicaments et surtout *des eaux minérales* les paieraient *à leurs frais et dépens*. Cette réserve peut paraître empreinte d'une certaine naïveté, car les pensionnaires d'un hôpital sont généralement sans ressources.

Le service gratuit des médecins paraît n'avoir eu lieu que jusqu'au 3 février 1705, car, à cette époque, M. Léonard Merciel fils est nommé médecin moyennant des honoraires fixés à 20 livres *annuellement*.

Il remplaça M. Fénis dont le nom paraît pour la première fois, cette année, dans les divers papiers composant les archives de l'hospice.

Le 18 octobre 1713, M. Merciel père, chirurgien, demanda et obtint une gratification de 15 livres à cause de ses bons soins pendant cette année à l'hôpital où le nombre des malades avait été si grand, qu'il ne lui avait pas été possible de voir tous les malades de sa clientèle.

M. Rigole devenant vieux et infirme et faisant avec difficulté son service, on lui adjoignit, le 4 mai 1766, M. Villadard, chirurgien juré de la ville de Tulle qui, à la mort de M. Rigole, prit le titre de chirurgien de l'hospice et jouissait des prérogatives attribuées à cet emploi. Mais la multiplicité des affaires de M. Villadard l'empêchant de faire son service régulièrement, il fut remplacé (4 février 1770) par M. Delbos, chi-

rurgien juré de Laguenne. M. Rigole père vivait
encore à cette époque et, de même que pour Villadard,
le conseil dit que son successeur sera le sieur Delbos
avec les prérogatives attachées à cet emploi.

Cette mention pourrait faire supposer à l'existence
d'un traitement; cependant les pièces de comptabilité
sont muettes à cet égard. Il y a donc lieu de croire
que les fonctions de médecins et de chirurgiens de
l'hospice étaient remplies gratuitement. On verra qu'il
n'en était pas de même à l'époque de la Révolution,
le médecin titulaire de 1793 ayant demandé et obtenu
des honoraires fixés à 1,200 livres.

Le 21 mai 1776, M. Delbos, qui habitait à Laguenne, donna sa démission, motivée par son éloignement de la ville et par ses nombreuses occupations.
Il fut remplacé par M. Rigole fils, maître-èz-arts en
chirurgie. M. Soleilhet fut adjoint comme médecin.

Mais le service du sieur Rigole n'étant pas fait
exactement et ayant soulevé les plaintes des malades,
il fut remercié et il eut pour successeur M. Delbos,
sus-nommé, qui consentit à quitter sa résidence de
Laguenne pour se consacrer utilement au service des
pauvres. Il eut pour adjoint M. Rominhac, ancien
chirurgien à Tulle (21 août 1780).

Ces docteurs étaient en exercice lors de la Révolution, époque à laquelle s'arrète la seconde partie de
notre récit.

Personnel de l'hospice.

Horloger. — Par traité notarié, le sieur Vergne,
horloger à Tulle, s'était chargé de l'entretien de l'horloge, moyennant deux sestiers de seigle pour la première année, et de deux sestiers et une émine pour
les autres.

Couvreur. — Le sieur Pierre Fouillade, couvreur,
devait, par acte notarié, entretenir la couverture des

bâtiments de l'hôpital, du moulin et du four de la Barrière, moyennant la somme annuelle de 8 livres.

Matelassier. — Jeanne Sartelon, veuve de Jean Lacroix, ayant appris le décès du sieur Trioux, matelassier de l'hospice, avait pris l'engagement de faire *gratis* tous les matelas, à la condition d'être nourrie à l'hôpital, pendant son travail, et d'être aidée par les pauvres qui devaient assister à son enterrement.

Fermier. — Par convention authentique, le sieur Pierre Maillard, vigneron, demeurant *sur le chemin du Pont-de-la-Pierre*, cultivait la vigne, dite vigne de Corrèze, située au-dessous des Condamines, sur le dit chemin du Pont-de-la-Pierre, à demi-fruits. On lui donnait également la terre labourable située au-devant de la porte de l'hôpital avec les arbres fruitiers et la châtaigneraie y contiguë, sauf la garenne qui se trouvait située au-dessous de la chapelle des Malades.

Avocats. — Les avocats de l'hôpital étaient MM. Darluc et Pierre Rabanide.

Procureur. — Me Jean Sudour, procureur au présidial du sénéchal de Tulle ; Me Léonard Vialle.

Notaire. — Me Jean-Baptiste Brugeau, à la place de Me Joseph Floucaud, vieux, qui était infirme et atteint de la goutte une partie de l'année.

Portier. — Le portier habitait une petite chambre placée près la porte de l'hôpital, en face celle de l'église.

Jeanne Valette remplissait les fonctions de portière, moyennant la fourniture *d'une raube de chambre de cardé et peigné* pour l'hiver et l'abandon à son profit des ouvrages qu'elle faisait dans la maison. Elle fut remplacée par Bernard Parjadis, de Tulle, qui touchait 40 livres par an, était blanchi et nourri, sans vin. Il fut renvoyé le 14 décembre 1767, et Pierre Bouscalet dit Lapierre fut son successeur.

Après lui, ces fonctions furent remplies par Jean Barry, soldat invalide, qui touchait 60 livres, était nourri et blanchi ; on lui servait un demi-quart de vin par jour (1).

On trouve à sa mort, Jean Cussac, maître-tailleur d'habits de Tulle, aux mêmes conditions. On lui imposa, en outre, l'obligation de couper tous les habillements des pauvres, à aider à coudre et à *rapiesser* tous les vêtements. Dans le cas de punition à imposer aux pauvres, il devait prêter main-forte aux sœurs. Il pouvait, en outre, travailler à son profit pour sa clientèle du dehors et débiter du tabac.

Sergent archer. — Le premier revêtu de ces fonctions était François Pauquinot ; le second le sieur Tramond. On trouvait difficilement des personnes voulant occuper cet emploi qui consistait à empêcher la mendicité dans la ville, à arrêter les vagabonds et à conduire en prison les pauvres récalcitrants.

Le sieur Bouysse, dit Favard, accepta ces fonctions.

Son traitement était par an de 12 sestiers de seigle, mesure de Tulle, une paire de bas, une paire de souliers et 5 livres d'argent. Pour le mettre à l'abri des injures et faire reconnaître sa qualité, il devait porter sur ses habits une bandoulière rouge avec des galons, des croix et des fleurs de lys blanches et avoir une épée au côté.

Cet emploi n'était pas sans danger, car il arrivait souvent que des habitants intervenaient pour empêcher le sergent de remplir son devoir et prenaient le parti du déliquant. Le sieur Tramond s'en plaignit au lieutenant général criminel qui rendit une ordonnance ainsi conçue :

Entre Jean Tramond, sergent de l'hôpital général de la présente ville, le procureur du roy joint à lui ;

---

(1) C'était *lou mié-car de la negras* (Voir Dictionnaire patois).

Ouï ledit Tramond en personne qui s'est plaint qu'il est jour-
nellement troublé par divers habitants de la présente ville
dont il n'a su dire le nom qui luy empêchent de faire sa charge
pour conduire les pauvres qu'il trouve dans les rues audit
hôpital le maltraitent. Requiert d'y être pourveu.

Sur quoy ouï Espinet pour le procureur du roy,

Nous faisant droit des requisitions du procureur du roy,
faisons défenses à toute sorte de personnes de quelque qualité
qu'elles puissent être de troubler ledit Tramond en l'exercice
de sa charge ce faisant de l'empêcher de conduire les pauvres
dans ledit hôpital à peine de dix livres d'amende envers le
roy de pareille somme envers ledit hôpital général contre
chacun des contrevenants, laquelle nous avons dès à présent
déclaré encourue sans qu'il soit besoin d'autre ordonnance.
Et sera exécutée nonobstant oppositions ou appellations quel-
conques sans préjudice d'icelles et afficher aux lieux accou-
tumés de la présente ville à ce qu'aucun n'en ignore. Fait à
Tulle en l'audience criminelle par devant Monsieur Darche
lieutenant général criminel le 18 décembre 1684. — Signé :
ESPINET, avocat du roy; — DARCHE, lieutenant général criminel; — LACOSTE, greffier.

Valets. — Jean Maron, gages, 20 livres et une
paire de souliers, nourri à l'hôpital ; Peyrafort, gage,
3 livres et nourri ; Étienne Farge, de Saint-Bonnet-
Avalouze, gage, 36 livres, sans entretien ni vin à ses
répas ; Jean Delon de Lascaux, paroisse de Saint-
Germain-les-Vergnes, 28 livres, avec l'entretien et la
nourriture ; Jean Maillard, gages, 27 livres.

Servantes. — Deux servantes : Jeanne Constant,
de Saint-Martial, et Marguerite Nirige, d'Espagnac,
gages, 10 livres, à chacune annuellement ; deux pauvres qui enseignaient aux autres à faire des bas recevaient 10 sols par mois.

Meunier. — Le moulin, dit Moulin de la Barrière,
était affermé moyennant les obligations suivantes :
1° Fourniture tous les samedis de chaque semaine
d'un setier de seigle, chaque mois d'une émine de
froment ; 2° de donner tous les ans 80 paires de sa-

bots pour les grandes personnes ; 3° de faire ceux des enfants moyennant le paiement d'une paire sur deux, le bois à fournir par l'hôpital ; 4° de moudre tous les grains nécessaires au service de l'hôpital. Le meunier était Gérald Béronie, maître charpentier dans la rue de la Barrière. Ce moulin occasionnait de nombreux frais d'entretien à cause de la grande étendue de l'écluse.

En 1782, le meunier de l'hospice, le sieur Trech, fut changé « parce que ce dernier qui montait les » grains s'était absenté, qu'on ne savait pas la cause » de son absence, que la demoiselle son épouse s'était » également absentée, laissant le moulin à la discré- » tion et gouvernement d'un domestique non connu. » Il fut remplacé par le sieur Barry.

Hommes d'affaires. — 9 juillet 1694 : Pomeyrol, moyennant 144 livres par an, son entretien et la nourriture ;

25 mai 1698 : M° François Froment, procureur à la cour, 140 livres par an ; sans nourriture ni entretien ;

30 septembre 1709 : Jean-Bernard Froment, procureur-honoraire, en raison des difficultés ;

1750 : Eyrolles, bourgeois, 200 livres ;

8 mai 1761 : Ludières fils cadet, 100 livres ;

31 octobre 1762 : Jean-Mercure Filliol, 100 livres ;

1er avril 1765 : Jean-Pierre Lagarde fils, bourgeois à Tulle, 100 livres ;

14 juin 1775 : Dufaure, déjà commis à l'hôpital, 19 livres 4 sols et le montant de trois chemises. Logé et nourri. Depuis l'incendie, ce dernier n'ayant pu être logé à l'hôpital et étant privé du chauffage, blanchissage et éclairage on lui accorda une indemnité annuelle de 150 livres. Mais, en 1781, on reconnaît qu'il y a intérêt pour l'hôpital à ne pas nourrir l'homme d'affaires et, qu'en raison de la pauvreté de la

maison, ces appointements n'en seront pas augmentés nonobstant cette charge de se nourrir à ses frais.

Aumôniers. — M. Géraud Combrailles, prêtre de la paroisse de Saint-Pierre de Tulle, fut nommé *chapelain* de l'hôpital (1er septembre 1680, moyennant logement, nourriture et 130 livres 10 sols, payables de trois mois en trois mois, soit 32 livres 12 sols 6 deniers par quartiers. Il devait dire tous les jours de la semaine, à l'exception d'un seul, une messe pour l'hôpital.

Il fut remplacé par M. Desieyx, prêtre, qui prit le titre d'aumônier et recevait 150 livres, logement et nourriture.

Son successeur fut l'abbé Leymarie, qui touchait un traitement de 200 livres.

Après lui, on trouve Jean Saignes, prêtre communaliste de l'église de Saint-Julien, auquel on accorda seulement 150 livres, la nourriture et le logement.

Le sieur Meilhan est accepté, après lui, aux mêmes conditions, seulement il fait valoir qu'il y a des inconvénients à ce qu'il mange avec les sœurs et on 'autorise à prendre ses repas seul, dans sa chambre.

Après lui, des changements fréquents sont signalés; le bureau, prenant en considération que ces changements et la situation de prêtre à l'hôpital présentent des inconvénients et des charges lourdes, qu'il est difficile, pendant les intérims de trouver des prêtres pour faire aux heures prescrites, les cérémonies de l'église, estima qu'il était préférable de se concerter avec les couvents de la ville pour qu'un religieux fût chargé de ce service. Le supérieur du couvent des Recollets consentit à fournir ce religieux, moyennant une somme de 470 livres, payable chaque année à la communauté et celle de 30 livres pour le religieux desservant. Celui-ci remplirait ces fonctions avec zèle et ne pourrait pas être changé au gré de la commu-

nauté. Le traité est signé par : *père Alphonse d'An-
glar, gardien des Recollets et authorisé à recevoir
ladite déclaration par le sein des discrets de la
communauté.*

Cet état de choses dura pendant dix ans. On s'a-
perçut alors que le service était fait très irrégulière-
ment, qu'on éprouvait des difficultés pour avoir le
religieux lorsque cela était nécessaire et qu'il fallait
revenir à l'ancienne mode, c'est-à-dire avoir un prêtre
séculier et sédentaire à l'hôpital. On fit le choix de
messire maître François Lagier, ancien vicaire de
Camps, qui serait logé, nourri et soigné dans l'établissement et recevrait 225 livres par an.

· La santé de cet aumônier était si chancelante, qu'au
bout de deux ans, on lui permit de prendre un logement en dehors de l'hôpital, mais · assez près pour
qu'il s'y rendît tous les matins, dire la messe à sept
heures en été et huit heures en hiver. Il devait apprendre le catéchisme, faire les instructions comme
par le passé, et on lui accordait 500 livres. Lorsqu'une
personne serait en danger de mort, il serait obligé de
venir passer la nuit à l'hôpital où il lui serait fourni
le lit, le feu et la lumière. La santé de ce prêtre ne
pouvant se rétablir (10 octobre 1790), il fut remplacé
par Bernard Borie qui s'engagea à faire le service
comme ses prédécesseurs, jusqu'au 1er janvier 1790
seulement, en raison de la prochaine organisation du
clergé et des hôpitaux.

Sœurs hospitalières. — Le service des sœurs dans
les hôpitaux est le plus actif et le plus utile. Ce sont
elles qui, avec un zèle désintéressé et toujours efficace,
remplissent les fonctions les plus délicates. Elles veil-
lent les malades et les infirmes, et le jour, et la nuit.
Les plaies les plus horribles, les maladies dangereuses
ne les rebutent pas; les épidémies les plus redouta-
bles ne leur font jamais quitter le poste d'honneur
qu'elles ont volontairement accepté. Comme le soldat,

sur le champ de bataille, elles font, sans murmurer le sacrifice de leur vie, et le fléau empoisonné de la contagion les trouve toujours calmes, résignées et inflexibles dans l'exercice de leur sainte mission.

A l'Hôtel-Dieu, ces nobles fonctions étaient remplies par des demoiselles pieuses, dites dames de charité ; elles n'appartenaient pas à un ordre religieux, n'avaient fait aucun vœu de sainteté, mais accomplissaient avec la même sévérité et ponctualité les exercices pieux.

Lors de la création de l'hôpital général, ce service était fait par Mlles Chirac, Clozanges, de Laporte et Dussol.

Au décès de Mlle Chirac, Mlle Vachot, fille du greffier aux insinuations, sollicita l'honneur de la remplacer, promettant au bureau de se dévouer au service des pauvres et de leur prodiguer tous les soins nécessaires. Elle fut acceptée et le bureau décida (22 octobre 1779), que le service des malades infirmes serait confié à Mlle Dussol et celui des valides à Mlle Vachot. Plus tard on leur adjoignit Mlles Dufaure, Duclaux, Descordes, de Limoges. Ces dames de charité non seulement remplissaient gratuitement leurs fonctions, mais encore étaient obligées de verser annuellement une somme de 40 livres et s'entretenaient à leurs frais ; elles étaient nourries à l'hôpital (Délibération de la commission administrative du 29 mars 1688).

Mlle Delaporte fut aussi agréée pour apprendre à travailler aux pauvres. Pour encourager les filles pauvres de l'hôpital à travailler convenablement et à prodiguer leurs soins aux malades, on leur donnait, après cinq ans d'un travail régulier et satisfaisant, une somme de 40 livres pour se marier ou apprendre un métier (Déclaration du 7 septembre 1694).

Chaque dimanche, une sœur pouvait sortir de l'hôpital *pour aller faire ses dévotions*, mais la même ne devait pas sortir deux dimanches de suite (Même délibération).

La santé de la sœur Clozanges étant profondément altérée, elle demanda, le 22 août 1700, l'autorisation de quitter l'hôpital où elle ne pouvait plus rendre de services. Le bureau lui accorda cette autorisation en lui votant les remerciements les plus élogieux pour sa conduite et les soins dévoués qu'elle avait prodigués à l'assistance publique. Le bureau décida en outre qu'elle ne serait pas remplacée, le nombre des pauvres ayant diminué.

Le 6 février suivant (1701), Mlle Marie de Jubert, fille de défunt de Jubert, ancien notaire royal à Tulle et à Laguenne, sollicita l'honneur de lui succéder sous la promesse que ses services seraient gratuits et son dévoument absolu. Elle fut admise par le bureau qui voyait avec bonheur, pour la classe pauvre, la collaboration d'une personne aussi distinguée. Nonobstant tout le dévouement du personnel des sœurs et leurs efforts à maintenir le bon ordre, quelques abus se produisirent et l'abbé Desseix, aumônier de l'établissement, s'empressa d'en prévenir les directeurs, qui prirent aussitôt des mesures sévères consignées dans la délibération du 5 mai 1701, ainsi conçue :

Sur la plainte formulée au bureau par M. Desseix, aumônier de l'hospice, que de nombreux abus et délits sont commis tous les jours à l'hospice, que la discipline a reçu des atteintes sérieuses de nature à compromettre la situation de l'hospice, MM. les Directeurs décident qu'il y a lieu de faire un réglement. Ce réglement devra déterminer, d'une manière certaine, les droits et les devoirs des sœurs chargées de la direction, et, faire connaître aux pauvres la conduite qu'ils doivent tenir dans l'établissement. Ce réglement porte:

1° Le bureau ordonne que l'article septième de ses statuts sera exécuté à la rigueur, ce faisant qu'à l'issue de la messe, tous les pauvres valides se rendront au lieu destiné pour le travail sans pouvoir aller travailler ailleurs sans permission expresse, à peine de privation du dîner ou du souper immédiatement subséquent à leur faute, pour la première fois, et de la prison, pour la seconde, et enjoint, aux sœurs de Jubert et Laporte qui assistent à présent au travail de tenir la main à l'exécution et de prévenir M. l'Aumônier qui mettra par escrit le nom des contrevenants pour en rendre compte au prochain bureau ;

2° Conformément à l'article neuvième, tous les pauvres, après le repas, iront modestement et deux à deux, en grand silence, à l'église aux mêmes peines que dessus, et M. l'Aumônier prendra soin qu'avant que les pauvres ne sortent du réfectoire, ils aient achevé de manger et qu'ils n'emportent point du pain et de la viande.

3° Les sœurs, à tour de rôle, chacune sa semaine, assisteront à la récréation des pauvres, à commencer par la sœur Dussol et ainsi d'ancienne en ancienne;

4° Aux termes de l'article 24°, aucun pauvre ne sortira hors de la maison, sans permission de M. l'Ecclésiastique ou de celui qui tient sa place en son absence, à peine pour la première fois de la privation du premier repas et, outre ce, du fouet pour les petits pauvres et pour la seconde fois de la prison; en cas de récidive obstinée M. l'Aumônier en donnera avis au bureau;

5° Il est ordonné que les sœurs ne pourront sortir hors de l'hôpital plus de deux à la fois, en sorte qu'il en restera dans la maison au moins quatre et de ces deux qui sortiront il ne pourra pas y avoir l'autre de celles qui ont la même charge, c'est-à-dire une des deux infirmières et ainsi des autres et que les deux qui sortiront demanderont la permission à M. l'Aumônier qui, en cas de contravention, en fera son mémoire pour en faire son rapport au prochain bureau;

6° Il est défendu aux sœurs de se servir d'autres pauvres pour commissionnaires pour envoyer dans la ville ou ailleurs que Margueritte Fraysse ou de Ridondéry. Jusqu'à nouvel ordre en cas que quelqu'autre pauvre prenne des commissions, il sera puni, comme ci-dessus, par la privation du repas subséquent et de la prison et seront données lesdites commissions dès le soir avant, à moins que pendant le jour, il ne survint quelque besoin pressant. En tous les quels cas, les sœurs qui voudront envoyer en donneront avis à M. l'Aumônier;

7° Il est ordonné que les vêpres seront psalmodiés tous les dimanches et fêtes par M. l'Aumônier et les sœurs et tous les pauvres obligés d'y assister aux mêmes peines que ci-dessus ;

8° Il est fait défense à la sœur Dussol et autres économes à l'avenir de bailler de l'huile à aucune des sœurs n'y aux sœurs de tenir aucune lampe dans leurs chambres, mais seulement il sera baillé à chacune des sœurs une chandelle de six à la livre chaque semaine pendant l'hyver depuis la Toussaint jusqu'à Pâques et depuis Pâques jusqu'à la Toussaint de quinzaine en quinzaine seulement. Défense aux sœurs de faire du feu dans leurs chambres sauf le cas de maladie et par permission expresse, ni de veiller ensemble dans les chambres les unes des autres, mais seulement dans la chambre du commun toutes ensemble et jusqu'à 8 heures 1/2 et non au dela et en cas de contravention M. l'Aumônier en tiendra note et en donnera avis au premier bureau, de quoi son honneur et sa conscience demeureront chargés, de plus il y aura toujours une lampe allumée pendant la nuit dans la chambre des servantes qui est proche de l'infirmerie des femmes et outre ce, quand il y aura nombre de malades, il y aura une autre lampe, dans l'infirmerie des hommes, ce qui sera avisé par M. l'Aumônier ;

9° Nul pauvre valide ne pourra être mis à l'infirmerie ni aucun pauvre convalescent n'en pourra être tiré que sur l'avis de M. le Médecin ;

10° Toutes les fois qu'il arrivera des contestations entre quelques-unes des sœurs sur leurs fonctions, ou autrement toutes les sœurs s'assembleront à la prière de celle qui se plaindra pour être resglées entre elles-mêmes sur l'avis de la majeure et si elles ne peuvent convenir la chose sera déférée à M. l'Aumônier qui les réglera et s'il ne peut en venir à bout, il y sera pourvu au prochain bureau sur sa relation.

Les présents statuts seront lus aux pauvres par M. l'Aumônier pendant trois repas consécutifs et affichés dans le réfectoire.

On décida, en outre, que, chaque jour, une des sœurs visiterait tous les lits et meubles de l'hôpital et ferait connaître au bureau le résultat de son inspection. Chaque sœur devait, à tour de rôle et pendant une semaine, exercer cette surveillance.

La sœur Delaporte, après quatorze ans de bons ser-

vices à l'hôpital, ayant sa santé ruinée par les fatigues et les veilles, demanda l'autorisation de se retirer dans sa famille. Le bureau le permit et lui vota,
pour la récompenser de ses bons soins, une pension
mensuelle de 30 sols (Délibération du 11 décembre
1703).

A cette époque, la communauté des sœurs de
charité établie à Nevers commençait à envoyer dans
les provinces des sœurs, soit pour y fonder des maisons d'éducation religieuse, soit pour se charger dans
les hôpitaux de soigner les malades et les infirmes.
Marceline Pauper, l'une d'elles, reçut la mission de
fonder une maison d'éducation à Tulle ; elle était précédée par une réputation de grande sainteté, d'une
intelligence élevée et d'un grand désir d'être utile
à ses semblables. Cette sœur, en effet, avait déjà
fondé de nombreuses maisons.

Voici l'analyse des actes de sa vie (1) :

Sa naissance eut lieu à Saint-Saulge, dans le Niver-
nais, en 1663 ;

En 1685, elle embrasse l'institut des sœurs de
Nevers, fait son postulat dans cette ville, et à vingt-
quatre ans exprime sa profession de foi ;

En 1691, elle va fonder une maison à Decize ;

En 1694, elle est nommée supérieure de la maison
de Nevers qu'elle gouverne pendant deux ans ;

En 1696, elle fonde une maison à Murat (Cantal) ;

En 1700, elle est presque toujours en voyage pour
les intérêts de la congrégation et fait plus de trois
cents lieues à cheval ;

En novembre 1700, elle arrive en Vivarais et fonde
une maison au bourg d'Andeol, et de cette dernière
localité elle se rend à Tulle pour le même but.

---

(1) Vie de Marceline Pauper, écrite par elle-même, précédée d'une
introduction du docteur Dominique Bouix, et publiée par son frère le
P. Marcel Bouix, de la compagnie de Jésus. (Nevers, imprimerie Faye,
1871).

C'est alors que les directeurs de l'hôpital, connaissant tous ces faits, insistèrent auprès d'elle pour qu'elle voulût bien accepter d'être la supérieure de cet établissement, et, le 6 avril 1707, M. Melon de Pézarès, trésorier, « exposa au bureau que, par délibé-
» ration du dernier jour du mois de février précédent,
» des conventions ont été faites avec les deux sœurs de
» charité de l'ordre de Nevers pour l'hospice, que la
» sœur Marceline a été nommée supérieure, que la
» sœur Julitte Bernard a été nommée économe, que
» cette délibération n'ayant pas été transcrite, il y a
» lieu de le rappeler aujourd'hui. »

Ces deux sœurs furent nommées aux mêmes conditions que les autres. On donna plein pouvoir à la sœur Marceline de changer tous les offices et règlements de la maison à partir du jour de Sainte-Croix. Défense est faite aux autres sœurs d'y apporter la moindre opposition. Cette délibération est signée par les deux sœurs : Sœur Marceline Pauper ; sœur Julitte Bernard.

La sœur Dussol, après trente ans de séjour comme économe de l'hôpital, remit son service à la sœur Bernard et le bureau lui accorda une pension annuelle et viagère de 90 livres payable par quartier.

La santé de la sœur Marceline, évidemment éprouvée par des fatigues de toute sorte, ne lui permit pas de rester longtemps à la tête de la direction de l'hospice. Les médecins lui ordonnèrent un repos absolu et l'air de la campagne.

Pendant son absence, la sœur de Jurbert fut chargée de la remplacer. La sœur de Trémouilles, agréée par le bureau, devait prendre soin de tout le linge qui lui serait remis par la sœur Marceline, ainsi que de tous les grains et denrées qu'elle distribuerait, suivant les besoins, ainsi que des meubles qu'elle devrait représenter à toute réquisition ; la sœur de Laporte aurait soin des petits enfants et leur apprendrait à travailler. Au surplus, le bureau se réservait de modifier ce règlement d'ordre intérieur, le jour de Sainte-Croix, d'après l'avis de la sœur Marceline Pauper.

Celle-ci, après quelques mois de repos, revint à Tulle (1) et entra dans la maison de la miséricorde qu'elle avait fondée et y mourut le 25 juin 1708. Elle fut enterrée avec une grande pompe dans l'église paroissiale de Saint-Julien. En 1793, l'église fut démolie : les terrains furent nivelés et le chef de la sœur, reconnu, fut porté au couvent de la miséricorde où il est resté jusqu'au 26 août 1869, époque à laquelle il fut emporté à la maison mère des sœurs de la charité et de l'instruction chrétienne à Nevers.

La supérieure qui la remplaça à l'hôpital fut sœur Thérèze Houdon, d'Etampes.

Les directeurs avaient été, en effet, frappés de la bonne administration des sœurs de Nevers et décidèrent qu'à l'avenir il y aurait lieu de les mettre à la place des demoiselles de la ville. Ils prirent à cet effet une délibération importante ainsi conçue :

Aujourd'hui premier août mil sept cent huit au bureau de l'hôpital convoqué extraordinairement et tenu dans le palais épiscopal où Mgr l'Evesque a présidé, sur ce qui a esté représenté que les grands avantages que le dit hôpital avait tirés d'avoir eu pour supérieure de l'hôpital feue Marceline Pauper décédée, depuis peu, en la présente ville en odeur de sainteté dont la grande piété et son excellent zèle pour le bien des pauvres doivent être d'une mémoire éternelle, il était de la dernière importance pour le bien des pauvres de mettre à la teste de l'hôpital quelqu'autre sœur de l'instruction chrétienne, que l'expérience de la dite sœur Marceline faisait connaître extrêmement propre pour cet emploi comme il avait été exposé dans plusieurs bureaux précédents depuis la perte de la dite sœur Marceline, il avait esté plusieurs fois résolus de prendre les mesures convenables pour attirer dans le dit hôpital quelqu'autre sœur de l'instruction chrétienne qui fût capable de le gouverner et sur ce qui a esté exposé que la supé-

(1) Livre précité.

rieure de l'ordre des dites sœurs de l'instruction chrétienne
dans tout le royaume était arrivée en la présente ville depuis
quelques jours pour y établir une supérieure dans leur communauté, il a esté délibéré d'une commune voix que la dite
sœur supérieure serait priée de vouloir fournir une ou deux
de ses sœurs pour gouverner le dit hôpital et à l'instant la
proposition lui en ayant esté faite par les députés du dit bureau et après qu'elle en a délibéré et conféré avec les sœurs
de la communauté. Sur ces propositions elle les a acceptées
sous le bon plaisir de la supérieure et à ces fins elle s'est rendue dans le bureau suivant à la prière qui lui en a esté faite
par les dits sieurs députés, à l'instant il a été fait entre le
bureau de l'hôpital et elle les conventions suivantes, savoir:
que le dit seigneur Evesque et les sieurs administrateurs ont
donné à sœur Marie Scholastique Marchangy en qualité de
supérieure des filles de l'instruction chrétienne, ici présente
et acceptant, le gouvernement et conduite intérieure du dit
hôpital manufacture et refuge pour toujours et ce pour y faire
régir et gouverner les pauvres valides et malades, ouvriers et
ouvrières comme ils doivent estre et suivant la manière accou-
tumée dans les autres hôpitaux, conformément aux lettres
patentes du dit hôpital et de ces fondations, aux conditions
que la dite supérieure nous fournira incessamment deux de
ses sœurs et en plus grand nombre lorsqu'elle en sera re-
quise par le bureau qui soient propres pour ces emplois et
d'autres après elles successivement et pour toujours lesquelles seront nourries dans l'hôpital et à ses dépens
et auxquelles le bureau donnera annuellement la somme
de cinquante livres à chacune pour leurs entretiens ou autres nécessités et d'autant que la dite supérieure a exposé
qu'elle n'avait présentement en cette ville un assez grand
nombre de sœurs pour en fournir deux au dit hôpital elle a
prié le bureau de le constater par la présentation de sœur
Jeanne-Thérèze Oudon native d'Estampes cy-devant supérieure de la communauté de Saint-Saulge, diocèse de Nevers,
qu'elle voulait établir pour supérieure dans la communauté
de la présente ville en attendant qu'elle puisse en envoyer
une seconde qu'elle a promis d'envoyer dans trois mois avec
cette convention qu'au cas que les sujets qui seront fournis
par la supér.eure ne seraient pas jugés propres par MM. du
bureau, la dite supérieure sera tenue d'en fournir d'autres

capables trois mois après l'indication qui leur en sera faite,
comme aussi la dite supérieure pourra rappeler celle de ces
sœurs lorsque le bien de son ordre le demandera, sans laquelle expresse convention les dits sieurs administrateurs
n'eussent autrement consenti les présentes et à condition aussi
que les dits administrateurs seront tenus au dit cas aux frais
nécessaires pour renvoyer les dites filles qui ne seront pas
jugées propres pour le gouvernement du dit hôpital, et en
tous autres cas de changement des autres sœurs le dit hôpital ne soit point tenu de fournir aux frais de leur voyage
demeurant convenu que celle des dites sœurs qui sera supérieure du dit hôpital aura le pouvoir avec l'agrément du dit
bureau de disposer des autres sœurs qui y sont à présent et
de leur distribuer les emplois qu'elle trouvera à propos, lesquelles sœurs seront toujours soumises et subordonnées à ladite
supérieure sans que néanmoins les dites sœurs de l'instruction chrétienne qui gouverneront dans le dit hôpital aient
aucun droit ni inspection sur le temporel qui demeure pour
toujours au pouvoir des sus dits administrateurs auxquels les
dites sœurs demeureront pour toujours subordonnées et pour
plus ample sûreté de l'exécution des présentes, ladite sœur
Marchangy supérieure a promis et s'est obligée de rapporter
dans trois mois une approbation et ratification des présentes
de son supérieur. Fait et arrêté dans le bureau de l'hôpital,
le dit mois et an que dessus.

Signé : A. D., évêque de Tulle ; — Dubal, curé ; — Rinière ;
— Melon ; — Lasselve ; — Ceaux ; — Melon du Pezarès ; —
Béronie, directeur et secrétaire de l'hospice. — Sœur Marie-
Scolastique Marchangy ; — Sœur Jeanne-Thérèze Oudon.

La sœur de Dufaure, qui s'était engagée à verser
annuellement une somme de 30 livres, sollicita à en
être exemptée, promettant de continuer à faire le
service gratuitement et le plus utilement possible
(6 février 1708).

Le bureau accéda à cette demande, mais refusa de
prendre en considération celle de la sœur Duclaux
qui, ayant quitté volontairement l'hôpital, demandait
à y rentrer de nouveau.

Une décision toute contraire fut prise à l'égard

de la sœur Dussol qui, à la mort de Mlle Dufaure, demanda à la remplacer. Le bureau prit en considération ses bons services pendant trente ans et fit une exception en sa faveur, sous la condition, très équitable au surplus, que la pension de 90 livres créée en sa faveur ne serait plus servie.

L'abbé Desprès, ancien aumônier, devenu chanoine de l'évêque de Perpignan, fit don à l'hospice d'une somme de 1,000 livres à la condition que l'intérêt s'élevant à 50 livres serait employé à l'entretien d'une sœur de la charité chrétienne de Nevers. Le bureau accepta ce don et ordonna que la somme de 50 livres serait donnée à la supérieure de l'hospice, la sœur Thérèze (22 avril 1714).

Celle-ci fut remplacée par la sœur Claude Rolle : cette supérieure pensa avec raison qu'il était préférable de n'avoir à l'hospice que des sœurs appartenant au même ordre religieux. Elle en fit l'observation aux directeurs qui l'approuvèrent et prirent *l'engagement perpétuel et irrévocable* d'admettre seulement à l'hospice des sœurs de Nevers (12 octobre 1718).

L'évêque de Tulle, Mgr de Saint-Aulaire, s'était engagé à payer 20 livres par an pour l'entretien d'une troisième sœur, dont la présence était indispensable ; mais à son départ il retira son engagement. Néanmoins le bureau décida qu'il y avait lieu à continuer cette dépense nécessaire à une bonne administration de l'hôpital. Plus tard le nombre des sœurs fut porté à quatre et une somme de 200 livres leur fut attribuée pour leur entretien.

Pendant une période de temps assez longue, les registres des délibérations sont muets à l'égard des sœurs. Leur administration, en effet, ne pouvait susciter aucun ennui à la commission administrative. Elle s'exerçait avec ces règles inflexibles des communautés où chaque heure du jour est nécessaire à une opération différente, et où la vie se passe avec la régularité d'un chronomètre. Complètement dévouées au

soulagement des pauvres et des malades, elles appor-
taient tous leurs soins à l'accomplissement d'un devoir
aussi méritant. Le 28 décembre 1773, la supérieure
signala la conduite de l'infirmière des hommes, Françoise Courtine, dont le service laissait à désirer. Le
bureau prit une décision à cet égard, lui ôta la place
d'infirmière, *pour des raisons à nous connues*, porte
la délibération, et la mit à la *couturerie* où, sous les
ordres de la supérieure, elle devait faire tous les travaux nécessaires à la maison. En cas de récidive, elle
serait renvoyée.

Dans l'incendie du 4 mai 1775, les sœurs perdirent
tous leurs vêtements, linge, livres et mobilier à leur
usage. On leur accorda pour les indemniser une
somme de 200 livres.

La supérieure générale de Nevers ayant manifesté
l'intention de donner une autre position à la supérieure
de Tulle, Pétronille Soulary, les administrateurs, reconnaissant des services rendus à l'hôpital par cette
sœur qui avait su y faire régner le plus grand ordre,
obtenir de nombreux dons et conquérir l'affection des
pauvres, adressèrent une supplique pour qu'elle fût
maintenue à l'hôpital de Tulle.

La supérieure générale fit droit à cette demande,
en faisant observer que le traitement de 200 livres
pour quatre sœurs était insuffisant et qu'il lui parais-
sait nécessaire de l'augmenter. Le bureau résolut
de leur fournir leur entretien en sus des 200 livres
et la sœur Pétronille Soulary continua à diriger l'é-
tablissement hospitalier. Elle fut remplacée, le 24 janvier 1790, par la sœur Anastasie La Carrière qui, en
raison des évènements politiques, devait bientôt
quitter le poste qui lui était confié et avoir pour rem-
plaçante la sœur Tribié.

Le 23 avril 1792 (an IV de la liberté), les sœurs
adressèrent une pétition aux administrateurs deman-
dant à être relevées de leurs fonctions, leur ordre
ayant été supprimé par un décret de l'Assemblée

nationale. Cette pétition signée sœur Tribié, supérieure, sœur Pétronille Cabanes, sœur Cécile, sœur
Marthe Périé, fut adressée à la municipalité.

Il paraît utile de faire connaître *in extenso* la
suite qui lui fut donnée.

A Messieurs du Directoire du département de la Corrèze.

Les citoyens libres de la ville de Tulle ont l'honneur de vous
exposer qu'ils voient avec autant de peine que de douleur que
dans l'hôpital général de la ville de Tulle, des filles chargées
de l'administration intérieure dudit hôpital y perpétuer le
trouble, y faire régner le mépris le plus formel des lois et
demeurer dans une criminelle nonchalance en tout ce qui
regarde l'intérêt des pauvres, depuis le commencement de la
révolution ces filles se sont montrées ouvertement les dignes
satellites du party contre révolutionnaire, elles n'ont cessé de
vexer par elles ou par leurs émissaires les patriotes qui sont
attachés à l'hôpital par des fonctions subordonnées à l'administration, elles ont refuzé constamment d'assister aux
enterrements et autres offices et ont même fait plus, elles ont
employés touts les moyens que leur fanatisme a peut leur
inspirer pour empêcher ceux des pauvres et autres de remplir
leur devoir et d'exécuter les lois. Les citoyens qui n'ont pu
voir d'un œil indifférent enfreindre impunément nos nouvelles lois leur en ont témoigné toute leur indignation. En
conséquence, ces filles ont donné leurs démissions entre les
mains des administrateurs du susdit hôpital qui lonts remise
à la municipalité et ceux-ci lonts soumise à votre décision.
Nous attendons avec confiance de votre zèle pour la Constitution que votre justice se manifestera incessamment et que
d'après le décret qui prononce leurs destructions et leur démission volontairement donnée, vous nous délivrerez de ces
êtres qui respirent un air tout-à-fait contraire aux principes
de la Constitution.   *(Suivent les signatures).*

Renvoyé un district de Tulle pour être communiqué à la
municipalité et aux administrateurs de l'hôpital qui fairont
leurs observations et joindrons la démission des ci-devant
sœurs dont il s'agit en faisant connaître leurs vœux sur les
personnes qui sont proposées pour les remplacer s'il y a lieu
et pour sur l'avis du district être statué ce qu'il appartiendra.

A Tulle le huit juin 1792. — Signé : MALEPEYRE, vice-président; — CHAMBON, administrateur; — et USSEL, procureur général.

Renvoyé à la municipalité de Tulle qui communiquera la présente pétition aux administrateurs de l'hospice qui se conformeront aux renvoi du directoire du département et la municipalité fera ses observations pour ensuite être donné tel avis qu'il appartiendra. Au directoire du district le 8 juin 1792 an 4° de la liberté. — Signé : MONTBRIAL.

Soit communiqué aux administrateurs de l'hôpital qui feront leurs observations et joindront la démission des ci-devant sœurs pour être ensuite donné par la municipalité tel avis qu'il appartiendra. Tulle, deux juin 1792, l'an 4° de la liberté. — Signé : BÉRAL, officier municipal.

Le bureau de l'hôpital extraordinairement convoqué, après avoir pris en considération la pétition, l'arrêté du directoire du département ainsi que celui du district et de la municipalité observe qu'il ne lui a été remis aucune liste des personnes qui peuvent s'être présentées pour remplacer les ci-devant sœurs, ce qui ne permet pas au bureau de donner son avis sur les qualités et talents des sujets proposés, et il joint à sa réponse une expédition de l'acte de démission des ci-devant sœurs. Fait et délibéré à l'unanimité des voix au bureau de l'hôpital le 12 juin 1792, l'an 4° de la liberté. — Signé : BORDERIE; — VERNÉJOUX; — LACOMBE; — MOUGEIN; — RABANIDE, peintre; — SOLEILHET, administrateurs; — DUCHIER, trésorier.

Vu la présente pétition et le renvoi du département et du district, ensemble la démission des cy-devant sœurs et l'avis des administrateurs de l'hôpital, considérant que depuis la révolution, les ci-devant sœurs ne remplissent leurs devoirs qu'avec regret ou plutôt affectent de ne pas le remplir et ne cessent de prêcher par l'exemple, en haine de la Constitution, ce qui met le désordre dans l'hôpital et y occasionne le plus grand mal.

Les officiers municipaux ouï Béral, pour le procureur de la commune pensent qu'on doit s'empresser de recevoir la démission des ci-devant sœurs, et qu'il est urgent de les remplacer. En conséquence, ils présentent les demoiselles ROUSSARIE, aîné; — DUFAURE, cadette; — BASTID, aînée; —

Rouffie aînée, qui des sujets qui se sont présentés sont les plus propres à ce remplacement. Tulle, en la maison commune, le 24 juin 1792, l'an 4º de la liberté. — Signé : Tramond; — Rouillard; — Mariau; — Teyssier; — Eyrolles, officiers municipaux, et Béral, pour le procureur de la commune.

Le directoire considérant que l'intérêt public exige que l'administration intérieure de l'hôpital ne soit confiée qu'à des mains pures, à des personnes intelligentes, remplies de zèle, d'humanité et de patriotisme et que si les ci-devant sœurs de Nevers avaient quelques-unes de ces qualités, elles n'avaient point cette dernière et montraient au contraire de l'aversion pour la Constitution en ont par là mis le trouble et la discorde dans l'hôpital,

Arrêté ouï le procureur général syndic,

1º Que la municipalité de Tulle est autorisée à accepter la démission des ci-devant sœurs de Nevers nommées Tribié, supérieure, Pétronille Cabanet, Cécile Bazanet et Marthe Périer, qu'elles resteront cependant provisoirement en fonctions jusqu'au moment de l'installation des personnes qui doivent les remplacer;

2º Qu'elle est autorisée à installer en présence des administrateurs et dans le plus court délai les demoiselles Roussarie aîné, Dufaure la cadette, Bastid aînée et Rouffle aînée dans l'hôpital pour exercer les fonctions relatives à l'administration intérieure de l'hôpital avec les mêmes conditions et traitement des ci-devant sœurs sous la surveillance des administrateurs;

3º Qu'elle surveillera à ce que les ci-devant sœurs déposent entre les mains des dites demoiselles tout ce qui appartient à l'hôpital, dont il sera dressé un inventaire et qu'elles leur donnent toutes les instructions nécessaires à ce sujet;

4º Que préalablement à leur installation les dites demoiselles nommeront à la pluralité des voix, en présence d'officiers municipaux et au scrutin celle d'entre elles qui devra exercer les fonctions de supérieure pendant l'espace de deux années.

Signés : Malepeyre, vice-président; — Ouffaure; — Peyredieu; — Chassagnac; — Guillebeau, administrateur; — Ussel, procureur général syndic; — Sage, secrétaire général.

Les sœurs de la charité abandonnèrent le service à des laïques désignées par l'autorité municipale et nous retrouverons leur retour à l'hospice, en l'an IX, dans la troisième partie de ce récit.

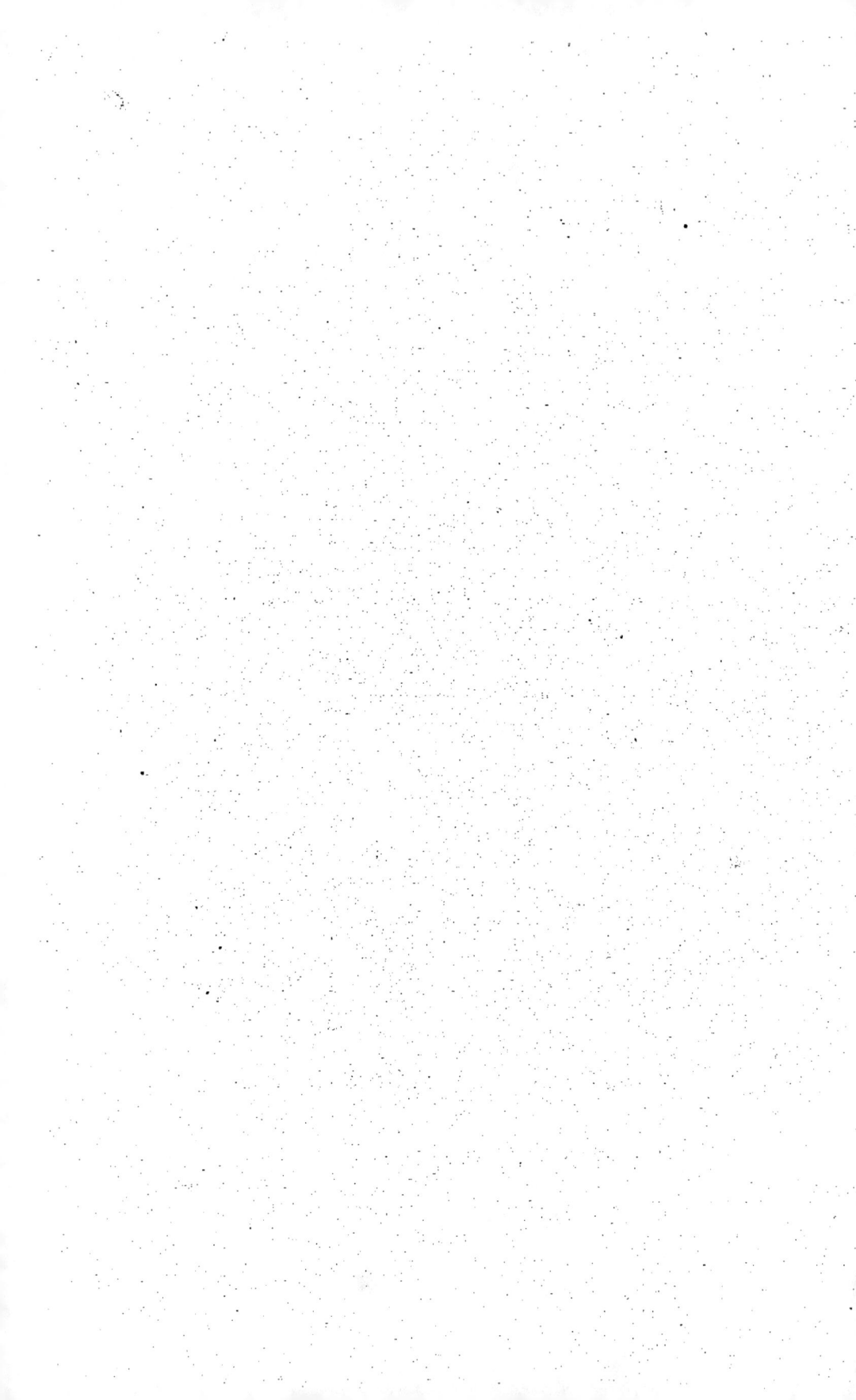

IIIᵉ PARTIE

—

HOSPICE DE TULLE

—

> Qui donne aux pauvres prête à
> Dieu. (*Dieu est toujours là.*)
> VICTOR HUGO.

Administration.

La Révolution de 1789, en supprimant les bénéfices, les rentes et dîmes du clergé séculier et des corps
religieux, porta une atteinte sérieuse aux revenus des
hôpitaux. Celui de Tulle en fut plus fortement accablé, car il perdit subitement les produits que lui at-
tribuaient les lettres patentes de 1670, tels que les
bénéfices de l'aumônerie de la cathédrale et les redevances de l'évêque s'élevant à plus de 12,000 livres.
Ses charges s'accrurent encore de l'obligation de nourrir les enfants exposés et, bientôt, sous la désignation
d'orphelins de la patrie, les fils de ceux qui mou-
raient sur les champs de bataille. Les militaires blessés
ou malades qui pouvaient revenir dans leurs foyers
étaient reçus à l'hospice.

L'agglomération était énorme : les dépenses excessives et les recettes presque nulles. Aussi l'hospice présentait le spectacle de la plus grande misère. L'administration hospitalière adressait des plaintes journalières à la municipalité et lui demandait des secours ; celle-ci, en les transmettant au directoire du département, insistait sur la nécessité de venir en aide aux malheureux ; le conseil départemental, à son tour, écrivait les missives les plus désolées au ministre de l'intérieur. Ce dernier faisait les promesses les plus solennelles, faisait ressortir le désir du gouvernement d'atténuer, autant que possible, toutes ces infortunes, promettait l'envoi de fonds qui n'arrivaient jamais, et la misère devenait chaque jour plus alarmante. Aussi fallait-il un grand courage et un désir fortement trempé de secourir les malheureux pour accepter les fonctions d'administrateurs. Les citoyens honorables qui les remplirent, en ces temps troublés, furent constamment à la hauteur de cette tâche difficile ; leur conduite fut toujours pure, loyale et généreuse : ils ne faillirent pas à leur mission et traversèrent, sans murmurer, les temps pénibles de cette époque.

Les premiers décrets de l'Assemblée nationale indiquent ses préoccupations pour améliorer cet état de dénument. Elle déclara que les hospices ne seraient pas assujettis au paiement de la contribution publique, que tous les grains saisis seraient versés dans ses greniers et elle confia aux administrations locales l'inspection et l'amélioration de leurs régimes et obligea les municipalités à pourvoir aux besoins de leurs hospices.

Le couvent de la Visitation, situé à Tulle, ayant été mis sous le sequestre national et les religieuses expulsées, on décida d'y établir l'hospice et d'abandonner les anciens bâtiments de l'hôpital général dont la vente pouvait fournir des ressources immédiates. Ce couvent situé dans une position élevée et saine, recevant les vents du nord et du midi, comprenant de vastes bâtiments avec un enclos considérable traversé par des cours d'eaux, se trouvait dans les conditions les plus favorables pour devenir le séjour des pauvres et des infirmes. Il sert encore aujourd'hui d'hospice pour la ville de Tulle. Son agencement est très convenable et a toujours été approuvé par l'administration militaire qui y renferme aussi ses malades.

Un moulin à deux meules, situé rue du Trech, et qui appartenait aux ci-devant visitandines fut vendu 3,500 livres au citoyen Pauquinot, sur l'estimation faite par Boudrie, arpenteur à Saint-Adrian (26 octobre 1790).

Un petit jardin tenant à l'église ayant une coupée et 1/2, mesure de Tulle, fut vendu 396 livres à Joseph Duchier, orfèvre à Tulle (14 prairial an IV).

Le 14 novembre 1790, le mobilier des sœurs de la Visitation fut vendu aux enchères publiques, moyennant 4,098 livres 16 sols 38 deniers, sous la surveillance des citoyens Lafeuillade et Darcambal, commissaire et secrétaire nommés à cet effet par le district. Le crieur public était *Grangeau, tambour.*

Les administrateurs achetèrent, au prix de 547 livres 17 sols, les rideaux d'autel et les tentures de l'église ainsi que les objets de piété pour l'ornementation de l'oratoire du nouvel hospice.

Les biens de l'ancien hôpital furent estimés, le 20 messidor an IV, par le citoyen Pierre Bardon, expert, moyennant 43,556 livres. Mais ils ne furent vendus aux enchères publiques que le 11 janvier 1808.

Le transport du mobilier de l'ancien hôpital au couvent de la Visitation coûta 472 livres 12 sols, et celui de 309 fagots 4 livres 7 sols 6 deniers.

Les valeurs immobilières dont disposait l'hospice à cette époque se composaient :

1° Du domaine de Vieillemarette, commune de Saint-Martial-de-Gimel, affermé au sieur Vialle, aubergiste, moyennant 81 sestiers de blé seigle, mesure de Tulle, le sestier pesant 55 livres, 120 livres espèces métalliques, 24 fromages et 15 livres de beurre;

2° Du domaine de Villieras, commune de Saint-Mexant, affermé au sieur Chaumeil, moyennant 500 livres en assignats valeur nominale, 30 sestiers de blé seigle, 10 sestiers de blé noir, 6 sacs de pommes de terre, 10 livres de beurre, 24 fromages de brebis, 200 œufs et 30 livres de chanvre;

3° D'un domaine situé à la Sanguinaire, commune de Saint-Hilaire-Foissac, affermé à Joseph Larbre, moyennant 64 sestiers de blé seigle, 200 livres espèces métalliques, 60 petits fromages, 15 livres de chanvre peigné;

4° Des terres et prés clôtures de l'ancien hôpital, situés au lieu des Malades, affermés au citoyen Darcambal, moyennant 390 livres et 6 quintaux de foin.

Une réduction de 100 livres fut accordée au preneur, en raison de la création de la grande route nationale qui traversait le pré dans toute sa largeur;

5° D'un four situé sur la section de la Barrière, affermé à Léonard Farges, moyennant 40 sestiers de blé seigle, mesure de Tulle;

6° Un corps de bâtiment et jardin situés sur la même section, affermé à Jean Vialle, aubergiste, 300 livres;

7° Un petit bâtiment situé sur la section de l'Unité, appelé le Ménoire, affermé à Jean Ratony, moyennant 24 sestiers de blé seigle, 2 sestiers de froment et 10 de blé noir. En résumé, l'hospice recevait en seigle ou froment 241 sestiers pesant 13,255 livres et 20 sestiers de sarrazin du poids de 960 livres.

Indépendamment de ces 261 sestiers, l'hospice touchait en argent :

1. Suites des fermes des biens ruraux estimées à la somme de.. 100 »

2. Même somme provenant du domaine situé commune de Saint-Hilaire.................... 100 »

A reporter.... 200 »

Report........	200	»

3. Même somme provenant du domaine situé commune de Saint-Martial.................... 100 »

4. Bâtiments anciens, prés et clôtures qui en dépendent...................................... 440 »

5. Produits des prés situés sous les murs de l'hospice actuel.............................. 160 »

6. Rente constituée due par la vᵉ Larode...... 100 »

7. Rente constituée due par Fénis Laprade.... 64 »

TOTAL.................	1,064	»

Dépenses annuelles sur le nombre de 150 pauvres.

1,200 sestiers de blé par an à 5 fr.............	6,000	»
90 cercles de bois à 17 fr. le cercle...........	1,530	»
24 sestiers d'huile de noix à 9 fr.............	216	»
Vieux oint 200 livres à 60 centimes la livre....	120	»
Viande de boucherie........................	6,750	»
Beurre, 100 livres à 50 centimes la livre......	50	»
Savon, 120 livres à 10 fr. la livre.............	120	»
Sel, 12 quintaux à 6........................	72	»
Cendres, pour la somme de..................	70	»
Apothicairerie..............................	1,200	»
Fagots pour le four, 2,000 à 15 centimes le fagot.	300	»
Paille, 100 quintaux à 1 fr. 25 le quintal......	125	»
Vin et menues dépenses.....................	600	»
TOTAL.................	17,153	»

Employés.

Trois directrices à 200 fr. par an chacune......	600	»
Officier de santé à 400 fr. par an.............	400	»
Agent à 600 fr. par an......................	600	»
Deux jardiniers à 100 fr. par an chacun.......	200	»
Filles de services 11 à 12 fr. par an chacune...	132	»
Un portier, un fournier, à chacun 18 fr. par an.	36	»
Frais de bureau............................	100	»
Réparation des bâtiments....................	1,000	»
TOTAL.................	20,221	»

Habillements, lingerie et paillasses.

Toile pour la lingerie, chemises, draps, mouchoirs, nappes, etc.	4,500	»
Etoffes pour habillement des pauvres, 50 aunes.	1,500	»
Pour les paillasses, 400 aunes	600	»
Dépenses imprévues	2,000	»
TOTAL	28,821	»

Tous ces objets, disaient les administrateurs, doivent être entièrement rétablis ; la lingerie n'existe plus ; les pauvres n'ont que de mauvais haillons pour se couvrir, et les paillasses sont pourries en très grande partie. Ils firent observer que la dette passive de l'hospice était de 19,502 francs, et que tout y manquait. Cette triste situation ne fit que s'aggraver encore, et, quelques années plus tard, l'administration n'ayant plus de ressources, vota un emprunt de 60,000 livres. Elle décida la vente de l'argenterie de la chapelle de l'hospice consistant en : 1° un calice et une patène en vermeil pesant 5 marcs 2 onces ; 2° un soleil pesant 1 marc 3 onces ; un plat avec sa burette en vermeil pesant 5 marcs 2 onces ; un calice en argent, et une patène du poids de 2 marcs 3 onces ; une custode du poids de 1 marc 6 onces ; un reliquaire pesant 1 marc 2 gros. — Au total de 17 marcs 2 gros.

L'administration centrale du département de la Corrèze approuva cette aliénation, attendu que la dépense excédait la recette de 200,897 livres 11 sols 6 deniers, sans y comprendre les comptes du boucher, du droguiste, du meunier, et le traitement des directrices, secrétaire et officier de santé. Le citoyen Lacour, agent de l'hospice, remit au citoyen Contrastin, officier public de la commune de Tulle, 47 titres d'obligations anciennes provenant de l'hôpital général avec ordre de poursuivre rigoureusement les débiteurs.

Comme il était nécessaire, avant tout, de subvenir

à la subsistance des pauvres, on s'adressa à plusieurs personnes de la ville qui donnèrent en nature les denrées suivantes : Brossard, 2 sestiers de blé noir ; Bournazel, id. ; Favières, 4 sestiers de blé noir ; Froment, 2 sestiers de blé noir ; Lacombe du Roussel, 2 sestiers de seigle ; Dumirat, 1 émine de seigle ; Duval, 1 sestier de seigle.

Les citoyens Mesnager, officier municipal, et Vialle, trésorier de l'hospice, furent délégués pour se rendre immédiatement dans les communes de Corrèze, Sarran, Vitrac, Saint-Hyppolyte et autres voisines pour acheter du blé en quantité suffisante pour l'alimentation de l'hospice.

Pour augmenter les ressources, on décida que le prix de la journée militaire serait fixé à 4 livres par jour pour 6 mois, et comme l'emprunt de 60,000 livres déjà voté était insuffisant on en vota un second de 150,000 livres, qui serait fait sous la garantie solidaire de tous les membres de l'administration. Cet engagement prouve le désintéressement des membres du conseil et leur désir de concourir au soulagement de la misère publique. Ils écrivirent à cet effet, la lettre suivante au sieur Brossard :

Citoyen Brossard, nous t'invitons d'acheter à Bordeaux ou ailleurs des farines ou du riz jusqu'à concurrence de 5 à 6,000 livres pour la consommation de l'hospice de charité de Tulle. Nous te garantissons personnellement et solidairement le remboursement des avances que tu voudras bien faire. — Salut et fraternité.

Pareille lettre fut adressée au citoyen Régis :

Citoyen, l'administration de l'hospice, toujours pressée par le plus grand besoin de subsistance pour alimenter les pauvres qui sont confiés à ses soins, vient d'ouvrir encore un nouvel emprunt de 60,000 livres, bien convaincue de ton amour pour tes semblables, elle s'adresse à toi pour t'inviter à prêter à cette administration une somme de 20,000 livres qui, jointe à celle de 60,000 que tu lui as comptée, forme celle de 80,000 livres qu'on sera exact à te remettre sur les premiers fonds qui lui arriveront. — Salut et fraternité.

Malgré tous ces agissements, les ressources de l'hospice étaient vite épuisées et les administrateurs exposèrent que sa dissolution était prochaine si le Corps législatif et le département ne venaient pas à son secours. Ce dernier possédait un grenier d'approvisionnement dans lequel on puisait souvent et où on trouvait des denrées vite épuisées et qu'on était obligé de rendre. Le trésorier était en avance d'une somme de 2,000 livres au moins, il offrit néanmoins de faire face aux dépenses de ses propres fonds, pendant trois mois. On l'autorisa à emprunter jusqu'à concurrence de 500 livres et on réitéra auprès des députés les instances déjà faites. pour obtenir des secours. Ceux de la Corrèze furent chargés de remettre à cet effet une pétition au gouvernement. Ce dernier, de temps à autre, envoyait quelques fonds, mais dans des proportions si minimes que la misère publique y trouvait une satisfaction insuffisante.

La situation était si critique que le conseil général se réunit au corps municipal et à la commission administrative pour délibérer sur les affaires concernant l'hospice. On prit la décision suivante :

Le citoyen Brossard, secrétaire général du département, est autorisé à donner sur les fonds qu'il a en mains provenant de l'échange des billets de confiance, la somme de 18.000 livres à la charge par l'administration de l'hospice de rembourser cette somme aussitôt qu'elle le pourra.

Quelques années plus tard, la misère était encore plus grande, et le 5 frimaire an V on demanda des secours immédiats au citoyen ministre de l'intérieur. On lui fit remarquer que les ressources de l'hospice avaient diminué de 10,412 livres 16 sols 3 deniers, et que ses charges avaient augmenté, l'entretien des enfants trouvés étant à sa charge, tandis qu'autrefois ce service concernait l'évêque. D'un autre côté, on admettait à l'hospice tous les individus du district, tels que vieillards infirmes, fous, orphelins, filles et femmes enceintes. Cette supplique, suivie de plus pressantes encore, resta sans réponse. Alors la municipalité, représentée par les citoyens Laborderie, Rigolle, Chastang et Béral, décida le renvoi de tous les mendiants ayant des hospices dans leurs communes. Quant aux enfants abandonnés, on décida leur transport à l'hospice. Les gardiennes étrangères recevaient par mois 4 livres ; les filles nourrissant leurs enfants 40 sols ; les femmes mariées dont les enfants étaient inscrits sur le registre des orphelins de la patrie ne recevaient aucun secours, mais il était attribué 4 livres par mois à celles dont les maris étaient morts *au champ d'honneur de la République*.

Le conseil départemental décida que les communes qui pouvaient porter à l'hospice de Tulle les enfants abandonnés étaient Tulle, Chameyrat, Clergoux, Corrèze, Egletons, Lapleau, Sainte-Fortunade et Seilhac. (Décision signée par *Roche, Ouffaure, Chauffour, Chirac, Berthelmy, Teyssier.*)

Enfin, le 13 pluviôse an V, le citoyen ministre de l'intérieur envoya un secours de 2,500 fr. On en accusa la réception en faisant valoir que cette somme était bien insuffisante.

Le 14 prairial an VII, on fixa le prix de nourriture des enfants en nourrice à 6 livres par mois pour ceux de un an à trois ans ; à 8 livres par mois pour ceux de quatre ans à sept ans ; à 6 livres pour ceux de huit et de neuf ans ; à 4 livres pour ceux de dix ans ; à 3 livres pour la onzième année, et à 2 livres pour ceux de douze ans. L'impossibilité dans laquelle on se trouvait de pouvoir les payer suscitait des plaintes réitérées, et les nourrices menaçaient de rapporter leurs nourrissons. On tâcha de calmer ces plaintes et menaces en leur payant un à-compte en grains.

Sur la demande du ministre de l'intérieur, on lui fit connaître les revenus et les charges de l'hospice :

Les revenus s'élevaient à........... 2,135 »
Et les dépenses, à................ 26,000 »

Partant il y avait un déficit de....... 23,865 »
En outre, le service des enfants abandonnés coûtaient.................... 12,000 »

Total général du déficit....... 35,865 »

Nous espérons, citoyen, disent les administrateurs, que connaissant parfaitement nos besoins vous ne voudrez pas que cet établissement ne languisse plus dans l'état de détresse où il est plongé depuis longtemps. — Salut et fraternité.

Chacune des lettres adressées renferme les mêmes plaintes et révèle les besoins les plus pressants :

1ᵉ Lettre. — La triste situation qu'éprouve cet hospice commande impérieusement l'économie la plus stricte, accablé de dettes, dénué de tous les approvisionnements nécessaires à la vie, les pauvres à la veille d'être exposés aux horreurs de la nudité, nous voyons chaque jour s'augmenter le nombre de ceux qui viennent y chercher un asile contre la misère, mais nous ne voyons pas augmenter les revenus.

2ᵃ Lettre. — La misère la plus affreuse se fait sentir dans une classe d'infortunés qui, victimes de l'imoralité des leurs parents ont été deux abandonnés des qu'ils ont vu le jour. La plus parts d'entrés eux onts été confiés à des gardiennes étrangères tandis que les autres sont demeurés aux soins de leur mère abandonnés de leur séducteur ou donts les maris sont allés aux armées pour deffendre nos frontières. Les unes et les autres sont aujourd'huy dans la misère. Le gouvernement ne leur a fait jusqu'aujourd'huy que des payements illusoires, les gardiennes etrangeres nous disents chaque jour que si vous ne payés leurs salaires elles vont porter dans nos bureaux les enfants qui leur ont été confiés, les meres que la misère reduits au désespoir nous annoncent que leurs seins décéssée refusent la nourriture aux malheureuses victimes de leur amour ou de leur séduction, toutes enfin réclament les secours qui leurs ont été promis par les lois.

3° *Lettre.* — Le tableau de l'indigence qui nous accable a été fidelement mis sous vos yeux que nous ne balançons pas de solliciter de vostre justice une nouvelle avance de grains. Les malheureux employés aux services de l'hospice soupirent après leurs gages arriérés depuis deux ans au moins ; les indigents sont menacés d'une nudité prochaine et l'hospice est à la veille de se trouver dépourvu de linge, comme il est de tout le nécessaire.

4° *Lettre.* — Citoyen ministre, où trouverons-nous des expressions assez convaincantes pour fixer votre attention sur la crise qu'éprouve notre hospice pour le besoin pressant qui l'accable. Sans aucune sorte d'approvisionnements, même des comestibles les plus nécessaires à la vie, sans linge, dépourvu de secours pour s'en procurer notre hospice a épuisé tout son crédit. Nos administrés commencent à être atteints des horreurs de la nudité et nous sommes malheureusement dépourvus de toute ressource pour parer à ce fléau.....

5° *Lettre.* — Nous voyons tous les jours arriver les gardiennes étrangères à l'hospice portant entre leurs bras les enfants abandonnés que nous leur avions confiés et réclamant le prix des mois, mais le défaut de fonds fait que nous ne pouvons pas satisfaire ces nourrices qui déposent dans la salle leurs nourrissons et nous avons la douleur de voir les orphelins privés des aliments que leur âge réclame, privation qui nécessitera ou la mort de ces malheureux ou un mauvais tempérament. Venez à notre secours, exemptez-nous d'être témoins de la mort de ces enfants à qui la république doit le salut.....

6° *Lettre.* — Citoyen ministre, vous verrez par cet état la situation de cet hospice qui depuis six mois n'a été alimenté que par le moyen des emprunts. Nous n'avons cessé de réclamer auprès de vous des secours et nos demandes ont toujours été infructueuses et nos lettres sans réponse. Nous vous invitons à venir à notre secours, car nous n'avons aucun moyen

pour acheter des grains, du bois, du linge, objets de première
nécessité et nous avons la douleur de voir nos malheureux
administrés dans le plus affreux dénument.....

7° *Lettre.* — Nous voyons avec douleur que les enfants, les
infirmes, les vieillards sont sans vêtements et sans linge et que
les objets de la plus urgente nécessité manquent dans une
maison où la faim doit trouver des aliments et l'infirmité les
soulagements les plus doux..... mais non, citoyen ministre,
nos réclamations ne seront pas vaines, votre cœur compatis-
sant sera sensible à notre situation et vous nous accorderez
tous les secours que votre humanité vous suggèrera. — Salut
et respect.

8° *Lettre.* — ..... Nous n'avons pour toute ressource que
quarante quintaux de farine qui nous donneront à peine du
pain pour vingt jours. D'ailleurs nous n'avons plus de bois, ni
d'huile, ni aucune des petites provisions nécessaires pour une
maison aussi considérable. Le linge, les vêtements manquent,
enfin nous sommes dans un dénument total. Nous n'avons
aucun moyen pour payer les nourrices qui réclament un salaire bien juste.

9° *Lettre.* — Citoyen ministre, le treize de ce mois nous
vous avons présenté le tableau affligeant de la situation de
cet établissement. Nos moyens d'existence vont finir et nous
ne recevons ni réponse ni secours. Que vont devenir les
malheureux qui sont confiés à nos soins encore quelques jours
et nous allons les voir exposés à la misère la plus affreuse et
au désespoir. La Constitution leur garantit des secours et ils
périront de faim. — Salut et fraternité.

Le 12 floréal an VI la municipalité, voulant se
rendre compte de la situation de l'hospice, fit visiter
l'établissement par deux délégués qui rédigèrent le
procès-verbal dont la teneur suit :

Nous Jean Martin Pauphile et François Quercy administrateurs municipaux de la commune de Tulle, nommés par
arrêté de l'administration municipale, en date de ce jour,
pour faire état et procès-verbal des provisions qui se trouvent

dans ce moment à l'hospice de Tulle, nous sommes transportés au dit hospice où nous avons trouvé les citoyens Villeneuve, Peuch, Pauphile et Vialle, administrateurs du dit hospice, lesquels nous ont représenté qu'ils voient avec la plus amère douleur que l'établissement précieux dont nous leur avons confié l'administration est sur le point de manquer absolument de toute espèce de subsistance, que non seulement il n'existait entre les mains de leur trésorier aucun fonds disponible, mais que même ils n'avaient plus aucune provision, qu'en conséquence leur responsabilité personnelle et le désir de faire connaître au gouvernement la véritable situation des malheureux que l'hospice renferme, ils ont cru devoir inviter l'admi_nistration municipale à constater l'état effrayant de misère où se trouve cet établissement ; en conséquence, ils nous ont conduit d'abord dans un grenier où ils nous ont montré un tas de blé froment que nous croyons être d'environ quinze sestiers, mesure du pays (9 quintaux) plus un sestier de blé seigle (55 livres). De là ils nous ont conduit dans un autre grenier où ils nous ont montré un autre tas de blé seigle d'environ trente sestiers (15 quintaux). Dans ce grenier il n'existe aucune autre espèce de grains outre que ceux spécifiés ci-dessus ni aucune sorte de légumes secs. De là ils nous ont conduit dans une chambre où nous avons trouvé 57 pains de seigle, de là, dans la boulangerie où il y en avait 21, chaque pain d'environ 16 livres. Dans la même boulangerie ou dans une chambre à côté il y a environ cinquante sestiers seigle réduit en farine. De là les administrateurs nous ont conduit au bucher où ils nous ont fait remarquer qu'il existait du bois pour un jour tout au plus et environ une centaine de fagots pour le four, de là dans la cave où nous n'avons trouvé ni vin, ni bierre, ni cidre ni vinaigre. De là dans la lingerie où nous n'avons trouvé que de mauvais drapeaux entièrement usés. Les directrices nous ont observé que tout le linge de l'hospice consiste en cent soixante draps de lit, quatre cent cinquante chemises pour hommes ou pour femmes ; deux cent trente-cinq coëffes, le tout très usé et qu'il n'existait d'ailleurs aucun mouchoir ni de poche ni de cols qu'elles sont obligées de remplacer par des lambeaux de nappes ou serviettes.

Enfin nous avons été conduits dans l'office et dans les dépendances où nous n'avons trouvé ni beurre, ni œufs, ni lard ni huile d'aucune espèce ni aucune autre espèce de comestible, ni sel ni poivre ni enfin rien de ce qui est indispensablement nécessaire aux usages communs de la vie. Enfin les administrateurs nous ont observé que le boucher et le droguiste ayant déjà fait des avances considérables refusent toute nouvelle fourniture.

Ce procès-verbal reproduisait dans toute sa triste vérité la position désespérée de l'hospice. Le ministre, cependant, restait sourd et les secours n'arrivaient pas.

10° Lettre. — Citoyen ministre, nous vous adressons le tableau de la recette et de la dépense pendant le dernier trimestre de l'an VI, ce sera vraisemblablement le dernier que nous pourrons vous faire parvenir, car enfin, ce moment est venu où privé de toute espèce de ressources et entièrement abandonnés par le gouvernement nous sommes obligés d'annoncer aux malheureux qui nous entourent qu'il n'existe plus aucune espèce de secours pour eux.

11° Lettre. — ..... Nous venons de faire mettre au four le dernier grain qui nous restait. Ce pain consommé, nous n'avons plus aucune ressource.....

Le ministre de l'intérieur lui répondit :

Citoyens, au milieu des travaux immenses d'une régénération glorieuse et mémorable, le directoire exécutif a constamment fixé son attention sur les hôpitaux civils, il a fait à leur égard tout ce que les circonstances ont permis..... Je m'applaudirais, citoyens, d'avoir commencé l'année par une correspondance relative aux individus malheureux et souffrants, ne les perdons jamais de vue.

Les administrateurs auraient dû lui adresser les vers si sensés du bon fabuliste :

Eh ! ministre, tire-nous du danger,
Tu feras après ta harangue.

Ils continuèrent à lui faire connaître les tableaux désolants de l'état de pénurie où se trouvait l'hospice.

12° Lettre. — Citoyen ministre, nos lettres se succèdent et se pressent. Vous aurez à peine lu celle que nous vous avons écrite il y a peu de jours, que celle-ci vous parvient déjà. Il est impossible de garder le silence dans la situation désespérante où nous sommes. Loin de nous, citoyen ministre, tout ce qui pourrait sentir l'exagération ou blesser la vérité. Nous serions bien coupables d'exciter votre sensibilité par des plaintes sans fondements, mais aussi nous serions bien insouciants et bien indignes de nos places si nous ne parlions point avec toute l'énergie du sentiment, quand les maux de l'hospice de Tulle sont à leurs combles, quand nous n'avons ni ressources ni crédit, quand tous les payements pour les enfants de la patrie sont très arriérés et que les quatre mille francs annoncés depuis un mois et demi n'arrivent pas, enfin quand cette malheureuse maison n'est séparée que par un point presque imperceptible d'une absolue et désolante disette, que ferons-nous, quel parti prendrons-nous, tracez-nous vous-même la la marche que nous devons suivre, consolez-nous par une lettre.

Le secours promis de 4,000 fr. n'arrivait pas et ce retard motivait une nouvelle missive plus désolante encore que les précédentes :

13° Lettre. — Citoyen ministre, la franchise avec laquelle nous allons vous parler fait l'éloge de vos sentiments et de vos vertus républicaines. Si nous comptions moins sur vous, nous épancherions notre âme avec moins de confiance. Est-il possible, citoyen ministre, que vous soyez constamment sourd à nos demandes. Nous sommes sûrs d'avoir ému votre sensibilité. Nous avons fait dans plusieurs lettres la peinture la plus vraie et la plus touchante des besoins de l'hospice de Tulle, et nous n'avons pas seulement reçu une réponse. Mais la trésorerie nationale a répondu et nous pouvons dire que sa lettre du 19 ventôse nous a consternés. Nous apprenons que nous pouvons regarder comme non avenue votre lettre d'avis pour les quatre mille francs destinés aux enfants de la patrie, en attendant que vous fassiez d'autres dispositions pour l'objet que nous réclamons ; et sont bien tardives, citoyen ministre, ces nouvelles dispositions. Les nourrices abandonnent ces malheureux enfants ; plusieurs sont morts faute de nourriture. Ils ont été confiés à des femmes qui en alaitent trois ou quatre. Ces faits qui déchirent l'âme sont sous nos yeux, et on n'ose croire qu'ils aient existé. Ah ! si ce faible secours fut arrivé, nous n'aurions pas à gémir sur ces affreux événements. Si quelque faible secours était parvenu aux pauvres de l'hospice, nous ne renverrions pas aujourd'hui insensiblement, presque indistinctement, ces infortunés qui se désolent, nous n'offririons pas à nos concitoyens un spectacle qui arrache les larmes : Nous vous l'avions dit, citoyen ministre, que nous étions dans une pénurie totale et dans un dénument le plus complet et le plus universel, nous avons dit la vérité. Vous ne nous avez pas fait sans doute, l'injustice de penser que nous avions voulu tromper votre sagesse, vous n'avez rien cru et vous ne nous avez ni consolés ni secourus. Ce principal établissement, cet asile de l'humanité s'anéantira donc à notre vue et sous notre administration ; notre conduite est justifiée, nous avons tout employé pour éloigner ce malheur quelques instants une décade au plus pour consommer la chûte de l'hospice de Tulle. Nous vous en conjurons, citoyen ministre, au nom de ce qu'il y a de plus sacré, empêchez cette chûte, secourez sans délai les pauvres femmes, les enfants de la patrie ; nous le disons avec assurance, il n'est aucun hospice dans la république qui soit dans une désolation aussi déchirante. Toute notre espérance est en vos vertus.

Lettre au Maire de Tulle. — Il y a déjà plus de huit mois, citoyen, que nous luttons contre tous les besoins, mais ils deviennent de jour en jour plus pressants et nous sommes arrivés à une pénurie qui nous pénètre de la plus vive douleur. Nous avons employé tous les moyens, pris toutes les mesures pour empêcher tous les événements malheureux qui menacent les pauvres, toutes les ressources étant épuisées.

C'est une vérité bien alarmante celle que nous vous annonçons : nous n'avons de pain que pour trois ou quatre jours. Les détails sur les autres denrées sont aussi alarmants. Nous avons ému votre sensibilité, nous vous invitons avec instance, au nom de l'humanité à nous faire part des moyens que vous croyez les plus propres à éloigner le malheur que nous prévoyons si nous ne sommes promptement secourus. Le plus petit délai serait un désastre.

En donnant le tableau désolant de l'état de misère dans lequel était plongé, à cette époque, l'hospice de Tulle nous avons voulu justifier les éloges donnés plus haut aux citoyens qui acceptèrent la pénible mission d'administrer cet établissement.

Cette situation désastreuse existait encore en l'an VII, époque à laquelle M. de Verneuil de Puyraseau fut nommé préfet de la Corrèze. Cet honorable fonctionnaire s'exprime ainsi dans ses mémoires : « Combien je passais de mauvaises nuits en songeant à l'extrême détresse de tous les services : étapes, convois militaires, hôpitaux, nourissage d'enfants abandonnés, tout était dans l'état le plus affligeant ; je crois entendre encore les plaintes des nourrices de ces malheureux enfants, lorsqu'à la fin de chaque mois elles venaient m'obséder pour toucher un faible compte sur leur salaire. L'état de situation des hospices du département offrait une dette considérable, soit pour les enfants abandonnés, soit pour le service intérieur. »

Voici un aperçu des dépenses occasionnées pour l'entretien des orphelins des défenseurs de la patrie :

An V, de pluviôse à prairial an VI..........	15,952 l. 2 s.
An VI, huit mois...........................	9,064 8
An VII, trimestre de messidor, 231 enfants...	4,148 10
— trimestre de nivôse, 223 enfants.....	3,761 85
— trimestre de germinal...............	3,871 86
— trimestre de vendémiaire.............	4,233

An VIII, trimestre de nivôse, 234 enfants....   3,602 10
  —   trimestre de vendémiaire, 234 enfants.   3,507 10
  —   trimestre de messidor.............   3,550 79
  —   trimestre de germinal.............   3,415 76
An IX, trimestre de nivôse, 258 enfants.....   3,414 75
  —   trimestre de messidor.............   2,222 30
  —   trimestre de germinal.............   1,960 50
  —   trimestre de vendémiaire..........   3,288 33
An X, trimestre de germinal...............   4,459

La nourriture et l'entretien des orphelins des défenseurs de la patrie s'élevaient donc chaque année de 15 à 20,000 fr., sans compter les enfants exposés. L'hospice était, en outre, encombré par les militaires, blessés ou malades. Le ministre de la guerre promettait bien de payer pour ces derniers, mais les promesses se faisaient longtemps attendre et furent complétement illusoires dans le principe.

Ainsi, en l'an V, on compte 1,606 journées de militaires ;
En l'an VI, 1,622 ;
En l'an VII, 2,092 ;
En l'an VIII, 1,407 ;
En l'an IX, 394 ;
En l'an X, 1,496 ;
En l'an XI, 1,047.

On ne peut établir la situation pour les années antérieures, mais il est à présumer qu'elles devaient présenter un chiffre supérieur à celui indiqué ci-dessus.

L'examen des livres de recettes et dépenses fournit les renseignements suivants :

1792. — Payé au citoyen Guat, horloger, pour avoir décrassé l'horloge, 10 livres ; payé à la citoyenne Paty, directrice de l'hospice, pour quatre mois et vingt-un jours de traitement, 19 livres 15 sols.

Chaque dimanche, une quête était faite à la porte de l'église cathédrale ; elle produisit :

Pour décembre 1792.......	19 l.	11 s.	98 d.
— janvier 1793..........	11	5	3
— février id.	38	2	3
— mars id.	50	14	6
— avril id.	14	6	63
— mai id.	9	17	9
— juin id.	17	18	35

A partir de ce mois, les églises furent fermées et, par conséquent, les quêtes interrompues.

1793. — On paye au citoyen Machat pour cent vingt barbes, 6 livres ; au citoyen Moussours (Bernard), garde, 30 livres par mois ; au citoyen Daumard (Pierre), portier, 30 livres par mois ; 120 livres à un pauvre qui est resté quinze mois à l'hospice, *pour aller prendre les bins du Mondor;* on donna 400 livres à la citoyenne Margueritte Dorbon *pour alé prendre des remèdes, a savoir, les bains, dans le mar des vendanges.*

Jusqu'au 10 octobre 1793, les dépenses, à partir du 1er janvier de cette année, étaient de 45,153 livres 10 sols 6 deniers ; du 10 octobre 1793 jusqu'au 9 brumaire an III, elles furent de 32,801 livres 2 sols 6 deniers.

Le 25 octobre 1793, on vendit vingt-cinq arbres noyers du pré de l'hôpital 320 livres.

Les frais de séjour pour les malades payants étaient fixés à 3 livres par jour ; les gages du portier étaient de 2 livres par mois ; ceux des médecins, de 800 livres par an ; ceux des domestiques, de 6 livres par mois.

An III. — Les dépenses, 10 brumaire an IX, floréal an III, montent à 50,071 livres 4 sols 6 deniers ; la viande coûtait 50 sols la livre ; un cercle de bois, 125 livres ; le blé, 55 livres le sestier. En floréal an III, une journée de manœuvre, 12 livres ; le blé,

118 livres le sestier; la paille, 18 livres le quintal ; la viande, 3 livres la livre; un cercle de bois, 200 livres. En prairial an III, le blé, 350 livres le sestier; le pain blanc, 6 livres la livre; payé aux portefaix qui avaient porté huit cercles de bois, 320 livres; la viande coûtait 4 livres 10 sols la livre.

A cette époque, les administrateurs arrêtent la situation financière de l'hospice et constatent qu'il était dû à divers : 71,335 livres 1 sol 6 deniers. Toutes ces dettes étaient relatives à des achats de denrées alimentaires, blé et viande : aucune dépense n'avait été faite pour réparation, entretien du linge ou du mobilier. Les traitements n'avaient pas été payés.

Cette situation était reconnue exacte par les citoyens *Duval*, maire ; *Chirac*, procureur de la commune ; *Lamore*, officier municipal.

Dépenses de l'an III, 3ᵉ jour complémentaire. — Blé, le sestier, 1,500 l. ; le tabac, 200 l. la livre ; une paire de souliers, 150 l. ; deux journées de cheval, 80 l. ; riz, la livre, 15 l. ; viande, la livre, 35 l. ; pomme de terre, le sac, 150 l. ; blé noir, le sestier, 650 l. ; repassage d'un couteau, 25 l. ; sel, la livre, 15 l. ; froment, le sestier, 1,900 l. ; Grangeau, tambour, pour avoir annoncé la ferme du moulin, 60 l. ; une hache 1,400 l. ; fromage, la livre, 100 l. ; étoffe du pays, l'aune, 666 l. 13 s. 4 d.

L'hospice, à cette époque, vendit deux taureaux 2,500 l. ; le foin, 60 l. le quintal ; quatre cochons, 10,000 l. ; vingt-quatre *tourtades* de son, 1,070 l.

A cette époque, les administrateurs viennent au secours de l'hospice et lui donnent : Pineaud, 4,000 l. ; Barry, 3,000 l. ; Mesnager, 6,000 l. ; Leyx, 1,500 l.

An IV. — Trimestre de ventôse :

Recettes......................	218,217 l. 08
Dépenses.....................	269,506 10
Déficit............	71,889 02

Et tous les traitements étaient dûs depuis long-temps. Il y avait en ce moment à l'hospice 49 hommes, 54 femmes, 57 enfants.

Trimestre de messidor : Recettes. 1,471 l. 12 s. 6 d.

—   Dépenses. 1,420 l. » »

                   Avances..   51 l. 12 s. 6 d.

Il était dû : 231,158 l. 05 s.

L'hospice renfermait 37 hommes, 53 femmes, 51 enfants.

Pendant le trimestre de nivôse, il y avait : 58 hommes, 57 femmes et 57 enfants.

Le 1er germinal an IV, on vendit les objets en or et en argent de l'hospice et de l'église, moyennant 816 livres 3 sols, payables en blé. Une quête générale faite dans la ville produisit seulement 240 fr. 10 en numéraire.

A cette époque, on paya : cent vingt clous, 500 l. ; la morue, 100 livres la livre ; seize journées de charpentier, 2,400 livres ; une main de papier timbré, 250 livres.

An V. — On recommence à payer en numéraire et les comptes sont arrêtés chaque mois par les citoyens municipaux, Laborderie, Galand, Tramond, Malpeuch, Froment, et sont à peu près balancés.

Ainsi, les recettes du mois de février sont de.......................... 670 l. 18 s.

et les dépenses..................... 548 09

Les recettes du trimestre de nivôse sont de............................ 2,441 »

et les dépenses de................. 2,450 »

Celles du trimestre de germinal sont de.......... .... 3,059 15

et les dépenses de................. 2,571 »

Celles du trimestre de messidor sont de.......................... 2,645 »

et les dépenses de........ .... 2,506 »

On peut citer parmi les dépenses faites : salaire du citoyen Daumard, portier, 24 sols par mois ; un accouchement, 3 livres ; salaire du citoyen Delbos, maître d'école de l'hospice, 1 livre 10 sols.

An VI. — Recettes du trimestre de vendémiaire.................... 2,548 l. » s.
Dépenses. .... 2,411 »
Recettes du trimestre de messidor. 3,550 3
Dépenses. 4,193 7
Recettes du trimestre de floréal... 13,448 95
Dépenses.................... 13,379 85

Il y avait à l'hospice 50 hommes, 61 femmes, 62 enfants.

On remarque parmi les dépenses : le citoyen Roux, barbier, 5 livres par mois ; port d'une lettre de Paris, 1 l. 2 s.

An VII. — Recettes du trimestre de messidor........................ 1,742 l. 20 s.
Dépenses. 1,837 19

Il y avait à l'hospice, 30 hommes, 60 femmes, 47 enfants.

Recettes du trimestre de germinal... 3,960 l. 55 s.
Dépenses.................... 4,162 66

Il y avait à l'hospice, 27 hommes, 56 femmes, 49 enfants.

Recettes du trimestre de nivôse..... 1,432 l. 15 s.
Dépenses.................... 1,385 8

Il y avait à l'hospice 32 hommes, 73 femmes, 6 enfants.

Recettes du trimestre de vendémiaire 2,631 l. 17 s.
Dépenses.................... 2,907 »

Il y avait à l'hospice 56 hommes, 82 femmes, 80 enfants,

An VIII. — Pendant cette période, les recettes et les dépenses suivent la même proportion. Une quête faite dans la ville produisit 428 fr., versés à la caisse du receveur de l'hospice par Teyssier, secrétaire de la municipalité.

An IX. — Même observation : la municipalité commença à prélever sur son octroi une somme importante pour faire face aux dépenses de l'hospice : 12,000 fr. par an. Le 28 fructidor, des artistes donnèrent au profit de l'hospice une représentation qui produisit 69 fr. Le maire de la ville en donna avis aux administrateurs, en ces termes :

Citoyens, j'ai prévenu les artistes dramatiques que le citoyen Lacour votre agent assistera à la distribution des billets pour la représentation qu'ils donnent ce jour au profit de l'hospice. Je vous prie d'engager le citoyen Lacour à s'y trouver avant trois heures de l'après-midi et d'avoir soin de bien surveiller cette distribution. J'ai l'honneur de vous saluer. — Signé : Duval.

Les amendes de simple police étaient versées à la caisse de l'hospice par la régie de l'enregistrement.

An X. — L'hospice renfermait pendant le trimestre de germinal 55 hommes, 55 femmes et 57 enfants.

Les dépenses de l'administration de l'établissement étaient affectées à :

1° Trois sœurs de charité, recevant chacune 120 fr. par an, et nourries;

2° Soleilhet, médecin, 300 fr. par an;

3° Rigolle, officier de santé, 300 fr. id.;

4° Manchier, trésorier secrétaire, 300 fr. id.;

5° Champeau, jardinier, 100 fr. id.;

6° Bernard, fournier, 18 fr. id.;

7° Delbos, portier, 18 fr. id.;

8° Dix filles de service, à chacune 12 fr. id.

Prix des denrées à cette époque : le froment, 17 fr.
le quintal ; le seigle, 10 fr. le quintal ; le fagot,
15 centimes ; le beurre, 70 centimes la livre ; le bœuf,
5 sols la livre ; le vin, 1 fr. la pinte ; le bois, 17 fr. le
cercle ; la chandelle, 70 centimes la livre ; le sel,
7 centimes 1/2 la livre ; le fromage, 45 fr. le quintal.

An XI. — Le riz coûtait 60 centimes la livre ; le
tabac 1 fr. 80 la livre.

An XII. — Les dépenses sont augmentées de l'adjonction d'une sœur de plus et d'un aumônier auquel
on payait 400 fr. Les onze filles de service sont réduites à six et on nomma deux infirmiers. Le nombre des enfants exposés variait de 300 à 320.

1806 à 1818. — Les comptes régulièrement tenus
par le trésorier Manchier sont arrêtés chaque mois par
un des administrateurs. Grâce aux sommes versées
par la mairie sur les produits de son octroi, il est possible de subvenir aux dépenses de l'hospice.

On remarque les dépenses et recettes ci-après :

Payé par accouchement, 3 fr. ; droits de sortie des
pauvres (enterrements), 30 fr. ; port d'une lettre de
Paris, 70 centimes ; gage d'un prisonnier prussien,
pour être infirmier, 6 sols par jour ; gage d'un prisonnier espagnol, le sieur Belascloque, pour être interprète, 50 centimes par jour ; reçu du directeur du
cabinet impérial pour droit de spectacle, 12 fr. ; pour
descendre les lys des girouettes de l'hospice, 6 fr. ;
une jambe de bois avec sa fourniture, 10 fr. 50 ;
reçu de M. Lamberty, directeur du spectacle de la
fantasmagorie, pour six représentations, 15 fr. ; reçu
d'une troupe de voltigeurs de corde pour le dixième
de deux représentations, 7 fr. ; reçu d'une société
d'artistes pour six représentations données dans les
foires de la Saint-Clair, pour le dixième revenant à
l'hospice, 64 fr. ; reçu d'une société de comédiens,

40 fr.; reçu de Françoise Saugon, 6 livres, montant d'une amende prononcée pour avoir laissé divaguer des cochons; payé 30 centimes par jour à un sergent autrichien pour servir d'interprète.

Militaires entrés à l'hospice, en 1811, 225; en 1812, 194; en 1813, 385.

Le 7 frimaire an VII, l'hospice ne peut payer un compte de 24 livres présenté par le sieur Ventéjol, chaudronnier. Ses seules ressources sont bornées aux prix de ferme de certains biens, mal payés, et le trésorier est invité à poursuivre sévèrement les débiteurs. Le 14 du même mois, les prés-clôtures, terres et bois de l'ancien hôpital sont mis en vente aux enchères et adjugés au citoyen Lacombe, géomètre à Tulle, au prix de 240 livres. Les divers employés de l'établissement réclament leur traitement qu'il est impossible de solder. On donna aux deux boulangères, 20 sols; au fournier, 30 sols; à la cuisinière, 20 sols; aux deux gardiennes d'enfants, 20 sols; aux quatre infirmiers, à chacun 20 sols; au portier, 30 sols; aux deux *rapiaceuses*, 20 sols; à l'institutrice, 30 sols; aux directrices, à chacune 26 livres.

Cette situation désastreuse portait le découragement dans tout le personnel dont le service laissait beaucoup à désirer. Les salles étaient malpropres, non balayées et l'air insuffisamment renouvelé, ce qui engendrait des maladies contagieuses et augmentait la mortalité dans de tristes proportions. Le bureau décida que deux pauvres seraient désignés, chaque jour, pour faire le service de balayage avec le plus grand soin. En cas d'inexactitude, ils seraient punis de privation d'un repas et passibles de mesures plus sévères, en cas de récidive.

Le 20 floréal an VI, il fut décidé que la commission tiendrait ses séances, très régulièrement, tous les décadi et quintidi, à sept heures du matin, et qu'à la première réunion, tous les citoyens et citoyennes de l'hospice seraient convoqués en sa présence, afin de distinguer ceux qui devaient rester à l'hospice et ceux qui, pouvant travailler, en seraient exclus. Divers à-comptes furent payés aux créanciers, savoir : aux citoyens Estorges, mazelier, 600 fr.; Noyer, voiturier, 150 fr.; Lacour, homme d'affaires, 156 livres 4 sols 6 deniers; Chammard, apothicaire, 63 livres 3 sols.

Le 10 brumaire an VII, on procéda à une nouvelle révision des traitements : le citoyen Lacour, homme d'affaires, obtint un traitement de 600 fr. par an et la nourriture; le citoyen Rigolle, officier de santé, 400 fr.; le citoyen Soleilhet, aussi officier de santé, offrit ses soins gratuitement, ce qui fut accepté. Son désintéressement fut signalé à l'administration centrale. Le traitement des petites fonctionnaires fut ainsi fixé : celui du jardinier à 100 fr. par an et la nourriture; du portier, à 18 fr. par an et nourri; des onze filles de service, à chacune 12 fr. par an et la nourriture. Il était dû : aux directrices, 2,590 fr.; à l'officier de santé, 1,400 fr.; à l'agent, 2,100 fr.; à Estorges, boucher, 7,711 fr. 65; à la municipalité, pour avances faites en assignats, 142,000 fr. Mais, par dépréciation, en francs, 989 fr. 58. Les journées des malades civils furent fixées à 1 fr; et celles des militaires, à 1 fr. 70. Le citoyen Rigolle, en raison de l'état de détresse de l'hospice, réduisit son traitement à 300 fr.; et un donateur inconnu fit verser, par les soins du citoyen Graviche, prêtre, une somme de 1,440 fr. pour meubler une des salles de l'hospice.

La misère de l'hospice devenant chaque jour plus accablante, on décida de faire des quêtes dans les églises, aux heures de l'exercice du culte. La première devait être faite par le préfet, les autres par les autorités constituées civiles et militaires, en suivant l'ordre des hiérarchies administratives, puis par les hommes de loi, les avoués, les défenseurs officieux, médecins, officiers de santé, notaires, fonctionnaires publics et ainsi de suite, à tour de rôle. En outre, chaque dimanche, deux demoiselles quêteuses *devaient faire courir un bassin*. La commission administrative décida, encore, qu'une quête générale serait faite dans la ville et les campagnes de l'arrondissement avec l'aide d'un membre du conseil général ou d'un ministre du culte. Les résultats obtenus étaient d'autant moins satisfaisants que le prix des denrées augmentait. Ainsi, la bouchère, la veuve Estorges, fit remarquer qu'en fournissant la viande à l'hospice, à raison de 25 centimes la livre, elle subissait une perte et elle demandait, ce qui lui fut accordé, une augmentation de 5 centimes par livre.

La commission administrative se décida enfin à prendre le parti d'aliéner tous les bâtiments de l'ancien hôpital. Le rapporteur faisait valoir que « ces » bâtiments situés dans le faubourg de la Barrière, » sur un côteau élevé, étaient d'un accès difficile à » cause de la pente rapide du chemin qui y conduit » depuis le pont de la Barrière. » Ces bâtiments, en outre, étaient dans un état de ruine complète par suite du défaut d'habitation des pauvres et des sœurs depuis 1792.

Les familles qui s'y sont logées, ajoutait le rapporteur, n'ayant rien à perdre y ont commis les dégradations les plus grandes, surtout sous le règne affreux de l'anarchie, pendant lequel sous prétexte d'égalité, les gens sans fortune, favorisés dans leurs désordres par la licence du temps, ne respectaient aucune propriété, croyant que tout leur était permis. Les bâtiments anciens de l'hospice furent alors dégradés et dévastés jusqu'au point qu'on enlevait les planches, les solives, les degrés pour en faire du bois à bruler..... On traitait les bâtiments de l'hospice, comme on traitait ceux des ci-devant Recollets en enlevant les grillages en fer, les serrures, les ferrements des portes, des fenêtres. C'est dans le temps de l'anarchie qu'a disparu la quantité immense de linge de toute espèce en draps de lit, chemises d'homme et de femme, dont l'hospice était pourvu. Lorsqu'il eut le malheur de perdre les

14

sœurs de charité tout fut mis au pillage, et par l'insolence des pauvres qui se croyaient maîtres, et par l'impuissance des lois.....

Il aurait fallu dépenser une somme de 10,000 fr. au moins, pour réparer ces bâtiments, et l'hospice se trouvait dans l'impossibilité de la trouver. Enfin, la vente eut lieu aux enchères, devant le maire de Tulle, le 10 janvier 1808, en présence de M. Lacoste, administrateur. Ils furent adjugés, au prix de 27,000 fr. en faveur de M. Brival, juge à la cour d'appel de Limoges. Pour augmenter les ressources de l'hospice, on décida que les pauvres assisteraient aux enterrements, moyennant la somme de 30 fr. et six chandelles de quatre onces pour la classe riche, et celle de 15 fr. et six chandelles de deux onces pour la classe peu fortunée.

En 1806, le budget de la dépense de l'hospice s'élevait à 21,895 fr. 80, en sept chapitres, savoir :

1° Réparations et contributions....   1,570   »
2° Subsistances................   10,780 40
3° Infirmerie..................   610   »
4° Vêtements et coucher..........   2,593 40
5° Lumière et chauffage..........   2,942   »
6° Ameublement................   240   »
7° Indemnité des employés.......   3,160   »

En 1807, le budget des dépenses est encore plus élevé, il atteint le chiffre de 23,565 fr. Cet accroissement est encore plus considérable pour les années suivantes.

Ainsi, en 1808, les dépenses sont de 39,158 fr. et dans la même proportion en 1809. Cette élévation trouve son explication dans l'augmentation du prix de la viande qui est porté de 30 centimes à 35 centimes et dans l'agglomération à l'hospice des prisonniers espagnols. On est obligé, pour assurer le service des malades, de demander une cinquième sœur de charité et on hésita à aliéner le moulin de l'hospice, dit moulin du Trech, mais on s'arrêta définitivement au projet d'aliéner les domaines de Villiéras, Vieille-marette et Sanguinaire.

En 1812, le nombre des mendiants augmenta dans une proportion si considérable qu'on eut l'idée d'établir à l'hospice dans le bâtiment occupé aujourd'hui par les femmes un dépôt de mendicité. Ce projet qui présentait de graves inconvénients fut abandonné. Il privait l'établissement d'un vaste local plus utilement affecté aux malades et aux infirmes et nécessitait une dépense de 26,000 fr. que l'hospice était dans l'impossibilité de payer.

En 1814, le déficit à combler était de 13,927 fr. 61 et on n'avait aucune ressource disponible pour le faire disparaître. Le conseil municipal vota un emprunt illimité à fournir par les habitants de la ville ; il produisit le chiffre ridicule de 619 fr. et fut souscrit par :

MM. Lagrénerie, ancien conseiller de préfecture.

Toinet, neveu	100	»
Vᵉ Estorges, du Canton	50	»
Galand, propriétaire	12	50
Laraillé, apothicaire	40	»
Trioux, marchand	15	»
Ludière, procureur du roi	16	»
Chaumond père	10	»
Brivezac	25	»
Gouttes aîné	20	»
Pascal, aubergiste	25	»
Beaufès, propriétaire	25	»
Jaubert, aubergiste	15	»
Vergne aîné	15	»
Chaumeil, boulanger	10	»
Daubech, papetier	10	»
Leymarie, boulanger	7	»
Roche, aubergiste	3	»
Orliaguet, chapelier	5	»
Villeneuve, avoué	5	»

MM. Pauphile, propriétaire...................... 25 »

Pastrie, négociant........................... 15 »

Roux, négociant............................. 35 »

V° Jarrige de la Rivière.................... 21 »

Chirac................................... 42 »

V° Lagier, médecin........................ 21 »

Saint-Priest Saint-Mur, maire............. 28 »

On espère que la ville donnera toujours sur son octroi la somme de 12,000 fr. Alors l'hospice deviendra communal et on ne recevra plus les personnes étrangères à la commune. Le nombre des pauvres à recevoir reste fixé à cent vingt et les étrangers ne seront admis qu'en payant. M. Brossard de Favières voulant venir en aide à l'hospice lui fait un don de 1,000 fr. Des réparations urgentes étant nécessaires, le préfet accorda une subvention de 6,000 fr.

En 1824, la commission administrative fit remarquer que depuis la suppression du couvent de Sainte-Ursule qui instruisait gratuitement les jeunes filles, aucun établissement n'était créé pour le remplacer.

Cette négligence, dit le procès-verbal des délibérations, a pour effet d'accélérer la corruption des mœurs de cette partie intéressante et nombreuse de la société : les jeunes filles livrées à elles-mêmes dans cet âge susceptible des impressions les plus durables, contractent l'habitude de l'oisiveté et parviennent à l'adolescence sans principes de religion et de morale, leurs parents n'ayant pas le temps de les surveiller ; les instructions de la paroisse étant trop rares et trop rapides, ces instructions ne peuvent jamais embrasser que les premiers éléments de la religion.

Les membres de la commission constatent l'urgence d'établir cette école gratuite à l'hospice dans le local servant actuellement de maison d'arrêt et qui va devenir disponible par suite de la construction des prisons existant actuellement. Ce local qui comprendra le rez-de-chaussée et le premier étage est parfaitement disposé pour cet objet. Il est séparé des

autres bâtiments de l'hospice, a une issue sur la première cour, à proximité de la chapelle et peut contenir des classes pour deux cents élèves. Le service en
sera confié aux sœurs de charité « qui s'y emploie-
» ront, il n'est pas douteux, avec le zèle de la bien-
» faisance qui ne connaît pas d'autres bornes que
» celles de l'impossible. »

Cette école fut immédiatement installée et rendit
de grands services. L'Annuaire de la Corrèze (année
1826) qui était, à cette époque, le seul recueil de pu-
blicité, s'exprime ainsi :

La commune vient de créer une école gratuite de l'hospice
pour les filles pauvres et en a confié la direction à deux sœurs
de Nevers qui vivent avec leurs compagnes de l'hospice sous
les ordres de la même supérieure. De concert avec l'administration de cet établissement, elle a affecté pour cette œuvre la
partie du bâtiment qui servait de maison de détention, avec
une dotation de 700 fr. Monseigneur de Sagey, évêque de
Tulle, a donné 1,000 francs qui ont suffi aux premiers frais.

Déjà cette école compte 86 jeunes élèves qui, sous l'influence
de la religion, s'exercent avec succès à détruire les habitudes
qui les flétrissaient et à acquérir les vertus qu'elles ne connaissaient pas, s'accoutumant au travail, moyen nécessaire
de subsistance, acquérant les connaissances humaines qui les
utiliseront dans la société, et se préparant ainsi des jouis-
sances solides dans la vie. Cet établissement excite le plus vif
intérêt.

Cette école dont les progrès ont toujours suivi une
marche ascendante a été fréquentée par les enfants de
la classe ouvrière avec la plus grande assiduité et n'a
jamais donné des motifs de blâme. Elle a été sup-
primée à partir du 1er janvier 1882, la municipalité
ayant refusé toutes allocations pour les reporter sur
les écoles laïques, objet de ses préférences. En outre,
en 1820 et 1821, l'administration avait fait établir
dans l'hospice six loges pour les fous qui y étaient
traités avec tous les soins et égards que commandait
leur triste position.

Jusqu'en 1830, époque à laquelle s'arrête notre travail, nous n'avons aucun fait intéressant à signaler dans la gestion administrative. Il est seulement utile de faire connaître qu'elle était, à cette époque, la fortune de notre établissement hospitalier qui, indépendamment de ses domaines de Villiéras, Vieille-marette et de la Sanguinaire, était propriétaire des rentes ci-après :

1. Galinon, de Sainte-Fortunade, rente de...... 5 90
2. Duburg, de Lapleau...................... 42 50
3. Dubois, de Champagnac-le-Doustre.......... 7 50
4. Massoulié, de Condaillac-de-Gimel........... 10 »
5. Crémont, de Saint-Hilaire-Peyroux.......... 13 95
6. Jos, de Ceindriac de Chanac............... 10 »
7. Laborde, aubergiste à Tulle............... 19 90
8. Duval, de la Guirande-d'Eyrein............. 16 25
9. Servientis, de Saint-Salvadour............. 6 80
10. Jeanne du Fayé de Conques (Aveyron)....... 73 68
11. Bachélerie, de Saint-Pardoux de Gimel...... 20 »
12. Roubertou, du Breuil de Gimel............. 30 »
13. Estorges, des Angles..................... 7 50
14. Terriou, de Corrèze..................... 10 »
15. Beaudoin, rue du Trech, à Tulle... .... 26 66
16. Vᵉ Travers, de Gumond.................. 10 »
17. Vᵉ de Milhac, d'Hautebrousse.............. 3 25
18. Masrouby, chirurgien à Tulle.............. 17 »
19. Ceindriac, de Presset, de Chanac........... 4 50
20. Dominique Treuil, de Gimel............... 5 »
21. Vᵉ Delnaud, rue d'Alverge, à Tulle 17 50
22. Sclafer, de Chabrignac, de Sainte-Fortunade. 11 70
23. Jean Estorges, de la Chèze, de Chanac...... 5 »
24. Saint-Avid, avocat...................... 4 »
25. Joseph Faurie, de Chamboulive............ 75 »
26. Jean Galandou, de Saint-Pardoux-la-Croizille. 1 98
27. Bachélerie, du Châtaignier de Gimel........ 7 07
28. Pierre Fontaine, d'Allassac.............. 16 65
29. Mathieu Sudrie....................... 10 »
30. Pierre Jugie, de Lanteuil.... .... 8 50

31. Pétronille Cahors, de Brive................ 30 »
32. V° Aubert, de Brive.................. .... 60 »
33. Louis Ceyssac, de Jos, commune de Grèze.... 5 75
34. Dambert, de Lagarde...................... 75 »
35. Chassaing, de Brive...................... 7 91
36. Jacques Benoix, de Collonges.............. 5 »
37. Jean Farges, de Bouyx-de-Nonards.......... 5 »
38. Antoine Chèze, de Collonges.............. 40 »
39. Antoine Chèze, de Collonges.............. 35 25
40. Louis Honoré, de Collonges.............. 30 »
41. Louis-Robert Peyridieux, de Collonges....... 9 48
42. Marthe Nillac, de Collonges............... 4 75
43. Poignet, de Collonges.................... 6 32
44. De Bischirand, d'Altillac................ 125 »
45. Peyrounne-Combalier...................... 4 »
46. Estienne Dupont, du Caire................ 21 18
47. Dantiroche.............................. 100 »
48. Jean Vert, de Saint-Chamant.............. 3 75
49. Soubranne, de Saint-Hypolitte............ 16 »
50. Pierre Ratelade, d'Egletons.............. 30 80
51. Pierre Gramond, de Beaulieu.............. 15 »
52. De Costa, de Beaulieu.................... 230 »
53. Antoine Vigne, de Beaulieu............... 30 »
54. Massinguiral, de Beaulieu................ 5 40
55. Jean Breuil, médecin, à Beaulieu.......... 19 65
56. Du Pesteil de la Majorie, d'Altillac......... 63 23
57. Planchard de la Grèze.................... 138 80
58. Dubreuil, de Marcillac-la-Croze........... 81 80
59. Antoine Roche, à Tulle.................... 35 »
60. Jean Bourdet, du Tillol du Puy-d'Arnac..... 1 85
61. Jean-Baptiste Lagane, de Belmont.......... 18 30
62. Françoise Creste, de Liourdre............. 20 »
63. Lachaud du Peyroux, de Saint-Hilaire...... 72 78
64. Joseph Eyzac, à Berchat de Malemort....... 19 76
65. Jacques Delou, de Malemort............... 14 82
66. Du Saillant, à Paris...................... 79 05
67. François Galinon, de Collonges............ 13 17
68. Jean Chazal, de Sérilhac................. 59 26
69. Jean-Baptiste Reynal, de Peyzac.......... 24 50

70. Rabanide............................ 47 »
71. Guillaume Blavignac, avocat, à Martel...... 75 »
72. Les frères Brunie, de Nonards............. 75 »
73. Marie Audubert, veuve Duchamp, à Puy-d'Arnac....................................... 50 »
74. Léonard Peyrat, à Jeannet, de Saint-Bonnet-l'Enfantier................................ 5 59
75. Borie, marchand de fer, à Tulle............ 671 67
76. Barthélemy Maurange, à Chamberet........ 16 »
77. Vintéjoux, ex-notaire, au Lonzac.......... 25 »
78. Roux, négociant, à Tulle................. 78 90
79. Dufour, chirurgien à Saint-Clément....... 28 38
80. Géraud Verlhac, à Pleau-de-Forgès........ 10 16
81. Lagarde de Saint-Céret.................. 100 »
82. Léonard Miginiac, de Meyrignac-l'Eglise.... 8 »
Rentes consolidées à 5 0/0 sur l'Etat dont le revenu est exigible tous les six mois, ci........... 1206 »

Nous avons fait connaître dans la deuxième partie de ce récit les noms et qualités de messieurs les administrateurs jusqu'en l'année 1792. Nous continuons cette nomenclature jusqu'en 1830, époque à laquelle nous avons limité notre travail.

Le 28 septembre 1792, la municipalité, conformément à une loi nouvelle, nomma deux administrateurs à joindre au bureau qui jusqu'à ce jour se constituait sans son concours et nommait lui-même ses membres. Ce furent les citoyens Chammard et Rigolle qui prêtèrent serment le 1er octobre de la même année dans l'assemblée du conseil général permanent présidé par le citoyen Melon, maire, assisté des citoyens Tramond, Teyssier, Mariaud officiers municipaux, Bussières, procureur de la commune, Teyssier, Sartelon, Laval, Vialle, Vergne, Pauquinot, Moussours, Soleilhet, Juyé et Gouttes, notables.

La formule du serment était ainsi conçue :

Je jure d'être fidèle à la nation, de maintenir de tout mon pouvoir la liberté et l'égalité ou de mourir à mon poste en les défendant.

En 1793, ont été administrateurs :

Les citoyens : Dury, marchand ; Chammard, apothicaire ; Rigolle, chirurgien ; Mougenc (Jean-François); Lacombe ; Barry, Bernard ; Mesnager.

En l'an III, ont été administrateurs :

Les citoyens : Sartelon ; Barry ; Lacombe ; Mesnager ; Leyx ; Duval, maire ; Mougenc ; Pineaud.

Dans cette même année les citoyens Mougenc, Leyx et Pineaud donnent leur démission d'administrateurs, parce qu'en vertu d'un décret du cinquième jour complémentaire de l'an III, la Convention exclut de toutes fonctions municipales les parents ou alliés de ceux qui sont portés sur la liste des émigrés.

En l'an IV, ont été administrateurs : les citoyens Brivezac ; Lacombe ; Reignac.

24 brumaire an V, Jean-Léonard Reignac, homme de loi, conservateur des hypothèques ; Pierre Chadabet ; Antoine Béril, défenseur officieux ; Etienne Rigaudie ; Jean-François Vialle.

Conformément à la loi, ils nomment pour président le citoyen Reignac ; pour secrétaire, le citoyen Rigaudie ; pour receveur de l'hospice, le citoyen Pierre Bardon, expert géomètre, et, pour agent, le citoyen Claude Lacour.

15 ventôse an V, le citoyen Saint-Priest, homme de loi, est nommé administrateur à la place du citoyen Béril, décédé.

1er pluviôse an VI, le citoyen Bardon donna sa démission de receveur et rendit ses comptes au citoyen Jean Lacour qui fut chargé de le remplacer provisoirement. La balance de ces comptes présenta un actif de 91 livres 12 sols.

1er germinal an VI, le citoyen Mancier, greffier du tribunal correctionnel de Tulle, fut nommé trésorier.

20 floréal an VI, une nouvelle commission fut nommée, en exécution de la loi du 14 vendémiaire an V ; elle se composait des citoyens : François Villeneuve, président du tribunal criminel du département ; Gabriel Peuch, marchand ; Martial Pauphile, assesseur du juge de paix ; Joseph-Anne Vialle, accusateur public ; Louis Béral, officier municipal ; Vialle, marchand.

La commission, après avoir prêté le serment prescrit et ainsi conçu : *Nous jurons haine à la royauté et à l'anarchie et attachement à la République et à la Constitution de l'an III*, nomma à l'unanimité pour son président le citoyen Villeneuve ; pour son secrétaire, le citoyen Béral ; pour son trésorier, le citoyen Vialle, marchand, et maintint le citoyen Lacour dans ses fonctions d'agent de l'hospice.

Le 25 nivôse an VII, le citoyen Vialle donna sa démission de trésorier et la motiva en ces termes : « Puisque au lieu de songer à procurer aux véritables » pauvres les secours que la constitution leur garan- » tit, les administrateurs veulent faire consommer le » peu de ressources qui restent à l'hospice par des » prêtres insermentés et dont les parents sont riches, » je ne veux pas être complice de cette injustice et je » donne ma démission. »

Les citoyens Béral et Laval suivirent son exemple pour les mêmes motifs, et le citoyen Peuch invoqua, pour se retirer, une blessure à la jambe qui ne lui permettait pas de pouvoir se rendre à l'hospice.

Le 29 nivôse an VII, l'administration municipale représentée par les citoyens Pauphile, Monteil, Soleilhet, Teyssier et Charain, commissaires du directoire exécutif, les remplacèrent par les citoyens Faugères, professeur de l'école centrale ; Bussière, commissaire près le tribunal de police correctionnelle ; Lacombe, juge au tribunal civil ; Rigolle, officier de santé.

En l'an VIII, ont été administrateurs les citoyens :
Lacombe ; Régis ; Faugères ; Rigolle ; Sartelon.

9 floréal an IX, les citoyens : Sartelon, juge au
tribunal criminel ; Froment, juge au tribunal civil ;
Estorges ; Duval, maire ; Rigolle, Faugères.

30 germinal an X, les citoyens : Duval, maire de
la ville de Tulle ; Sartelon ; Rigolle, officier de santé ;
Froment ; Laborderie ; Vernéjoux, nommé en remplacement du citoyen Bussières, révoqué par le préfet
Verneilh, parce qu'il n'assistait pas aux séances.

1er vendémiaire an XI, le citoyen Melon-Rodorel,
ex-constituant, fut nommé inspecteur général de
l'hospice, place nouvellement créée qui, indépendamment de la surveillance à exercer sur tous les
services, lui donnait le droit d'assistance aux conseils
des administrateurs.

30 vendémiaire an XI, le citoyen Rigolle donna
sa démission d'administrateur, parce qu'en vertu d'une
loi nouvelle, il y avait incompatibilité entre cette
fonction et celle d'officier de santé qu'il remplissait
déjà à l'hospice.

16 frimaire an XI, le général préfet de la Corrèze
nomme à sa place M. Lagier, curé dé la paroisse de
Saint-Pierre.

8 ventôse an XI, le citoyen Alexis Borderie-Ver-
néjoux fut nommé vice-président de la commission
administrative.

16 vendémiaire an XII, M. Pierre-Joseph Brival,
curé de la paroisse de Saint-Julien, fut nommé administrateur à la place du sieur Lagier, ex-curé de Saint-
Pierre, appelé à d'autres fonctions.

8 prairial an XII, M. Jean-Pierre Mancier fut
de nouveau nommé receveur de l'hospice, au traitement de 800 fr. par an. Il devait remplir aussi les
fonctions de secrétaire.

10 frimaire an XIV, M. Froment, juge au tribunal civil de Tulle, est nommé administrateur des dépenses, nouvel emploi créé par le décret impérial du 22 vendémiaire an XIV.

20 décembre 1806, M. Lacoste, avocat à Tulle, est nommé administrateur, en remplacement de M. Alexis Borderie de Vernéjoux, décédé.

Le 11 novembre 1808, le conseil d'administration tira au sort pour savoir quel serait celui de ses membres qui devait être remplacé. Le nom de M. Sartelon fut désigné et il eut pour successeur, le 26 juin de la même année, M. Alexandre Floucaud, receveur général de la Corrèze; M. Brival, administrateur en titre, fut nommé vice-président du conseil.

Le 11 octobre 1808, M. Estorges, juge de paix du canton nord de Tulle, fut désigné par le sort pour céder sa place d'administrateur, et il fut remplacé, le 27 mars 1809, par M. Jean-Baptiste Boudrie, juge de paix du canton sud de Tulle.

Le 26 novembre 1809, M. Brival, désigné par le sort pour être remplacé, eut pour successeur M. Antoine Sage, curé de Saint-Pierre de Tulle.

Le 2 septembre 1810, M. Floucaud, administrateur, fut désigné pour être ordonnateur des dépenses.

17 mars 1811, M. Froment, juge au tribunal civil de Tulle, fut réélu administrateur.

24 mars 1812, M. Boudrie, notaire impérial à Tulle, fut nommé administrateur.

Le 15 avril 1814, la commission administrative, assemblée extraordinairement, *déclara unanimement adhérer aux mesures énergiques et bienfaisantes qui ont soustrait la France à la domination tyrannique de Napoléon Bonaparte pour la replacer sous le gouvernement des augustes descendants d'Henry IV et de Louis XIV.*

·Elle décida qu'une expédition de cette délibération serait adressée à la commission provisoire du gouvernement.

Le 1er octobre 1814, M. Floucaud donna sa démission et fut remplacé par M. de Saint-Priest de Saint-Mûr.

Le 27 août 1815, M. Jean-Pierre Lacombe, président du tribunal civil de Tulle, fut nommé administrateur.

Le 10 mars 1816, M. Froment, écuyer, président de la cour prévôtale de la Corrèze et vice-président du tribunal civil de Tulle, fut nommé administrateur.

Le 19 septembre 1819, M. Louis de Taussac, chevalier de Saint-Louis, habitant à Tulle, administrateur.

9 janvier 1820, M. Guillaume Moussours, avoué licencié à Tulle, administrateur.

En 1822, les administrateurs étaient :

MM. Lacombe, président du tribunal civil ;
Froment, vice-président du même tribunal ;
De Taussac (Louis), chevalier de Saint-Louis ;
Sartelon, avocat ;
Moussours, avoué ;
Secrétaire-trésorier : Manchier.

Une ordonnance royale du 31 octobre 1821 créa un conseil de charité qui devait se réunir à la commission administrative de l'hospice pour les délibérations concernant le budget annuel, les projets de travaux autres que de simples entretiens, les changements dans le mode de jouissance des biens, les transactions, les procès à intenter ou à soutenir, les emprunts, les placements de fonds, les acquisitions, ventes et échanges d'immeubles, les comptes rendus, soit par l'administration, soit par le receveur; les acceptations de legs ou donations et les pensions à accorder à d'anciens employés.

Les membres composant ce conseil de charité étaient :

MM. Lacombe, président du tribunal civil ;
Ludière, chevalier de la Légion d'honneur, procureur du roi ;
Chirac, président du tribunal de commerce ;
Brival, curé de Notre-Dame ;
Villeneuve, juge de paix ;
Sage, curé de Saint-Pierre, membre de droit ;
Labissière, docteur en médecine ;
Meynard-Descombes, conseiller de préfecture ;
Chaumont, substitut du procureur du roi ;
Lamirande, chef de bureau de *l'intérieur* de la préfecture ;
Mougeinc de Saint-Avid, avocat ;
Barbazan, directeur de l'enregistrement et des domaines ;
Jarrige de Lamajorie, chevalier de Saint-Louis ;
Devienne, directeur des contributions indirectes ;
Melon de Rodarel, ancien maire.

Depuis sa création jusqu'en 1830, ce conseil de charité eut à traiter les affaires suivantes :

Le 11 août 1822, il accepte un legs de 150 fr. fait à l'hospice par Léonard Trech, du Mas, commune de Favars, par testament reçu Brugeau, le 3 mars 1815.

Le 3 novembre 1822, il nomme pour son président M. Lacombe, président du tribunal civil, et trouve insuffisante l'allocation de 7,600 fr. donnée par la ville, et qui s'élevait précédemment à 1,200 fr., et propose qu'elle soit portée à 10,000 fr.

Le 16 mars 1823, il arrête les comptes de l'exercice 1822, dont les recettes s'élevaient au chiffre de 49,603 fr. 51, et les dépenses à 48,503 fr. 39, et met en délibération un projet d'établissement d'un atelier de travail.

24 août 1823, le conseil accepte un legs de 1,200 fr. par Jacques-Charles Galichet, receveur de l'enregistrement à Beaulieu.

2 mars 1824, il propose l'aliénation de deux pièces de terrain dans la commune de Saint-Mexant et arrête les comptes de l'exercice 1823, dont les recettes sont de 60,449 fr. 89 et les dépenses de 57,353 fr. 78; il accepte aussi un legs de 100 fr. fait par Léonarde Pauphile, épouse de Joseph Lacombe, chapelier à Tulle, et réitère sa demande à la ville de porter sa subvention à 12,000 fr., somme absolument nécessaire pour faire face aux dépenses.

Année 1825, acceptation d'un legs de 100 fr. fait par Marguerite Bordes, femme de Jean-Baptiste Machat; vote des fonds nécessaires pour la réparation de la digue du moulin emportée par un ouragan le 12 octobre 1824; vérification du compte de l'exercice 1824 : recettes 42,617 fr. 94, dépenses 37,753 fr. 11; mais il est dû pour mois des nourrices et réparations aux bâtiments 1,947 fr. 38; il reste disponible la somme de 2,917 fr. affectée à la reconstruction de la digue; acceptation d'un legs de 100 fr. fait par le sieur Neuville.

Année 1826, arrêté des comptes de l'exercice 1825 : recettes 46,321 fr. 71, dépenses 41,886 fr. 58; il est dû aux nourrices et pour la digue 3,197 fr. 10; il ne reste de disponible que 1,238 fr. 63.

Année 1827, on propose d'aliéner le four et les bâtiments accessoires de la rue de la Barrière; vérification des comptes de l'exercice 1826 : recettes, 51,298 fr. 72, dépenses 47,689 fr. 04; excédant, 3,609 fr. 68.

Année 1829, acceptation d'un legs de 600 fr. par M. Sartelon, conseiller de préfecture, applicable à la reconstruction du clocher de l'église de l'hospice ; comptes de l'année 1828 : recettes 38,017 fr. 59 ; dépenses 38,222 fr. 15 ; excédant 204 fr. 56 ; on décide l'enlèvement de la cloison qui existe dans les grandes salles d'infirmerie, qui nuit pour les placements des lits et interrompt le courant d'air utile dans les salles d'hôpitaux.

1823.

Membres de la Commission administrative.

Les mêmes qu'en 1822, à l'exception de M. Lacombe, remplacé par M. Daubech, grand vicaire.

Membres du Conseil de charité.

Les mêmes qu'en 1822, à l'exception de MM. Chirac et Brival, remplacés par MM. Pinaud, président du tribunal de commerce, et Lavergne, curé de Notre-Dame.

1824.

Commission administrative.

MM. Froment, vice-président du tribunal civil ;
De Taussac (Louis), chevalier de Saint-Louis ;
Sartelon, avocat, chevalier de Saint-Louis ;
Moussours, avoué ;
Daubech, grand vicaire ;
Secrétaire-trésorier : Manchier.

Conseil de charité.

MM. Monseigneur l'Evêque ;
Ludière, procureur du roi, chevalier de la Légion d'honneur ;
Pineaud, président du tribunal de commerce ;
Lavergne, curé de Notre-Dame ;
Villeneuve, juge de paix ;
Sage, chanoine ;

MM. Labissière, docteur en médecine;

Meynard-Descombes, conseiller de préfecture, chevalier de Saint-Louis;

Chaumont, substitut du procureur du roi;

Mougeine de Saint-Avid, avocat;

Barbazan, directeur de l'enregistrement et des domaines;

Jarrige de Lamajorie, chevalier de la Légion d'honneur;

De Vienne, directeur des contributions indirectes;

Sage, payeur, chevalier de la Légion d'honneur;

De Lassalvanie.

En outre, il fut constitué un comité consultatif pour examiner toutes les actions juridiques que les commissions administratives croiraient devoir intenter dans l'intérêt de l'hospice.

Il se composait de :

MM. Bedoch, jurisconsulte;

Saint-Avid, avocat;

Pauquinot, licencié avoué.

1825.

Commission administrative.

Les mêmes membres.

Conseil de charité.

Les mêmes membres, à l'exception de MM. Pineaud, Chaumont, Barbazan, qui furent remplacés par MM. Lacombe, président du tribunal civil; Chirac, président du tribunal de commerce; Brossard-Clavière et le baron de Saint-Priest de Saint-Mür, juge au tribunal civil.

Comité consultatif.

Les mêmes membres.

1826.

Commission administrative.

Les mêmes membres.

Conseil de charité.

Les mêmes membres, à l'exception de MM. Villeneuve et Labissière, remplacés par MM. Pauquinot,
juge de paix, et Moussours, avoué.

Comité consultatif.

Les mêmes membres.

1827.

Commission administrative.

MM. Daubech, grand vicaire ;
    Sartelon, avocat, chevalier de Saint-Louis ;
    De Taussac (Louis), chevalier de Saint-Louis ;
    Melon de Rodarel ;
    Jarrige de Lamajorie, chevalier de Saint-
      Louis ;
    Secrétaire-trésorier : Manchier.

Conseil de charité.

MM. Lacombe, président du tribunal civil ;
    Chadabet, procureur du roi ;
    Floucaud-Pénardille, président du tribunal
      de commerce ;
    Lavergne, curé de Notre-Dame ;
    Pauquinot, juge de paix ;
    Sage, chanoine ;
    Moussours, avoué ;
    Meynard-Descombes, conseiller de préfec-
      ture, chevalier de Saint-Louis ;
    Mougeinc de Saint-Avid, avocat ;
    Brossard-Clavières ;
    De Vienne, ex-directeur des contributions
      indirectes ;

MM. Sage, payeur, chevalier de Saint-Louis ;
De Lassalvanie ;
Le baron de Saint-Priest de Saint-Mûr, juge
au tribunal civil de Tulle.

Comité consultatif.

MM. Bedoch, jurisconsulte ;
Saint-Avid, avocat ;
Pauquinot, avocat.

1828.

Commission administrative.

MM. Sartelon, avocat, chevalier de Saint-Louis ;
De Taussac, chevalier de Saint-Louis ;
Melon de Rodarel ;
Jarrige de la Majorie, chevalier de Saint-
Louis ;
Mougeine de Saint-Avid, avocat ;
Secrétaire-trésorier : Manchier.

Conseil de charité.

MM. Lacombe, président du tribunal civil ;
Chadabet, procureur du roi ;
Lavergne, curé de Notre-Dame ;
Pauquinot, juge de paix ;
Sage, chanoine ;
Moussours, avoué ;
Meynard-Descombes, conseiller de préfecture,
chevalier de Saint-Louis ;
Brossard-Clavières ;
De Vienne, ex-directeur des contributions in-
directes ;
Sage, payeur, chevalier de Saint-Louis ;
De Lassalvanie ;
Le baron de Saint-Priest de Saint-Mûr, juge
au tribunal civil ;
Daubech, vicaire général ;
Lamirande, chef de bureau à la préfecture.

Comité consultatif.

MM. Bedoch, jurisconsulte;
Saint-Avid, avocat;
Pauquinot, avocat.

1829.

Commission administrative.

MM. de Taussac (Louis), chevalier de Saint-Louis;
Melon de Rodarel;
Jarrige de Lamajorie, chevalier de Saint-
Louis;
Mougeine de Saint-Avid, avocat;
Le baron de Saint-Priest de Saint-Mûr;
Secrétaire-trésorier : Manchier.

Conseil de charité.

MM. Lacombe, président du tribunal civil;
Chadabet, procureur du roi;
Lavergne, curé de Notre-Dame;
Pauquinot, juge de paix;
Sage, chanoine;
Moussours, avoué;
Brossard-Clavières;
De Vienne, ex-directeur des contributions
indirectes;
Sage, payeur, chevalier de Saint-Louis;
Le baron de Saint-Priest de Saint-Mûr,
juge au tribunal civil;
Daubech, vicaire général;
Lamirande, chef de bureau à la préfecture;
Dumont-Coste, médecin.

Comité consultatif.

MM. Bedoch, jurisconsulte;
Chaumont, avocat;
Pauquinot, avocat.

1830.

Commission administrative.

MM. Melon de Rodarel;
Le baron de Saint-Priest de Saint-Mür;
Brossard-Clavières;
Sudour, avoué;
Chirac, avocat;
Secrétaire-trésorier : Mougeine Saint-Avid.

Conseil de charité.

MM. Lacombe, président du tribunal;
Chadabet, procureur du roi;
Lavergne, curé de Notre-Dame;
Pauquinot, juge de paix;
Sage, chanoine;
Moussours, avoué;
De Vienne, ex-directeur des contributions
indirectes;
Sage, payeur, chevalier de Saint-Louis;
Daubech, vicaire général;
Lamirande père;
De Gaujac, vice-président du tribunal;
Dumas, pharmacien;
Le général Hugo.

Comité consultatif.

MM. Bedoch, jurisconsulte;
Chaumont, avocat;
Pauquinot, avocat.

Directrices de l'hospice.

Les sœurs de charité de l'ordre de Nevers, c'est-à-
dire les dames Tribié, supérieure, Pétronille Cabanes,
Cécile et Marthe Perrier quittèrent l'hôpital général
le 12 juin 1792. Elles furent remplacées par les citoyennes Roussarie aînée, Dufaure cadette, Bastid
aînée et Paty aînée. On leur adjoignit bientôt la citoyenne Darcambal.

Leur installation eut lieu le 5 août 1792, sur la réquisition de l'autorité municipale, ainsi que le constate le procès-verbal ainsi conçu :

Le cinq août an IV de la liberté dans la salle des délibérations de l'hôpital de Tulle, Pierre-Bernard Teyssier, officier municipal, faisant les fonctions de procureur de la commune, a dit, Messieurs, les demoiselles Roussarie, Bastid et Paty, nommées par arrêté du département du 28 juin dernier pour remplacer à l'hôpital les demoiselles Tribier, Cabanes, Cécile et Perrier, ci-devant sœurs de charité de Nevers, ont prêté le serment civique et se présentent pour recevoir l'exercice des fonctions attachées à leur place. En applaudissant au zèle qui les anime et considérant qu'un hôpital nombreux et peuplé d'enfants, de malades ou de mourants, ne peut rester privé des secours de ses fonctionnaires intérieurs, sans exposer l'humanité à des accidents majeurs, nous croyons qu'il est instant de remettre le timon des affaires aux demoiselles Roussarie, Bastid et Paty. Nous requérons donc que la municipalité, en présence des administrateurs de l'hôpital, procède à l'installation de ces demoiselles qui, dès ce moment, demeureront chargées du soin des pauvres et de la conservation du mobilier de l'hôpital, suivant l'inventaire qui en a été fait par MM. Lacombe, officier municipal, et Rabanide, administrateur, le trente juillet dernier, signé Teyssier.

Faisant droit du réquisitoire du procureur de la commune, nous, officiers municipaux soussignés, avons installé les demoiselles Roussarie, Bastid et Paty pour exercer auprès des pauvres les fonctions qu'y remplissaient les cy-devant sœurs de Nevers. Aux fins il leur a été remis les clefs des appartements et armoires de l'hôpital, les linges, habits, meubles, apothicairerie et denrées ont été vérifiés sur l'inventaire qui en fut dressé et dont le récolement fait en leur présence a justifié l'exactitude de l'inventaire. En conséquence, elles ont pris l'exercice de leurs fonctions après avoir reconnu pour supérieure la demoiselle Roussarie qui avait déjà été nommée suivant le procès-verbal du vingt-deux juillet dernier.

Fait à l'hôpital, en présence de MM. Vernéjou, Mougeinc, Ducher, Lacombe, Rabanide, Soleilhet, administrateurs et trésorier de l'hôpital le même jour, mois et an que d'autre part. Les demoiselles Roussarie et Paty ont signé, et la demoiselle Bastid a déclaré ne le savoir.

Signés : Antoine Lacombe, officier municipal ; — Mariau, officier municipal ; — J.-P. Lacombe, administrateur ; — Duchier, administrateur ; — Mougenc, administrateur ; — Vernéjou, administrateur ; — Rouillard, officier municipal ; — Roussarie, supérieure ; — Paty.

Les directrices prêtaient un serment civique devant les membres de la municipalité, ainsi que cela résulte de la lettre ci-après :

Tulle, 26 décembre 1792, l'an I de la République française.

J'ai l'honneur d'attester aux citoyens administrateurs de l'hôpital que la citoyenne Darcambal a prêté son serment en qualité de directrice du dit hôpital.

Le Procureur de la commune,
Juyé.

Ces directrices recevaient chacune un traitement de 24 livres par trimestre et étaient nourries à l'hôpital ; elles avaient l'initiative des petites dépenses nécessaires à l'établissement et le compte en était réglé chaque mois. Ces dépenses étaient minimes et ne s'élevaient pas, pour chaque mois, à la somme de 100 livres. — La manière dont elles étaient dénommées dans les comptes témoigne du peu de respect qu'on avait pour elles, car on remarque souvent cette mention : « Le..... payé aux citoyennes directrices de l'hôpital qui est *la Pelegry* et *la Roussarie* et *la Darcambal* la somme de..... »

En l'an IV, leur traitement fut élevé de 4 livres par an et porté à 100 livres et la nourriture. En l'an VII, il fut augmenté de 100 livres et porté à 200 livres par an.

Leur début dans l'administration fut pénible : elles

se trouvèrent, d'un côté, en présence des difficultés créées par la pénurie des ressources de l'hôpital et, de l'autre, elles avaient à lutter contre l'indiscipline des pauvres, excités par la misère et les idées de désorganisation qui existaient alors dans tous les esprits.

L'administration fut obligée, à plusieurs reprises, de réprimer des scènes de désordre qui se produisaient principalement chez les femmes dont la conduite dans l'église et l'intempérance de langage contre l'aumônier étaient chaque jour plus blâmables.

Ainsi, elle décida, le 12 mars 1792, que Jeannette Planche et Jeanneton Bouysset, qui avaient troublé l'ordre à l'église pendant le cathéchisme et menacé l'aumônier du bâton, seraient, la première, expulsée de l'hospice et, la seconde, punie de trois jours de détention dans la chambre de correction.

Ces mesures de sévérité furent les dernières, car, quelques temps après, la municipalité décida que la chapelle du ci-devant couvent de la Visitation serait fermée et les clefs remises au citoyen Vidal, commissaire de police.

Malgré tous ces ennuis et les fatigues inhérentes à leurs fonctions, elles n'étaient pas payées exactement de leur traitement et elles adressèrent des plaintes réitérées à l'administration, qui ne pouvait malheureusement pas leur donner la satisfaction qu'elles auraient désirée. Il fallait, avant tout, acheter les denrées nécessaires à l'alimentation des malheureux. Cependant, le 21 frimaire an VII, on autorisa le trésorier à leur verser un à-compte de 24 livres.

Leur administration s'exerça sans donner lieu à des plaintes sérieuses jusqu'en l'an IX, époque à laquelle la municipalité, revenue à des idées plus sages, pensa qu'il était préférable de revenir à l'ancien mode de surveillance et de confier la direction de l'hospice aux sœurs de charité de Nevers.

Le maire, M. Duval, se souvenant qu'au moment de sa sortie de l'ancien hôpital, la supérieure s'était

réfugiée dans sa famille, à Gourdon (Lot), s'empressa
de lui proposer de reprendre ses anciennes fonctions.
La réponse ne se fit pas attendre et, le 24 germinal
an IX, Pétronille Cabanes fait connaître son acceptation dans les termes suivants :

Monsieur, aussitôt que j'ai reçu la lettre de notre générale,
je m'empresse d'avoir l'honneur de vous en prévenir. Il me
tardait beaucoup de recevoir son autorisation pour répondre
à toutes les honnêtetés que j'ai reçues de votre part, malgré
le plaisir que j'aurai de rester quelques jours auprès de mes
parents.

Vu l'empressement que vous avez eu la bonté de me témoigner de venir au secours de ces âmes souffrantes, je vous
promets de ne pas mettre de délai. Après les dix jours expirés
je me rendrais de suite pour répondre à vos intentions.

Quant à notre entretien vous êtes juste et raisonnable et je
suis persuadée que vous approuverez que nous ayons le même
traitement qu'on a fait dans plusieurs de nos maisons que je
vous indiquerais, lorsque j'aurais l'honneur de vous voir.

Pour épargner tous frais de voyage, j'ai proposé, à notre
chère mère, ma sœur Duché et ma sœur Bardinal (1) qui
étaient dans leur famille, qui se feront un devoir de se joindre
à moi pour remplir les œuvres de notre état.

J'ai la confiance qu'avec le secours de Dieu nous tâcherons
de remplir vos vœux, en nous acquittant du mieux qu'il nous
sera possible de notre devoir envers les pauvres et envers
tous ceux qui auront affaire avec nous. Je vous prie d'en être
convaincu ainsi que de la parfaite considération avec laquelle
je suis signée : PÉTRONILLE CABANES.

Le 29 du même mois, le maire adressa aux administrateurs une copie de cette lettre et l'arrêté du pré·
fet qui nomme les sœurs Cabanes, Duché et Bardinal
directrices de l'hospice. Il ajoute que ce choix est des

---

(1) Ces deux dames étaient à Tulle dans leurs familles.

10

meilleurs, qu'il y a lieu de prévenir les directrices
laïques de leur changement et d'exiger, avant leur
départ, un inventaire des objets qui leur ont été confiés.

Les administrateurs accueillirent cette nouvelle avec
un vif intérèt, prirent l'engagement de soutenir les
sœurs de charité de tous leurs pouvoirs et décidèrent
qu'à partir de ce jour l'administration intérieure de
l'hospice leur appartiendrait en entier.

En 1807, on créa pour elles une infirmerie spéciale
dont les travaux d'appropriation s'élevèrent seulement
au chiffre de 291 fr.

En 1809, l'adjonction d'une nouvelle sœur fut jugée
indispensable en raison de l'accroissement du service
occasionné par les militaires blessés et les prisonniers
de guerre espagnols. Le traitement que les sœurs
touchaient depuis l'an IX, et qui était de 100 fr. par
an, ayant paru insuffisant, il fut porté à 150 fr.

En 1810, le nombre des blessés ayant augmenté
dans de grandes proportions, les sœurs ne pouvaient
pas donner tous les soins qu'exigeait une classe aussi
intéressante de malades, et l'administration jugea utile
de leur adjoindre deux nouvelles sœurs. Le personnel, bien qu'augmenté, était très occupé et rendait
des services immenses en veillant avec un dévouement infatigable les malades civils et militaires.

Pendant leur séjour à l'hospice, de l'an IX à l'année
1830, époque à laquelle s'arrète ce récit, la vie calme
et paisible des sœurs ne fut troublée que par deux
petits incidents :

La sœur Sophie Bardinal mourut en ventôse an
XIII : elle était très aimée des pauvres et de tout le
personnel. Pour lui rendre des honneurs plus solen-
nels et pouvoir prier sur sa tombe, ses compagnes la
firent enterrer dans un caveau situé sous la sacristie
de l'église. Le général préfet de la Corrèze, averti de
ce fait, écrivit au maire une lettre pleine de reproches sur l'autorisation qu'il avait dû donner de faire

cette sépulture dans un lieu où elle ne devait pas avoir lieu. Il lui signalait, en termes très vifs, la non observation du décret du 23 prairial an VII et lui donnait l'ordre de faire procéder à une exhumation immédiate. Les médecins Soleilhet et Laborderie et les officiers de santé Rigolle et Chammard, consultés par le maire, exprimèrent l'opinion qu'une exhumation aussi précipitée serait nuisible à la santé publique et pourrait produire une épidémie dangereuse. On décida alors de combler le caveau avec de la terre pour qu'à l'avenir un pareil fait ne se reproduisit plus ; mais le général préfet insista plus tard pour l'exécution de la loi, et le corps de Sophie Bardinal, exhumé le 24 mars 1806, fut transporté au cimetière.

Pendant le mois de fructidor an XI, au moment d'un orage et conformément à des croyances populaires, les sœurs firent sonner les cloches pour éloigner la foudre qui grondait avec force sur l'établissement. Cette sonnerie parut intempestive au général préfet et lui agaça les nerfs d'une manière bien sensible puisqu'elle motiva de sa part la lettre suivante au chef de la municipalité :

Je vous préviens que j'ai été bien surpris hier d'entendre sonner les cloches de l'hospice de Tulle dans le moment où l'orage menaçait. Comment se peut-il qu'on souffre un acte pareil et qu'on affiche une telle ignorance de tous les principes de physique dans un chef-lieu de département. Quel argument employer pour éclairer les autres communes lorsque le plus mauvais exemple leur est donné.

J'ai mandé sur le champ la supérieure de cet hospice pour lui en faire des reproches, elle m'a promis que cela n'arriverait plus.

Vous savez que d'après l'article 48 titre 3 section 5 de la loi du 18 germinal an X, relative à l'organisation des cultes, le son des cloches ne doit servir que pour appeler les fidèles au service divin et qu'on ne peut les sonner pour toute autre cause, sans la permission de la police locale.

D'après cela je vous invite à donner les ordres les plus précis pour que de pareils abus ne se renouvellent plus; car s'il en était autrement, je suis décidé à faire enlever ces cloches et à punir ceux qui se seraient per... de désobéir. Je vous salue. — Signé : MILLET-MUREAU.

Je livre sans commentaires à l'appréciation de mes lecteurs cette lettre si étrange du général-préfet de la Corrèze.

Voici la désignation des directrices de l'hospice depuis l'année 1792 jusqu'en 1830 :

An Ier : Les citoyennes Roussarie aînée, Dufaure cadette, Bastid aînée, Paty, Darcambal.

An II et III : Les mêmes.

An IV : Les citoyennes Roussarie, Ludière, Bastid, Pellegry, Darcambal.

An V : Les citoyennes Roussarie, Pellegry, Ludière, Darcambal.

An VI : Les mêmes, à l'exception de la citoyenne Darcambal qui, ayant donné sa démission, est remplacée par la citoyenne Germain.

An VII : Les mêmes, à l'exception de la citoyenne Pellegri, décédée et non remplacée.

An VIII : Les mêmes.

An IX : Pétronille Cabannes, supérieure, Hélène Ducher, Sophie Bardinal.

An X : Mmes Pétronille Cabanes, Hélène Duché, Sophie Bardinal.

An XI : Mmes Thérèze Villadard, Sophie Bardinal, Adélaïde Denoix.

An XII : Mmes Thérèze Villadard, supérieure, Sophie Bardinal, supérieure, Adélaïde Denoix, Thérèze Doussaud.

1806 : Mmes Adélaïde Denoix, supérieure, Sophie Blanc, Thérèze Doussaud, Emilienne Duclaux.

1807 : Les mêmes.

1808 : Mmes Adélaïde Denoix, supérieure, Angélique Morron, Emilienne Duclaux, Scolastique Bastide.

1809 et 1810 : Les mêmes.

1811 : Mmes Duclaux (Emilienne), supérieure, Thérèze Brunie, Ursule Mons, Anastasie Molinier, Séraphine Barbazan.

1812, 1813 et 1814 : Les mêmes.

1815 : Mmes Adélaïde Denoix, supérieure, Emilienne Duclaux, Ursule Pons, Thérèze Brunie, Anastasie Molinier, Séraphine Barbazan.

1816, 1817, 1818, 1819 et 1820 : Les mêmes.

1821 : Mmes Anastasie Molinier, supérieure, Emilienne Duclaux, Thérèze Brunie, Félicité Jannot, Bathilde Charrier, Constance Limousin.

1822 : Mmes Anastasie Molinier, supérieure, Emilienne Duclaux, Thérèze Brunie, Constance Limousin, Bathilde Charrier, Euphrasie Alix.

1823 et 1824 : Les mêmes.

1825 : Mmes Anastasie Molinier, supérieure, Emilienne Pelletingeas, Duclaux, Constance Limousin, Euphrasie Alix, Gertrude Lamothe, Agnès Lavenir, Victoire Cabrol, Cécile Raynaud.

1826 : Les mêmes.

1827 : Mmes Anastasie Molinier, supérieure, Emilienne Pelletingeas Duclaux, Constance Limousin, Agnès Lavenir, Victoire Cabrol, Cécile Raynaud, Mélanie Lelong, Euphémie Ducly.

1828 : Les mêmes.

1829 : Mmes Anastasie Molinier, supérieure, Emilienne Pelletingeas Duclaux, Constance Limousin, Cécile Raynaud, Mélanie Lelong, Euphémie Ducly, Victoire Duc, Philippine Magueur.

1830 : Les mêmes.

Corps médical.

A l'époque de la Révolution de 1789, le citoyen Romignac, officier de santé, était le médecin de l'hospice. Après son décès, arrivé en germinal de la IIIᵉ année de la République une et indivisible, il fut remplacé par le citoyen Rigolle, l'un des administrateurs de l'hospice, moyennant un traitement de 1,200 livres payable par quartier. Mais, le 10 brumaire an VII, ce traitement fut réduit à 400 livres et on accepta les services du citoyen Soleilhet, officier de santé, qui les offrit gratuitement.

Le 9 décembre 1810, M. Rivière, docteur en médecine et chirurgien, fut chargé du service médical; mais M. Rivière ayant fait preuve d'une grande négligence et ayant refusé de faire les accouchements, il fut remplacé par M. Meynard, médecin chirurgien à Blanchefort, auquel un traitement de 300 livres fut alloué. Le 20 octobre 1816, on lui adjoignit M. Soleilhet fils, qui remplaça son père, démissionnaire en sa faveur.

Aumôniers.

A l'époque de la Révolution, M. Lagier était aumônier de l'hospice, qu'il quitta en 1793, lors de la fermeture des églises. Jusqu'à l'an XII, il ne fut pas remplacé; le 30 vendémiaire de cette année, le conseil d'administration fit remarquer que, de tout temps, un aumônier avait été attaché à l'établissement; que sa présence y était indispensable et que, d'après l'arrêté des consuls, il était autorisé à demander l'établissement d'une cure, d'une succursale ou d'un oratoire dans lequel un prêtre, sous le titre de curé, de desservant ou aumônier, ferait le service ecclésiastique nécessaire, et il propose l'ancien aumônier, M. Lagier, qui aura un traitement de 400 fr. et son logement. Cette proposition fut transmise, avec un avis favorable, par le maire, M. Duval, au général-préfet de la Corrèze qui répondit ainsi :

J'ai reçu, citoyen maire, avec votre lettre du 12 courant, la délibération de la commission administrative de l'hospice ayant pour objet l'établissement d'un oratoire et la demande d'un aumônier pour le desservir. Je viens de transmettre son vœu à M. l'Evêque à qui la loi a délégué le droit d'autoriser et de soumettre au gouvernement ces sortes de demande.

Quant à la demande que vous me faites, au nom de la commission, du citoyen Lagier pour remplir cette place, c'est à M. l'Evêque d'abord que vous devez vous adresser et je ne doute point que sur le bon témoignage que vous rendez de ce citoyen, il ne l'accorde au vœu de la commission et au votre, je me ferai ensuite un plaisir d'approuver son choix.
— Signé : MILLET-MUREAU.

M. Lagier fut admis comme aumônier de l'hospice et en remplit les fonctions jusqu'au 2 juillet 1809, époque à laquelle il fut révoqué par l'évê, ; de Limoges et remplacé par M. Parjadis, ancien curé de Forgès, après un intérim de quelque temps fait par M. Bourdet, vicaire de Notre-Dame.

Divers fonctionnaires de l'hospice.

Jardinier : Dans la séance du 15 germinal IIIe année de la République une et indivisible, le citoyen Antoine Champeaux, jardinier, demanda, en raison du prix excessif des denrées, une augmentation de son traitement qui fut élevé à 300 livres par an, une paire de souliers, une paire de culottes, une paire de pantalons et les sabots qu'il pourrait user. Cette allocation n'ayant pas paru suffisante au citoyen Champeaux pour l'entretien de sa femme et de ses enfants, il réclama une nouvelle augmentation dans la séance du 17 pluviôse an IV. On fit droit à cette demande, en décidant qu'on lui donnerait 300 livres par trimestre et un sestier de blé noir.

Portiers : Francœur, Colin, Daumard. Ce dernier, parvenu à un âge très avancé, fut remplacé le 19 novembre 1808 par Jean-Baptiste Thénéze, cordonnier à Tulle, qui reçut pour traitement le logement, la nourriture, le chauffage et l'habillement.

Trésorier : Delbos, Duchier, Manchier.

Hommes d'affaires : Dufaure, Lacour.

Accoucheuse : Mlle Amable Vintéjoux.

Barbiers : Machat, Roux, Leymarie (Jacques).

Garde : Moussours.

Maître d'école : Delbos.

Fournier : Bernard.

Servantes : Douze filles pour la boulangerie, la cuisine et l'infirmerie.

Meunier : 21 décembre 1810 ; nommé meunier de l'hospice, Pierre Chaumeil, pauvre de la maison, moyennant 60 fr., et sa femme, Marguerite Chadebech, prise comme cuisinière, moyennant 48 fr. par an.

CONCLUSION

Notre tâche est terminée ; nous sommes arrivés au but que nous voulions atteindre : le récit pendant trois siècles des principaux faits accomplis dans notre établissement hospitalier. Nous prions nos lecteurs de nous pardonner si nos efforts n'ont pas été à la hauteur de cette œuvre importante et si le nombre des pièces reproduites *in extenso* a pu fatiguer sa patience. Nous avons pensé que, dans la narration de cette histoire locale, il était indispensable de permettre à chaque lecteur de se former une opinion indépendante, en mettant sous ses yeux les documents officiels, au lieu de lui présenter un récit qui serait seulement le reflet de celle de l'auteur.

Après avoir déroulé le tableau désolant de la misère de l'hospice pendant de longues années, il est juste de faire connaître la situation des ressources dont dispose actuellement l'administration pour subvenir au soulagement des malheureux. Les jours de détresse ne sont plus à redouter et l'hospice possède aujourd'hui des revenus suffisants.

Des personnes riches et charitables lui ont fait des dons importants, et ses capitaux, placés en grande partie en rentes sur l'Etat, lui assurent des revenus fixes et régulièrement payés. La municipalité ne lui accorde plus de subvention et lui a enlevé les droits attribués sur les concessions de terrain dans le cimetière.

17

Nonobstant cette diminution de ressources, les produits de l'hospice s'élèvent à plus de 60,000 fr., savoir :

Loyers des maisons et terrains......	405	»
Rentes sur l'Etat..................	28,581	»
Rentes sur particuliers, communes et établissements	513	18
Intérêts des fonds placés au Trésor...	901	03
Intérêts d'obligations.............	247	30
Intérêts et dividendes d'actions......	500	»
Intérêts de capitaux dûs...........	3,687	50
Ventes en bestiaux...............	400	30
Produits de la chapelle............	171	35
Journées de malades militaires......	10,656	30
Journées d'aliénés...............	300	60
— de siphilitiques...........	421	50
— de malades à la charge des communes...........	305	10
— de malades à la charge du département.........	4,630	»
— de malades à leurs frais....	1,714	»
Frais de séjour d'enfants assistés à la charge du département...........	3,149	75
Subventions applicables aux services annexés......................	1,400	»
Produits de l'exploitation directe des propriétés...................	1,580	10
Frais de séjour d'enfants assistés à la charge des départements étrangers.	357	»

Les dépenses relatives à ces recettes ont atteint

seulement le chiffre de 46,303 fr. 59 ; elles ont été affectées :

1° En lait, 3,968 litres, coût.......	787	20
2° Bois, 99 stères...............	1,251	31
3° Chandelles, 84 kilogr..........	114	»
4° Charbon, 5,050 kilog.........	203	40
5° Farine, 120 kilogr............	143	»
6° Huile à brûler, 131 kilogr......	198	45
7° Pain 1re qualité, 1,235 kilogr.....	456	75
8° Pain 2e qualité, 22,640 kilogr....	7,244	80
9° Sucre, 351 kilogr............	475	22
10° Haricots, 427 kilogr...........	139	20
11° Riz, 129 kilogr..............	37	»
12° Savon, 206 kilogr............	129	54
13° Sel, 781 kilogr..............	123	54
14° Viande, 4,740 kilogr..........	6,494	49
15° Vin, 8,215 litres.............	5,586	35

D'après le compte administratif, les quantités de denrées et objets mobiliers récoltés, confectionnés ou achetés en 1882, sont de 72,058 unités. Il en a été consommé 58,075 unités ; il restait donc en magasin, au 31 décembre 1882, 13,982 unités.

Les produits récoltés dans l'établissement entraient dans ces chiffres pour 14,853, et ceux confectionnés dans la maison pour 620 unités.

L'hospice possède, en outre, une forêt, dite de Frétigne, dans la commune de Soursac, de près de 100 hectares. Cette forêt, située à une grande distance de Tulle, dans une position très escarpée, d'une exploitation très difficile, ne produit aucun revenu. Il est de l'intérêt de l'hospice d'en poursuivre l'aliénation.

Depuis trois années, des améliorations importantes ont été apportées dans l'agencement des locaux, dans la literie et la nourriture. Les fournitures en pain et en viande sont de première qualité, et les vins ne sont admis qu'après avoir été soumis à une analyse faite par un pharmacien qui constate qu'ils ne contiennent aucun mélange nuisible à la santé. Le transport des morts est fait par le corbillard de l'entrepreneur des convois funèbres de la ville, au lieu d'être effectué par des pensionnaires de l'établissement. Des cours séparées pour la promenade et la récréation des enfants des deux sexes ont été créées.

Voici un aperçu sommaire des nouveaux travaux :

Quartier des femmes.

Etablissement de cabinets à chaque étage;
Escalier en pierre de Volvic;
Déplacement du berceau dans une salle beaucoup plus vaste, avec chambre de récréation;
Plafonds dans tous les couloirs;
Création d'une salle pour les maladies contagieuses;
— pour les galeux et les infirmes;
— pour les filles vénériennes, avec dépendances;
— pour le pliage et le repassage du linge.

Quartier des hommes.

Blanchiment de toutes les salles;
Création d'une salle dite Bonnety (du nom de la bienfaitrice);
Création d'une salle pour les voyageurs, qui sont complètement isolés des malades et des pensionnaires de l'établissement;
Cabinet de consultations gratuites, les mercredi et

samedi de chaque semaine, de neuf à dix heures. Ce service est fait à tour de rôle par tous les médecins de la ville.

Literie.

Tous les lits en bois ont été supprimés et remplacés par des lits en fer, avec sommier et double matelas.

Alimentation.

Distribution de viande et de vin aux deux repas.

Service intérieur.

Les malades peuvent être visités deux fois par semaine, au lieu d'une fois, par leurs amis et leur famille, et les sorties sont mensuelles, tandis qu'elles n'étaient que trimestrielles.

Statistique hospitalière. — Mouvement des malades.

	1873	1874	1875	1876	1877	1878	1879	1880	1881	1882
Nombre d'individus traités dans l'année.....	631	807	789	797	613	782	661	729	766	710
Nombre d'individus sortis dans l'année.....	499	637	635	623	455	549	499	510	568	547
Nombre d'individus décédés dans l'année...	28	38	38	59	43	70	38	53	62	55
Nombre de journées de présence :										
Hommes..............	13896	17360	18692	21160	17207	18331	17768	19339	16951	15648
Femmes	8593	7708	6994	5824	5638	7796	8424	9177	10324	8801
Enfants..............	20143	8274	20870	17037	18689	18524	17502	18481	16192	14506
TOTAUX des journées.	42632	43342	45556	44021	41534	44681	43694	47297	43467	38955
Prix ou coût moyen d'une journée.......	c. 73 26	c. 83 78	c. 71 55	c. 76 50	c. 74 99	c. 84 07	c. 90 42	f. 1 235	f. 1 176	f. 1 067

Le mérite des améliorations signalées dans l'hospice ne doit pas être attribué exclusivement aux administrateurs actuels; il est juste de reconnaître et d'affirmer bien haut que leurs prédécesseurs, par une gestion sa[...] et éclairée, avaient fait des économies sérieuses qui ont servi à payer les travaux effectués.

———

ANNEXES

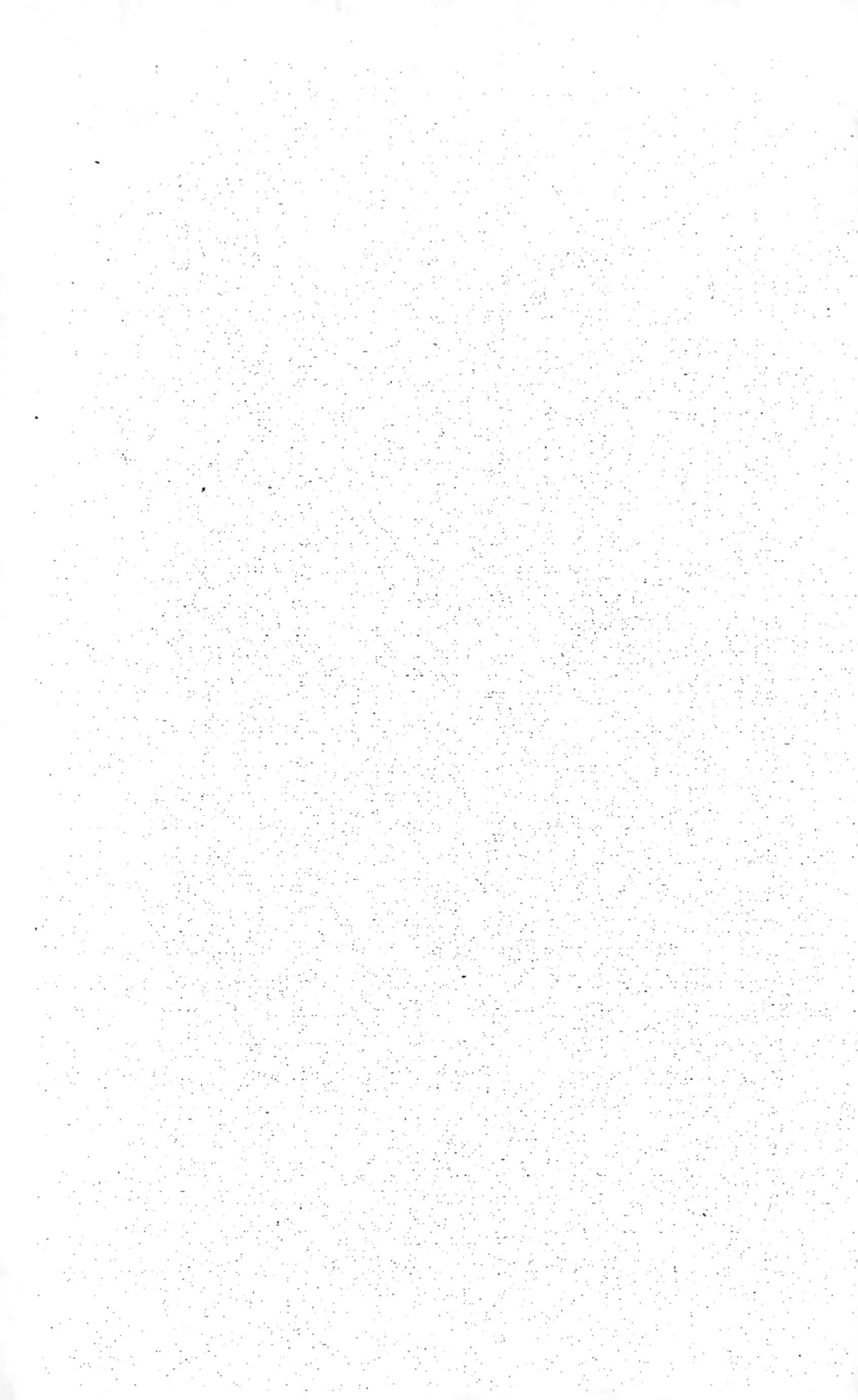

ÉTABLISSEMENT D'UN HÔPITAL GÉNÉRAL DANS LA VILLE
DE TULLE.

Louis par la grâce de Dieu, Roi de France et de Navarre :
A tous présents et à venir, Salut.

Depuis qu'à l'exemple de nos Rois nos prédécesseurs, Nous
avons ordonné par notre déclaration du mois de juin 1662
« qu'en toutes » les villes et gros-bourgs de notre royaume,
il soit établi un hopital général, et fait des règlements pour
la subsistance d'icelui, afin d'y loger enfermer et nourrir les
pauvres mandians, invalides natifs des lieux, ou qui y auront
demeuré pendant un an ; comme aussi les enfants orphelins,
ou nais de parents mandians ; pour y être tous lesdits pauvres instruits à la piété et religion chrétienne, et aux metiers
dont ils pourront se rendre capables, sans qu'il leur soit permis de vaguer, sous quelque prétexte que ce soit.

Les habitans de notre bonne ville de Tulle se sont portez
aussi-tot d'un veu commun à chercher les moyens de satisfaire
à notre intention, ainsi qu'ils ont fait dans plusieurs autres
rencont... importans à notre service et au bien public, et quoi-
qu'il se peut trouver beaucoup de difficultes aud. établissement, n'y aïant dans lad. ville ni ès environs aucune maladre-
rie et leproserie, maison de Dieu, hospice ni autre lieu disposé
pour les pauvres dont ils puissent demander l'union. Nean-
moins ils ont bien voulu marquer leur zèle pour un si pieux
établissement en souffrant une capitation sur eux-mêmes,

18

et les principaux de lad. ville s'etant taxez volontairement à des sommes considérables à proportions de leurs facultés, et les autres habitants étant dans la disposition de faire la même chose, ce qui leur a attiré un legs particulier d'une somme de dix mille livres et une autre charité de pareille somme de dix mille livres applicable aud. établissement, dont le succès étoit reservé à la piété de leur Evêque, lequel a fait un fonds considérable pour la nourriture et entretien des pauvres, par l'union des aumones générales, tant de luy, que de son chapitre, en sorte qu'ajoutant à ce revenu, qui est fixe et assuré, les aumones et charités que les communautés régulières et les habitans de lad. ville et faux-bourgs d'icelle et lieux circonvoisins font ordinairement aux pauvres mendians, et y joignant aussi les franchises, privilèges, immunités, et autres grâces et attributions que nous avons accoutumé d'accorder aux hopitaux-généraux, on peut espérer qu'il y aura fonds suffisant pour l'établissement de celui-ci.

C'est pourquoi ledit sieur Evêque et les habitans de lad. ville nous ont très humblement fait supplier leur accorder à cet effet nos lettres à ce nécessaires, en confirmant les articles qui ont été concertez et accordez entr'eux et nos officiers du Présidial de lad. ville. De l'avis de nos bien amez et féaux conseillers, les srs de la Moignon, conseiller en nos conseils, et premier président en notre cour de Parlement de Paris, le Nain aussi conseiller en ses conseils et maitre des requêtes honoraire de notre hotel, de Brilhac conseiller en la grande chambre de notre dit Parlement, au jugement desquels ils se sont volontairement soumis. A ces causes et voulant contribuer autant qu'il nous sera possible à la perfection d'un si saint ouvrage, et si nécessaire pour la gloire de Dieu et pour le bien de notre d. ville de Tulle. De l'avis de notre conseil qui a vu les actes d'Assemblée de ville des 3 et 9 février 1668. Les procurations dud. seigneur Evêque de Tulle et de nos officiers du Présidial de lad. ville des 11 mars et 9 juin de lad. année 1668. Les articles arrêtez pour l'établissement dud. hopital général par lesd. sieurs de la Moignon, le Nain, de Brilhac, Jannard et Jasse du 18 mars 1669. Ensemble le don fait par led. sieur Evêque des droits seigneuriaux qui lui pourront être dus à cause des acquisitions qui seront faites au profit dud. hopital général. Nous de notre certaine science, pleine puissance et autorité roïale avons par ces présentes, signées de notre main, dit, statué et ordonné : Disons statuons et ordonnons. Voulons et nous plait, que les pauvres mandians valides et invalides de la ville, faux-bourgs, et hameaux des paroisses de Tulle soient enfermez au lieu qui sera choisi et à ce destiné pour être employez aux ouvrages de manufacture et autres travaux sans qu'ils puissent vaguer à l'avenir. Faisons très expresso inhibition et défenses à toutes personnes valides et invalides, de quelque sexe, qualité ou condition qu'il soit, en quelque lieu et heure, et sous quelque pretexte que ce puisse être, de mandier dans lad. ville fauxbourgs et hameaux, à peine contre les contrevenans du carcan pour la première fois et du fouet; et du banissement pour la seconde contre les hommes et garçons valides et du banissement contre les femmes et filles de lad. ville de Tulle, et ainsi qu'il sera jugé par nos juges sommairement et sans frais. Que si aucuns pauvres s'avise de mandier secrètement dans les maisons; nous enjoignons aux propriétaires et locataires, leurs domestiques et autres de les retenir jusqu'à ce que les directeurs dud. hopital général en soient avertis pour les faire arrêter et mener en prison par leurs officiers.

Voulons que la maison, lieux et clôtures ou lesd. pauvres seront enfermez soient nommez l'*Hopital général de Tulle* lequel avec tous ses droits, appartenances et dépendances nous prenons en notre garde et protection roïale, sans toutes fois qu'il dépende de notre grand aumonier, en quelque sorte et manière que ce soit, ni qu'il puisse être jamais censé et reputé sujet à la visite et supériorité des officiers de la générale reformation et autres de la grande aumonerie, auxquels nous interdisons dès à present et pour l'avenir toute jurisdiction et connoissance. Et pour subvenir à la nourriture et entretien desd. pauvres. Nous avons du consentement dud. sieur Evêque uni, annexé et incorporé, unissons, annexons et incorporons, par ces presentes aud. hopital général toutes les aumônes générales et particulières qui se font dans lad. ville faux-bourgs de Tulle et hameaux en dependans, et par exprès celles que led. s^r Evêque et les s^{rs} doyen chanoines et chapitre ont accoutumé de faire, soit au nom dud. chapitre en corps,

ou les s^{rs} officiers des dignités dud. chapitre en particulier, et
généralement toutes les autres aumones affectées aux pauvres
en termes généraux. Seront exhortées toutes les communautés séculières et régulières et les habitans de lad. ville chacun en particulier de convertir ce qu'ils ont accoutumé de
bailler aux pauvres mandians à leurs portes ou ailleurs en
une aumone reglée, soit en argent ou en bled, vin et autres
denrées payables par chacun an à une ou plusieurs fois, sans
que cela puisse être tiré à conséquence pour toujours, ni que
l'état de recette desd. aumones et contributions volontaires
puisse servir de titre pour en demander le payement et con-
tinuation à l'avenir.

Voulons que lesd. articles qui ont été accordez et arrêtez
par l'avis desd. s^{rs} de la Moignon, le Nain, de Brilhac, Jannard et Jasse qui sont ci attachez sous notre contrescel, soient
ponctuellement gardez et observez. Ce faisant que la direction spirituelle dud. hopital général appartienne aud. s^r.
Evêque et son grand vicaire, et pour la direction temporelle
il y aura six directeurs, sçavoir deux ecclesiastiques et quatre
laïques, un receveur et secrétaire, lequel receveur aura séance
et voix délibérative, fors et excepté dans les affaires où il
aura intérêt, et quand led. Evêque sera présent il aura la pre-
séance et la présidence en toutes les assemblées ordinaires et
extraordinaires, et s'il en est absent un directeur ecclésiastique ; et s'il n'y a pas de directeur ecclésiastique présent, un
directeur laïque présidera aux assemblées ordinaires, le tout
suivant l'ordre du tableau, et quand il y aura des assemblées
extraordinaires, le lieutenant général dud. présidial de Tulle,
et en son absence le lieutenant particulier ou autre de nos
officiers suivant l'ordre du tableau présidera, si ledit s^r Evêque n'est pas présent. A cette fin seront invitez lesd. lieutenant général ou particulier, ou autre de nos officiers ensemble notre procureur et à defaut de lui l'un de nos advocats
aud. présidial de se trouver aux assemblées extraordinaires
et aussi le maire de la ville, et en son absence le premier
consul ou autre suivant le même ordre.

Voulons que la première élection des directeurs, receveur
et secrétaire soit faite dans une assemblée générale dans la
sale épiscopale où tous les corps de la ville assisteront en leur

ordre accoutumé. Les autres assemblées ordinaires et extraordinaires se fairont au bureau, quant aux ordinaires du bureaux elles seront faites aud. hopital général, tous les dimanches immédiatement après vêpres et les assemblées extraordinaires quand il en sera besoin principalement lors de la reddition des comptes.

Voulons aussi conformément aud. avis que les premiers directeurs qui seront nommez demeurent les trois premières
années sans aucun changement, sinon en cas de mort de l'un
d'entr'eux, auquel cas les suivans nommeront un autre directeur pour occuper la place de celui qui sera décédé, et
après les trois années expirées trois des premiers sortiront de
la direction, sçavoir, un ecclésiastique et deux laïques, et les
trois autres y demeureront et serviront une quatrième année
pour instruire les trois nouveaux directeurs qui seront nommez, à la fin de laquelle quatrième année l'autre ecclésiastique sortira avec un des laïques, au lieu desquels on élira
un autre ecclesiastique et un laïque, tellement qu'il ne restera
de la première élection qu'un autre laïque, lequel exercera
une cinquième année et après laquelle il sortira et en sera
éleu un autre pour tenir sa place. Et il sera fait en chacune
des autres années une nouvelle élection semblable aux trois
précédentes, la première d'un ecclésiastique et deux laïques,
la seconde d'un autre ecclésiastique et d'un laïque, et la troisième d'un laïque seulement, afin qu'il y aye toujours deux
directeurs ecclésiastiques et quatre laïques, et que chacun des
directeurs demeure trois ans dans la direction. Lesd. nomi-
nations, ensemble celle du receveur, secrétaire et autres officiers et archers seront faites au bureau par les six directeurs
et le receveur en charge à la pluralité des voix.

Ordonnons que les directeurs, receveurs et autres officiers,
incontinent après leur nomination et avant qu'entrer en
aucune fonction fairont le serment au bureau entre les mains
dud. sr evêque s'il y est present, et en son absence en celle
du directeur ecclésiastique plus ancien, et s'il n'y a point de
directeur ecclésiastique entre celle du plus ancien laïque dans
l'ordre du tableau. Et seront faits tous les reglements pour
la discipline et police de la maison, et pour tout ce qui sera
nécessaire tant pour l'économie qu'autrement dans les as-

semblées ordinaires du bureau, et le receveur sera deux ans en exercice pendant lesquels il tiendra registre de toute la recette et dépense, et sera tenu de rendre son compte dans quatre mois prochains après les deux ans expirez, lequel compte il affirmera véritable au bureau ou il pourra entrer jusques à ce que son compte ait été clos, arrêté et signé, et lad. clôture faite il pourra être élu directeur en la prochaine élection. Et s'il intervient quelque contestation pour la reddition ou examen du compte les parties procéderont pardevant led. lieutenant général pour les terminer sommairement et sans frais, et en son absence pardevant le lieutenant particulier ou autre de nos officiers suivant l'ordre du tableau, et toutes les autres affaires contentieuses se traiteront pardevant le lieutenant général. Et afin que l'on puisse exactement exécuter ce qui aura été arrêté aud. bureau, le secrétaire tiendra bon et fidèle registre de toutes les délibérations qui demeurera aud. bureau et seront icelles signées par tous les directeurs qui y auront assisté, même par led. sr. Evêque quand il y aura présidé et par nos officiers pour les assemblées extraordinaires s'ils y ont assisté de quoi ils seront invitez, et commencera chaque séance des assemblées dud. bureau par la lecture qui sera faite par led. secrétaire des délibérations de la séance précédente. Seront les d. secrétaires, receveurs et officiers subalternes destituables à la volonté des directeurs suivant les délibérations qui seront prises dans le bureau à la pluralité des voix. Et ne pourra le receveur faire aucune dépense sinon en vertu des résultats.

Voulons que la dépense de bouche et les autres dépenses ordinaires dud. hopital soient écrites sur un registre particulier sous des chapitres différents suivant les diverses natures de dépenses et arrêtées tous les jours de bureau et que la recette et dépense du compte dud. receveur soit aussi distinguées par chapitre separez.

Voulons aussi que les dons et legs faits aux pauvres en termes généraux dans lad. ville, faux-bourgs, et ressort du présidial de Tulle dont l'emploi n'a pas été fait jusqu'à présent, ensemble toutes les adjudications d'amendes et d'aumones applicables aux pauvres, quoique lesd. adjudications contrats et dispositions soient faites auparavant ces présentes, et depuis dix ans de quel temps que ce soit, et toutes celles

qui seront faites cy-après, soient et appartiennent aud. hopital général, et qu'elles puissent être indiquées par lesd. directeurs en tant que besoin seroit, nous en avons fait don comme
des choses non réclamées.

Donnons aussi aux directeurs dud. hopital général à l'exclusion de toutes sortes de personnes le droit de faire tendre
de noir aux obsèques, enterrements, et autres services qui se
font pour les morts, soit dans les maisons ou dans les églises
et leur permettons d'affermer lesd. droits s'ils le trouvent à
propos, pour le bien et avantage des pauvres dud. hopital
desquels on sera obligé de se servir pour porter les torches et
flambeaux auxd. enterrements sans qu'il soit permis à ceux
qui faisoient lesd. services d'employer d'autres personnes
soit pour faire lesd. tentures ou pour porter lesd. torches ou
flambeaux.

Et permettons aud. directeurs de faire mettre des troncs,
boëtes et bassins en toutes les églises et chapelles, et de faire
quêter même aux occasions des baptèmes, mariages, convois,
enterrements et services. Comme aussi dans les places, lieux
publics, boutiques des marchands, hotelleries et généralement partout où la charité pourra être excitée.

Voulons que tous nos officiers tant de judicature que finance
et tous autres officiers des jurisdictions et justice de lad. ville
de Tulle et ressort d'icelle même des advocats, procureurs,
notaires, sergens et autres qui doivent serment en justice ne
puissent être reçus et installez sans avoir préalablement donné
au dit hôpital quelque somme modique selon la taxe modérée
qui en sera faite par les compagnies de nosd. officiers chacun
en ce qui les concernera; eu égard à la qualité des officiers,
et par led. lieutenant à l'égard des subalternes, faisant très
expresses inhibitions et défenses aux greffier desd. justices de
délivrer aucune matricule et acte de réception sans que la
quittance du receveur dud. hopital leur soit apportée et mise
entre leurs mains, à peine d'en répondre en leurs noms et de
nullité desd. matricules et réceptions, même pour led. receveur contraindre led. officiers au payement desd. taxes sur
les roles qui en seront dressez par lesd. compagnies par permission accordée par lesd. juges.

Voulons pareillement que dans lad. ville et faux-bourgs

de Tulle nul marchand ne puisse tenir boutique de marchandise de quelque nature et qualité qu'elle soit, ni nul hotelier, paticier, ou cabaretier ouvrir maison, mettre enseigne ou banière, ni aucun artisan travailler en public ou en particulier, sans qu'au préalable il aye payé au receveur dud. hopital général, une somme modique suivant la taxe qui en sera faite par led. lieutenant-général sur les conclusions de notre procureur aud. siege et en présence et de l'avis des maires et consuls de lad. ville.

Permettons aussi auxd. directeurs de recevoir tous les legs, dons, gratifications et autres liberalités qui leur seront faites par testament, codicilles, donations entre vifs ou à cause de mort ou par quelques autres actes que ce soit, et d'en faire les acceptations recouvrements et poursuites nécessaires, ensemble d'acquérir tant de notre domaine que d'autres personnes, eschanges et faire constitutions de rentes.

Donnons pouvoir auxd. directeurs d'ordonner et disposer de tous les biens dud. hopital suivant qu'ils jugeront être a propos, emprunter des sommes telles que le besoin dud. hopital le requèra. Transsiger, compromettre avec peine, composer et accorder de tous les différens meus et à mouvoir, lesquels compromis et transactions, nous avons validé et validons, comme s'ils étaient faits entre majeurs pour leur propre intérêt. Comme aussi de prendre terres et héritages de proche en proche pour la nécessité ou commodité dud. hopital général, en payant par eux la juste valeur selon l'estimation qui sera faite en cas que les propriétaires voisins fissent refus d'en traiter à l'amiable.

Défendons à tous salpètriers d'entrer dans les maisons fermes et métaieries dud. hopital pour y chercher ou cueillir du salpètre à peine de punition corporelle. Enjoignons aux curés, vicaires, notaires, tabellions, et à ceux qui exercent les greffes dans toute l'étendue dud. ressort de Tulle, ou leurs héritiers, et gardiens de minutes d'envoyer incessamment au bureau dud. hopital général des extraits de testaments, codicilles, donations, contrats, compromis, traités sous seings privés, sentences, jugements et autres actes, où il y aura des dons, legs, et adjudications d'amendes ou aumones, stipulations de peines, et autres avantages au profit dud. hopital

général, et de délivrer gratuitement toutes les expéditions nécessaires, le tout à peine d'en répondre par les négligens et
refusans en leurs propres et privés noms et de tous dépens
dommages et intérets et pourront lesd. directeurs agir esd.
noms et intervenir pour la demande, condamnation et payement des peines qui avoient été stipulées par les compromis
et autres actes au profit dud. hopital contre ceux qui se trou-
veront y avoir contrevenu et pour toutes les autres choses où
led. hopital pourra avoir intérêt.

Enjoignons aussi à tous notaires, huissiers, ou sergens de
faire tous exploits, significations, offres et autres actes concernant led. hopital général en parlant au secrétaire dud.
bureau et non aux directeurs en particulier, ny en leurs maisons, à peine de nullité, et sera tenu led. secrétaire d'apporter
lesd. actes au premier bureau pour y être délibéré.

Déclarons appartenir aud. hopital tous les meubles des
pauvres qui décederont suivant l'inventaire qui en sera fait
lors de leur entrée dans led. hopital, même les meubles des
pauvres qui auront été transferez dud. hopital en l'Hotel-Dieu,
et y seront décedez, hors les habits et hardes dont ils seront
vétus, lorsqu'ils seront transferez, lesquels demeureront aud.
Hotel-Dieu.

Permettons de faire fabriquer dans led. hopital maisons et
lieux qui en dependront toute sorte de manufactures, en faisant garder le règlement sur le fait d'icelles et de faire vendre et débiter dans led. hopital, les ouvrages qui y seront faits
sans pour ce nous en payer aucun droit; et pourront lesd.
directeurs faire tous les règlements de police et statuts non
contraires à ces présentes pour le gouvernement et direction
dud. hopital, tant au dedans d'iceluy pour la subsistance
des pauvres, et pour faire vivre avec ordre et discipline,
qu'au dehors, pour empêcher la mendicité publique et
secrete, lesquels règlements et statuts se fairont par la par-
ticipation dud. sr. Evêque de Tulle, de nos officiers principaux
dud. Présidial, maires et consuls de lad. ville, que nous voulons être observez et gardez par tous ceux à qui il appartiendra, afin qu'ils soient exactement observez Nous donnons et
attribuons aud. directeurs et à leurs successeurs, tout le
pouvoir et autorité de direction, correction et châtiment des

pauvres enfermez, et pour ce leur permettons d'avoir dans led. hopital des prisons, poteaux et carcans, à la charge néanmoins que si lesdits pauvres commettent des crimes pour lesquels il y ait lieu d'infliger des peines au-dela de l'emprisonnement, du carcan, et de la correction du fouet dans led. hopital ils seront mis ès-mains du lieutenant criminel aud. Présidial de Tulle, pour à la requète du substitut de notre procureur général, leur procez leur être fait et parfait sommairement et sans frais, ainsi qu'il appartiendra par raison et à l'égard des pauvres passans, qui seront trouvez mandier par les rues ou dans les églises de lad. ville et faux-bourgs de Tulle et hameaux en dépendans, pourront lesd. directeurs les faire constituer prisonniers ès-prisons dud. hopital et les tenir pour tel tems qu'ils aviseront bon être.

Défendons à toutes personnes de quelque qualité et conditions qu'elles puissent être de donner l'aumône aux pauvres mandians, ny vagabonds à peine de trente livres d'amende pour la première fois et de cent livres pour la seconde, le tout applicable aud. hopital général, pour raison de quoi ils seront poursuivis devant led. lieutenant général de Tulle auquel nous en attribuons la connoissance, et en outre voulons que les lits, paillasses, matelas et couvertures qui auront servi à coucher lesd. mandians et vagabonds soient enlevez et appliqués au service dud. hopital général sans espérance de répétition et pour empêcher lesd. pauvres de mandier, permettons aux directeurs d'élire le nombre d'archers qu'ils jugeront nécessaires, auxquels nous donnons pouvoir de signifier et publier par la ville et faux-bourgs de Tulle et hameaux en dépendant tous mandements et ordonnances dud. bureau, donner assignation et faire commandement de payer ce qui sera deu, legué, ou aumôné aud. hopital, prendre lesd. mandians et vagabonds et les conduire dans led. hopital, recevoir les pauvres passans aux portes de la ville, et les mener hors d'icelle, et en cas de résistance enjoignons aux bourgeois et habitans de leur prêter main-forte, à peine de trente sols d'aumône contre chacun des refusans applicable aud. hopital. Auront lesd. archers des casaques avec une marque particulière afin qu'ils soient connus, pourront porter épées et hallebardes s'il est jugé nécessaire par lesd. directeurs nonobstant les défenses portées par nos ordonnances.

Leur défendons de prendre aucune chose desd. pauvres ni de les maltraiter en quelque manière que ce soit à peine d'être chassez et punis.

Défendons à toutes sortes de personnes de quelque qualité et condition qu'elles puissent être de molester, injurier ni maltraiter lesd. archers qui seront employez pour prendre conduite renvoïer châtier et chasser lesd. mandians et vagabonds à peine contre les contrevenans d'être emprisonnez sur le champ, et d'être procédé contr'eux criminellement à la requête desd. directeurs, et auxd. mandians et vagabons de faire aucune résistance à peine d'être punis ainsi que lesd. directeurs aviseront.

Et afin que lesd. directeurs, receveurs et secrétaire ne puissent être distraits d'un service si important à la gloire de Dieu et au bien public. Voulons qu'ils soient pendant le tems de leur administration seulement exempts de tuteles, curateles, garde aux portes et toutes autres charges publiques et municipales.

Voulons encore qu'audit hopital général soient unis les fonds et revenus de toutes les confréries qui ont relaché et relacheront à l'avenir de leurs anciens statuts par l'avis et consentement dud. s' Evèque de Tulle et de ceux qui y peuvent avoir intérêt, en faisant néanmoins faire par lesd. directeurs les services et prières d'obligations si aucuns y en a.

Accordons en outre aud. hopital l'amortissement des batiments et heritages de l'enclos d'icelui seulement sans que pour raison de ce il soit tenu de nous rien payer.

Si donnons en mandement à nos amez et féaux conseillers les gens tenant notre cour de Parlement de Bordeaux, Chambres des comptes à Paris, président et trésoriers généraux de France à Limoges, et notre sénéchal de Limousin ou son lieutenant, et les gens tenant le siége présidial de notre ville de Tulle chacun en droit soi qu'à la diligence de nos procureurs généraux et de leurs substituts aux quels nous enjoignons d'y tenir la main, ces présentes ils fassent lire enregistrer, garder, observer et entretenir selon leur forme et teneur, et jouir lesd. hopital des droits d'amortissemens exemptions privilèges dons et gratifications et généralement de tout le contenu en icelles, pleinement paisiblement à perpétuité, cessant et faisant cesser tous troubles et empêchemens car tel est notre plaisir, nonobstant tous règlemens et lettres à ce contraires, auxquelles et aux derogatoires de derogatoires nous avons derogé et derogeons par ces dites présentes. Donné à Paris au mois de décembre de l'an de grace mil six cens soixante dix et de notre règne le vingt huit.

Extrait des registres de Parlement.

Veu par la cour la requête à elle presentée par les maires et jurats de la ville de Tulle au pays du Bas-Limousin, contenant qu'ayant été pris résolution par lesd. maires, consuls et habitants de lad. ville pour le bien d'icelle et du public d'établir un hopital général en lad. ville pour y recevoir les pauvres mandians, orphelins et autres de cette qualité, et après cette résolution ayant été fait des articles contenant les moyens de cet établissement et pour l'entretien à perpetuité dud. hopital il a été examinez par des personnes de haute qualité à qui sa Majesté en avoit donné les ordres par l'approbation de Monsieur l'Evêque de Tulle, et le tout ayant été rapporté à sad. Majesté il a été accordé auxd. maire, consuls et habitants par sa bonté et clémence des lettres patentes pour led. établissement et par le moyen d'icelles pour y parvenir avec le règlement et articles des choses nécessaires pour lesquelles led. établissement puisse subsister à l'avenir, lesquelles lettres patentes lesd. supplians rapportent à la cour aux fins qu'il soit procédé à la vérification et enregistrement des dites lettres patentes de sa Majesté, entant requièrent qu'il plaise à la cour ordonner qu'il sera incessamment procédé à la vérification et enregistrement desd. lettres patentes de sa Majesté portant établissement dud. hopital général en lad. ville de Tulle et que lesd. supplians en communauté jouissent de l'effet d'icelle, lad. requête signée Vignières et repondue par le procureur général du roy.

Veu les lettres patentes du roy, n'empéchons icelles être enregistrées ès registres de la cour pour être observées et exécutées suivant leur forme et teneur, et suivant et conformément à la volonté de sa Majesté, signé, de Pontac.

Veu aussi lesd. lettres patentes datées à Paris au mois de décembre 1670, signées Louis, et plus bas, par le roy Le Teillier et scellées de cire verte. Dit a été que la cour ayant égard à lad. requête et du consentement du procureur général du roy, a ordonné et ordonne que les lettres patentes de sa Majesté portant établissement d'un hopital général dans la ville de Tulle, et confirmation des articles arretez pour la direction et règlemens dud. hopital seront enregistrées ès registres de la cour pour être executées selon leur forme et teneur conformément à la volonté du roy. Dit aux parties à Bordeaux en Parlement le 9 février 1671.

Messieurs DE PONTAC, président; DUVAL, rapporteur; DE MONTALIER, avec parafe.

Aujourd'huy 19 juillet 1672, requerant Melon pour le procureur du roy les lettres patentes de sa majesté pour l'établissement d'un hopital général en la ville de Tulle. et arrêt d'enregistrement desd. lettres ont été lus et publiés en jugement le plaids tenant, et ordonné qu'ils seront enregistrés au greffe pour y avoir recours quand besoin sera. Fait à Tulle en l'audience tenue led. jour par M. le lieutenant particulier.

Signés : MELON, avocat du roy; LASALVANIE, lieutenant particulier; DE MERIGONDE, commis au greffe.

ANNEXE N° 2

ÉVALUATION DES GRAINS DE LA VILLE DE TULLE

ANNÉES	FROMENT			SEIGLE			AVOINE BATARDE		
	l.	s.	d.	l.	s.	d.	l.	s.	d.
1701	3	12	6	1	19	6	2	8	9
1702	3	4	6	1	10	1	2	1	13
1703	3	1	»	1	16	1	1	17	6
1704	3	5	6	2	6	10	2	8	9
1705	2	16	11	1	16	2	2	1	3
1706	2	8	10	1	7	3	1	10	»
1707	2	15	6	1	10	2	1	17	6
1708	5	3	9	3	12	6	3	16	3
1709	4	13	»	5	12	»	4	2	6
1710	3	6	1	2	3	2	1	15	7
1711	3	15	3	2	7	10	2	»	»
1712	6	11	11	4	15	9	3	6	»
1713	5	12	7	4	13	4	2	11	3
1714	3	16	»	2	17	1	2	1	»
1715	3	11	3	1	18	3	2	1	9
1716	2	18	»	1	16	4	1	18	3
1717	3	2	6	1	16	»	1	17	6
1718	3	15	»	2	»	»	2	1	»
1719	5	12	»	3	7	»	3	5	6
1720	5	4	»	2	19	»	2	18	»
1721	4	4	»	2	13	6	2	11	3
1722	4	8	»	2	9	9	2	11	3
1723	5	»	»	2	11	6	3	8	9
1724	5	8	»	2	16	»	3	16	10
1725	5	11	»	3	6	9	3	3	9
1726	3	17	»	2	12	»	2	1	3
1727	3	15	4	2	12	4	2	2	»
1728	4	11	»	3	8	»	2	18	6
1729	3	17	6	2	15	2	2	13	6
1730	3	17	6	2	11	»	2	12	6
1731	3	12	»	2	3	»	2	18	»
1732	3	3	»	2	2	6	2	15	»
1733	3	7	»	2	4	3	2	5	»
1734	3	5	6	2	2	4	2	2	6
1735	3	14	»	2	9	»	2	4	3
1736	4	3	»	3	1	»	2	5	»
1737	3	15	»	2	9	»	2	7	6
1738	5	»	»	3	17	»	3	17	»
1739	4	19	»	3	6	»	2	12	6
1740	5	10	»	3	10	»	2	10	»
1741	3	16	6	2	13	6	2	15	6
1742	3	11	»	2	3	9	2	10	»
1743	3	12	6	2	1	»	2	14	»
1744	3	8	»	1	18	»	2	»	»
1745	3	9	6	2	1	»	2	4	»
1746	4	3	»	2	18	»	2	6	»
1747	5	12	»	3	17	»	3	17	»

ANNÉES	FROMENT			SEIGLE			AVOINE BATARDE		
	l.	s.	d.	l.	s.	d.	l.	s.	d.
1748	5	12	»	3	10	»	3	9	9
1749	5	9	15	3	18	4	3	8	4
1750	4	12	4	2	16	5	3	1	6
1751	5	15	5	3	18	9	3	8	4
1752	5	10	8	3	10	4	2	19	»
1753	4	7	3	2	9	4	2	14	»
1754	3	10	3	2	4	0	2	7	9
1755	3	6	5	2	3	»	2	12	03
1756	4	1	10	2	14	10	2	14	20
1757	4	2	»	2	19	4	2	11	6
1758	4	15	1	3	14	6	2	16	»
1759	4	19	6	3	15	1	2	16	8
1760	3	17	6	2	7	6	2	5	8
1761	4	»	6	2	8	7	2	6	10
1762	3	12	8	2	4	1	3	5	5
1763	4	»	»	2	14	3	3	»	5
1764	4	1	11	2	19	2	2	»	3
1765	4	10	»	3	»	»	3	5	»
1766	6	6	»	4	3	»	3	5	»
1767	4	12	5	3	11	1	2	»	3
1768	4	01	»	2	16	5	2	»	1

A la mesure Celier, les trois sestiers ne font que deux à la mesure de Tulle.

— Pauche, les quatre sestiers font trois mesures de Tulle.

— Combor, les cinq font quatre mesures de Tulle.

— Gimel, les six font quatre mesures de Tulle.

— Corrèze, les sept font quatre mesures de Tulle.

— Roche, les sept font cinq mesures de Tulle.

— Randual, les trois font deux mesures de Tulle.

Petite mesure Pauche, les trois font deux mesures de Tulle.

ANNEXE N° 3

—

ABBAYE DE LA VICTOIRE.

Compte que rend Louis-Pierre-Sébastien Marchat de Sainscy nommé par arrêt du conseil du 25 juin 1761 pour remplir seul les fonctions des offices d'économes séquestres et de leurs controlleurs suprimés par édit du mois de novembre 1714

A la succession et héritiers de feu M^ro François de Beaumont d'Autichamp Evêque de Tulles et abbé commandataire de l'abbaye de Notre-Dame de la Victoire diocèse de Senlis décédé le unze novembre 1761

Des recettes et dépenses tant à cause du restant des revenus de l'année 1760 que du prorata de l'année 1761 revenans à la succession de M. d'Autichamp.

RECETTE.

Premier chapitre, à cause des revenus antérieurs à ladite année 1761. ·

Fait recette le comptable de la somme de treize mille deux cent vingt-huit livres dix-sept sols cinq deniers, à laquelle somme se trouve monter le reliquat du compte de l'année 1760, envoyé par son receveur à mon d. S. l'Evêque de Tulle, le 30 janvier 1761, agrée et de lui ratifié par sa lettre du 12 février, suivant le tout raporté avec les pièces justificatives dudit compte, cy...................... 13,228 l. 17 s. 5 d.

De la somme de six mille cinq cent livres reçûe de François Bullot et Nicolas Gerard pour le terme de la Saint-Jean-Baptiste 1761, formant le dernier terme de l'année 1760, suivant deux baux du même jour 5 octobre 1754, cy........... 6,500   »   »

De celle de deux mille trois cent vingt-cinq livres reçûe d'Henry Le Luc, fermier de La Bassecour pour reste de ses fer-

De l'autre part..... 19,728 l. 17 s. 5 d.

mages de l'année 1760 échus à Noël au d.
an, et portée en reprise dans le compte
de la dite année, cy.................. 2,325 » »

De celle de sept cent soixante-quinze
livres reçüe du d. Le Luc pour le dernier
terme de l'année 1760, échüe à la Saint-
Jean-Baptiste 1761, cy................. 775 » »

De celle de unze cent cinquante livres
reçüe de Jean d'Estor fermier à Gonesse,
pour ses fermages du terme de Noël 1760,
portée en reprise par le compte envoyé à
M. de Tulles le d. jour 30 janvier 1751, cy. 1,150 » »

De celle de unze cent cinquante livres
reçüe de même pour le dernier terme de
la dite année 1760, échû à la Saint-Jean-
Baptiste 1761, cy...... .... 1,150 » »

De la somme de quinze cent livres reçüe
de Louis Madelain pour le dernier terme
de ses fermages de l'année 1760, échüe le
d. jour, cy........................... 1,500 » »

De celle de cent douze livres neuf sols
pour les six derniers mois 1760 de la
rente due à la d. abbaïe sur les aydes et
gabelles, cy.......................... 112 9 s. »

Somme de ce chapitre........ 26,741 l. 6 s. 5 d.

Deuxième chapitre, à cause du prorata des revenus
de l'année 1761.

Fait recette le comptable de la somme de vingt-quatre mille
quatre cent quatre-vingt dix-huit livres seize sols deux deniers
revenante à la succession de M. d'Antichamp, dans les revenus
de la d. abbaye pendant dix mois unze jours, à compter du
premier janvier 1761 jusques et compris le unze novembre
aud. an qu'il est décédé, à raison de 28,3?? l. 15 s. par année,

suivant les baux et pieces raportés sur chacun des articles cy
après détaillés,

Sçavoir :

Pour le prix des fermes de Choisy, Blaincourt, Fief-Foucault,
dixmes des ageux, vignes de Blaincourt, prez Précy et prez
Pontarmé affermés à François Bullot et à Nicolas Gerard par
deux baux du même jour 5 octobre 1754. 13,000 l.   »   »

Pour le prix de la ferme de La Bassecour
affermée à Henry Le Luc par bail du
28 octobre 1754........................   1,550   »   »

Pour le prix de la ferme de Gonesse,
suivant le bail passé à Jean d'Estor le
2 octobre 1754.......................   2,300   »   »

Pour le prix de la ferme Doisery sui-
vant le bail passé à Louis Madelain....   3,000   »   »

Pour le loyer de la maison de la poste
aux cheveaux à Paris, suivant le bail
passé à la veuve Poulain le
....   6,000   »   »

Pour le prix de la ferme du moulin de
Crespy affermé à Antoine Rousset.......   2,070   »   »

Pour la rente düe à la d. abbaye sur
les aydes et gabelles en deux parties de
179 l. 7 s. 6 d. chacune...............   358   15   »

Pour le loyer des bruyères affermées
aux religieux moyennant 160 livres, dont
moitié pour la manse abbatialle........   80   »   »

                                        28,358 l. 15 s. »

Revenantes les dites sommes à vingt-
huit mille trois cent cinquante-huit livres
quinze sols dont le prorata de dix mois
unze jours monte à la dite première de.. 24,498 l. 16 s. 2 d.

Somme par soy

Récapitulation de la Recette.

Premier chapitre, revenus de 1760 et antérieurement
de..................................... 26,741 l. 6 s. 5 d.
 Deuxième, prorata des revenus de 1761 24,498 l. 16 s. 2 d.
  Somme totale de la recette....... 51,240 l. 2 s. 7 d.

DÉPENSE.

*Premier chapitre, à cause des charges et pensions
de l'année 1760.*

Fait dépense le comptable de la somme de quatre cent cinquante livres païée à M. l'Evêque de Bazas pour sa pension
sur la dite abbaye des six premiers mois 1760, déduction faite
du quart, suivant sa quittance du 31 jan-
vier 1761, cy........................ 450 » »
 De celle de cent cinquante livres païée
à M. Droüart pour sa pension des six
derniers mois 1760, déduction faite du
quart, suivant sa quittance de plus
grande somme du premier juillet 1761,
cy.................................. 150 » »
 De celle de soixante livres pour restant
de la pension de M. Tougard de la dite
année 1760, suivant sa quittance du premier janvier 1762, cy................. 60 » »
 De celle de quatorze cent quatre-vingt-
unze livres payée au chapitre de Saint-
Marcel pour l'année 1760 de sa pension,
déduction faite du quart, suivant le certificat et quittance des 15 janvier, 4 février et 17 juin 1761, cy.............. 1,491 » »
 De celle de cinquante livres pour
reste de la pension du sieur Chéron, qui
n'a été employée par le comptable dans
le compte de l'année 1750, que pour
700 livres au lieu de 750 livres, ce qui fait
une erreur de la dite somme de 50 livres,
suivant le compte et quittance du d. jour
4 janvier 1761, cy.................... 50 » »
  Somme de ce chapitre......... 2,201 » »

Deuxième chapitre, à cause des charges et pensions
de l'année 1761.

Fait dépense le comptable de la somme de unze mille deux
cent trente-deux livres quinze sols pour le prorata de dix
mois unze jours que la succession doit suporter dans les
charges et pensions de la dite abaïe, de l'année 1761, à
compter du 1er janvier jusques et compris le unze novembre
au d. an que M. d'Autichamp est décédé, à raison de 13,001 livres 15 sols par année, suivant les quittances raportées sur
chacun des articles cy après détaillés,

Sçavoir :

Au sieur Hamelin receveur des décimes pour celles de la d.
abbaïe suivant ses quittances des 25 juillet 1761 et 5 janvier 1762............................ 4,727   »   »

Aux religieuses de la d. abbaïe pour
leur prestation suivant la quittance du s^r
Vendenas du 23 juin 1762............   664 15   »

Au nommé Trezer garde des bois et
chasses de Choisy pour ses gages, suivant
ses quittances des 4 juillet 1761 et 11 janvier 1762............................   50   »   »

Pensions.

Au chapitre de Saint-Marcel, suivant le
certificat et quittance des 8 et 20 février
1762................................. 1,400   »   »

A Madame de Valence abbesse de Fon-
tevrault, pour sa pension de la d. année
déduction faite des retenües, suivant les
quittances des premier juillet 1761 et premier janvier 1762.................... 3,500   »   »

Au s. Choron pour sa pension, déduction faite des retenües, suivant sa quittance du 22 mars 1762................   700   »   »

Au s. Tougard pour sa pension, déduction faite des retenües, suivant sa
quittance du premier janvier 1762......   840   »   »

De l'autre part...... 11,881 l. 15 s. »

Au s. Drouard de Lezi, pour sa pension, déduction faite des retenties suivant
ses quittances des premier juillet 1761 et
30 octobre 1762...................... 280 » »

A M. l'Evêque de Bazas pour sa pension déduction faite des retenties suivant
ses quittances....... .... 840 » »

13,001 l. 15 s. »

Revenantes les dites sommes à treize
mille une livre quinze sols, dont le prorata de dix mois unze jours monte à la d.
première de........................ 11,232 l. 1 s. 4 d.

Somme par soy.

Troisième chapitre, à cause des payemens faits à M. de Tulles
et en son acquit.

Fait dépense le comptable de la somme de cinq mille trois
cent soixante-quinze livres pour acquit des lettres de change
et billets tirés sur luy par feu M. de Tulles pendant l'année
1761, suivant les pieces raportées sur chacun des articles cy
après détaillés,

Sçavoir :

Lettre du 23 février 1761, ordre de Le
Sage de............................ 1,000 » »
Autre du même jour et même ordre... 1,169 » »
Billet du 30 juillet pour gratifflcation
au receveur.......................... 500 » »
Lettre du 12 septembre, ordre de Le
Sage.............................. 506 » »
Autre du même jour et même ordre... 2,200 » »

5,375 » »

Revenantes les dites sommes à la première de............................ 5,375 » »
De la somme de quatre mille quarante-
huit livres payée au sieur abbé Boetin

En ligne....... 5,375 l. » s. » d.

pour appurement des contestations et
procès au Grand Conseil, au sujet des réparations de l'abbaïe Doigny dont feu
M. de Tulles avoit été abbé suivant la
transaction passée entre les parties devant M° Desmeures notaires à Paris au
mois d'avril 1761, y compris 48 l. pour
le coust et frais de la d. transaction, cy.. 4,048   »   »

De celle de quatre cent soixante-douze
livres six sols six deniers païée à Christo-
phe procureur au Grand Conseil pour
reste des salaires à luy dus de l'instance
qui a été au Grand Conseil entre M. de
Tulles et M. l'abbé Boetin, terminée par
la transaction cy devant énoncée, suivant
sa quittance du 20 aoust 1761, cy....... 472   6   6

De la somme de cent quarante-quatre
livres payée au s. Mangeot de l'ordre de
M. de Tulles, suivant ses quittances du
6 mars 1761, cy....................... 144   »   »

De celle de deux cent vingt-huit livres
payée au s. Bertrambois et autres pour
réparations urgentes faites à la ferme de
Choisy et moulin à vent, suivant les mé-
moires et quittances du 9 mars 1762, cy. 228   6   »

De celle de soixante-treize livres payée
au s. Girard pour réparations à la ferme
de Blaincourt, suivant les mémoires et
quittances du 18 juillet 1761, cy........ 73   »   »

De celle de vingt-huit livres dix-huit
sols payée au s. Madelain pour réparations à la ferme Doisery, suivant son
mémoire et quittance du 18 juillet 1761,
cy.................................... 28   18   »

De celle de cinq cent livres payée au s.
de Gozengré régisseur et receveur de
M. de Tulles, de la d. abbaye pour la

De l'autre part. 10,369 l. 10 s. 6 d.

gratiffication annuelle à luy accordée et
ce pour une année échue le premier octobre 1761, suivant le traité du unze octobre 1754, cy.............................. 500 » »

De celle de cent vingt-trois livres dix-
sept sols payée tant pour expédition et
des contracts sur la ville à cause de la liquidation, que pour droits au receveur
des rentes, suivant l'état acquitté, cy... 123 17 »

Somme de ce chapitre......... 10,993 l. 7 s. 6 d.

Quatrième chapitre, à cause des réparations et frais.

Fait dépense le comptable de la somme de vingt-deux
mille soixante-quatorze livres douze sols, déduction faite de
celle de deux mille livres, dont la succession a été déchargée
par la sentence d'enterrinement de réception pour le prix des
réparations de la d. abbaye, suivant la transaction, procès-
verbal de reception, sentence d'enterrinement d'iceluy et
quittances, cy.......................... 22,074 l. 12 s. »

De la somme de cent soixante-huit livres
dix-neuf sols trois deniers païée à Me Cre-
tet procureur à Senlis, pour frais concernant la d. reception, suivant sa quittance
du............................... 168 19 3

De celle de trois cent quatre-vingt-
dix-sept livres dix-neuf sols trois deniers
payée au même et au s. Brossart archi-
tecte pour frais et vacations à la visite
des réparations de la d. abbaïe, suivant
leur mémoire et quittance, cy.......... 397 19 3

De celle de six livres païée à M. Cordier, notaire, pour minute et expédition
d'une quittance de M. de Roquelaure, des
dites réparations, cy................. 6 » »

Somme de ce chapitre......... 22,647 l. 10 s. 6 d.

*Cinquième chapitre, à cause des droits attribués
au comptable.*

Fait dépense le comptable de la somme de quatre mille
vingt-quatre livres treize sols six deniers pour les deux sols
pour livre à luy attribués sur la recette du présent compte,
déduction faite du montant du troisième chapitre de dépense,
cy...................................... 4,024 » »

Somme par soy.

Récapitulation de la dépense.

Premier chapitre. Restant des charges de 1760......................................	2,201	»	»
Deuxième. Charges et pension de 1761.	11,232	1	4
Troisième. Payements faits à M. de Tulles.	10,993	7	6
Quatrième. Réparations et frais......	22,647	10	6
Cinquième. Droits d'économat........	4,024	13	6

Somme totale de la dépense..... 51,098 l. 12 s. 10 d.

ETAT FINAL.

La recette monte à la somme de......	51,240 l.	2 s.	7 d.
Et la dépense de..................,	51,098 l.	12 s.	10 d.

Partant la recette excede la dépense de. 141 l. 9 s. 9 d.

Laquelle somme de cent quarante-une livres neuf sols neuf
deniers a été payée à Messieurs les administrateurs de l'hôpital général de la ville de Tulle, héritier institué de feu
Monseigneur François de Beaumont d'Autichamp, suivant
son testament de dernière volonté du trente juillet 1753 et
pour mes dits sieurs les administrateurs à Monsieur Augustin
Desrénaudes, conseiller au Présidial de Tulle, l'un d'eux et
leur député, suivant la délibération du 10 mars 1767 et une
procuration reçue Bussiere et Dejubert notaires à Tulle, le 11
du dit mois de mars, dont les expéditions sont déposées pour
minutte chés M° Cordier, notaire à Paris, par acte du 14 may
1767, au moyen de quoy le comptable se trouve déchargé des

. recettes, dépenses et réliqua du présent compte dont il a rendu les pièces justificatives à l'excéption de celles du deuxième chapitre de recette et du deuxième chapitre de dépense qu'il a gardées pour rendre compte au conseil de la portion du roy dans l'intermédiaire de la vacance, à la charge néantmoins par mes dits sieurs les administrateurs de faire lever les oppositions, si aucunes il y a, pour dettes de la succession et de payer aux légataires les legs en deniers et en éffets qui leur sont dus conformément au testament du dit feu seigneur de Beaumont d'Autichamp du 30 juillet 1753 et à la transaction du 15 may 1767, rapportés aux chapitres six et huit de la dépense du compte de l'évêché de Tulle arrêté ce jourd'hui. Fait et arrêté double, sauf toutes erreurs, à Paris au bureau général des écoñomats le six juillet mille sept cent soixante-sept.

Desrenaudes,
Administrateur, députe de
l'hôpital de Tulle.

Marchat de Sainscy.

ANNEXE N° 4

ÉTAT DES AFFAIRES INTÉRESSANT L'HOPITAL ET NOMS
DES DÉBITEURS.

Commune du Lonzac : Jean Poumier, juge de Boissy, époux de demoiselle Françoise Bondet de la Bernardie, débiteur d'une rente.

Argentat : Vigne, à Chadioc,

Beaumont : Léonard Laval, dit le Raspe, débiteur d'une rente.

Beaulieu : Joseph Fonsaubeau, rente.

Corrèze : Dame Antoinette Meynard, veuve du sieur Leynia de la Jarrige, rente.

Clergoux, Étienne Pradinel, du mas Peyrié, obligation.

Chameyrat : Antoinette Delpy, du Vachier, sentence.

Lachapelle-Spinasse : Lestang de David, cheptel.

— Du Fondonnet et de Bernard, condamnation.

Chanac : Les tenanciers du village de Vedrennes.

Chanteix : Lacoste de Blanchefort, titre commercial.

Die : Mgr l'Evêque de Die (de Cosnac), rente.

Davignac : Servientis, avocat à la cour, juge de Davignac, legs.

Eyren : Vachial, du village de Royère, rente.

Espagnac : Le prieur d'Espagnac, chambrier du chapitre de Tulle, rentes.

Favars : Antoine Vincent, bourgeois au bourg, condamnation.

Favars : Jean Bouysse, praticien au bourg, promesse.

Grandsaigne : M. de Reignac, obligation.

Gimel : village de Toulzat, rente.

Liginiac : Jean Estradon, du Mont, condamnation.

Ladignac : François et Léger Lachèze, du village de Delpy, rentes.

Ladignac : Léonard Vigneron, tisserand au bourg, rente.

Lamazière : Gaspard Dondat, du village de la Roubigne, rente.

Meyrignac-l'Eglise : Mathieu Belveyrès, du village du Puy, obligation.

Marcillac : Antoine Bastier, du village de la Chauvarie, rente.

Marcillac : Jean Lallé de Marcillac, rentes foncières.

— Coste, Seuniac et Eméric, du village du Viallard, jugement du présidial.

Naves : Les tenanciers du village du Tramont, rentes.

— Pierre Estrade, du village de l'Estrade, rentes.

— Jean Boussaguet, du village de Soleilhavoup, rentes.

Neuvic : Delphine Demichel et Jean Longuest son mari, du village de Chauvet, obligation.

Orliac-de-Bar : Jean Marlhac, du village de l'Estrade, sergent, donation.

Palisses : Bachélerie, rente foncière.

Perpezac-le-Noir : M. du Bigeardel, billet.

Rilhac : Dame Marianne de Lespinasse, épouse de Joseph Leynia de Bonnefons, rente.

Saint-Priest : Antoine de Meygiou, du village de Pouymat, rente foncière.

Saint-Clément : Joseph Chouchet, bourgeois, rente constituée.

Saint-Jal : Gabriel Valade, du village du Bournazel, condamnation.

Saint-Martial : Antoine Libouroux, du village de la Bachélerie, obligation.

Sainte-Féréole : Jean Verliac, seigneur de Belleroche, obligation.

Saint-Mexent : François Verlhiac, obligation.

Tulle : Les dames du couvent de Sainte-Claire, rentes.

— M. de Queilhe, rente.

— Jean Vachot, greffier des insinuations, obligation.

— Pierre Marbeau, garçon cordonnier, obligation.

— Laval, archer de Tulle, promesse.

— Antoine Pinardel, chapelier au Trech, obligation.

— Pierre Trech, bourgeois, sentence.

— Antoine Lacombe, papetier au moulin de Gouto-Negro, promesse.

— Antoine Jarrige et Catherine Lacombe, sa femme, à la Barrière, condamnation.

— Pierre Coulon, maître sabotier à Tulle, obligation.

— Faugère, rue de la Barrière, condamnation.

— Romignac, médecin, rue de la Barrière, rente.

— Gabriel Chabaniel, conseiller de police, rue du Trech, donation.

— Mlles Chardie et Comte, rentes.

— Blaise-Joseph de la Beylie, sieur de la Coutausse, rente.

— Jean Coulein, maître paveur, près Saint-Pierre, rente.

— M. et Mme de la Prade, billet.

— Darche de l'Auzelou, sentence.

— Le chapitre de Tulle, rente.

— Dame Françoise Maillard, veuve de Myrat, obligation.

— M. Desprès du Leyris, rente.

— Chareins père et fils, bourgeois et marchands devant Saint-Julien, rente.

— M. Cholvy du Pouget, rente.

— Barthélemy Salvanie, du quartier d'Alverge, sentence.

Tulle : Michel Valette, parcheminier, faubourg d'Alverge,
    condamnation.

— Desplasses du Chassain, conseiller au présidial,
    rente.

— François Jarrige, femme Guitard, place de l'Auba-
    rède, sentence.

Turenne : Messire François de la Rode de Villemonteil et
dame Rachel-Suzanne Delpy, sa femme, prix de vente.

Vitrac : Jean Mons, promesse.

Villeneuve-le-Comte (Marche) : Etienne Forêt, bourgeois,
rentes.

ANNEXE N° 5

—

ÉTAT DES MAISONS QUI DEVAIENT DES RENTES A L'HOPITAL PAR SUITE DE L'ADJONCTION DE L'INFIRMERIE DE L'ÉGLISE CATHÉDRALE DE TULLE.

Tènement de l'Aubarède (1).

Jardin, pavillon et cour de M. Lagarde de Celaur : une quarte de froment. (Acte du 22 septembre 1518, notaire Lagarde).

Maison de Mᴵˡᵉ Brivezat, femme de M. Lacombe, dit le jeune, bourgeois et marchand à Tulle, appartenant à M. l'abbé Lacombe : une quarte de froment. (Contrat du 5 janvier 1527, de Gardia, notaire royal).

Maison de M. Guillemy, prêtre, et du sieur Antoine Delbos, chaudronnier : une quarte de froment.

Maison du sieur Chirac, marchand et libraire : deux coupes froment de rente annuelle foncière directe.

Les deux maisons du sieur Froment, procureur : deux coupes de froment.

Maison du sieur Maillerode, bourgeois et marchand : deux coupes de froment.

Maison du sieur Lajoinie, greffier de l'élection : une quarte et une coupe de froment.

Le four de l'Aubarède appartenant au seigneur évêque de Tulle : un sestier froment à la bonne mesure de Tulle. Cette rente annuelle et foncière fut établie par deux actes, le 18 juillet 1438, notaire *des Rolia*, et 24 avril 1518, notaire Salle. Il

(1) Voir des détails assez curieux au sujet de ce tènement (Annexe n° 6).

est expliqué, dans le premier de ces actes, que l'évêque ayant
assemblé son chapitre et les habitants de la ville, il leur a
démontré la nécessité de faire construire un four. Il prit pour
cette construction un emplacement considérable dans le jardin de l'Aubarède, appartenant à Pétronille Tavé, femme de
Martial Bousquet, qui confrontait avec le fossé de la ville,
le rivage de la Corrèze, le jardin Pabot où furent élevées plus
tard les maisons du sieur abbé Dufraysse, chanoine, de
Mlle Léonarde Jarrige, femme du sieur Guitard, du sieur Pineaud, marchand chapelier, et confrontant par derrière avec
la maison du sieur Guillemy, prêtre, et Delbos, chaudronnier.
Le dit seigneur prit aussi, dans le dit jardin, le terrain nécessaire pour faire un chemin aboutissant au four de toutes
parts (C'est aujourd'hui la place de l'Aubarède, dit le titre de
1438. Au temps actuel, c'est une partie de la place Municipale).
C'est pour dédommager les époux Bousquet de cet emplacement que le seigneur évêque se chargea de la rente de froment envers l'infirmerie de la cathédrale représentée aujour-
d'hui par l'hôpital.

Maison de Me Fraysse, chanoine : un sestier froment bonne
mesure de Tulle.

Maison, cour et jardin de demoiselle Léonarde Jarrige,
femme Guitard : un sestier froment de rente annuelle foncière
et directe, mesure de Tulle.

Maison basse ou neuve, la cour et jardin du sieur Pineaud,
marchand chapelier : un sestier froment bonne mesure de
Tulle.

Tènement de la Barrière.

Maison et jardin du Me Rinière, touchant à celles de
Vergne, marchand, François Brossard, Charles Gouttes, apothicaire : 25 sols d'argent et 1/2 livre de cire.

Maison et jardin de M. Floucaud, procureur : 25 sols d'argent, 1/2 livre de cire bouillie, confrontant par le haut avec la
rue de la Barrière, par le bas avec le pré dit de l'Hôpital, d'un
côté avec la maison du sieur Colon, notaire, et d'un autre
avec la maison du sieur Laval et jardin d'Aymard Nave, chirurgien.

Maison d'Antoine Laval, *Bastier* : rente de 12 sols 6 deniers et 1/4 cire bouillie, confrontant en haut rue publique, en bas avec les maisons Rinière, Colon et Vialle.

Maison et jardin de demoiselle Catherine Goutte, fille à Jean-Louis du quartier d'Alverge : 12 sols 6 deniers 1/4 de cire bouillie, confrontant avec le pré de l'Hôpital et aux maisons Colon, notaire, Rinière, marchand, et Jean Vialle, aussi bourgeois et marchand.

Maison de Bernard Py, hôte : 1 livre 5 sols et 2 livres de cire bouillie ; elle est située faubourg de la Barrière et confronte avec pré de l'Hôpital, maison et jardin de Aymard Nave et Jean Vialle.

Maison et jardin du sieur Floucaud, jeune : 25 livres et 2 livres de cire jaune bouillie ; elle confronte avec la rue du faubourg de la Barrière, l'Hôtel-Dieu, le pré ou *Nougareide* des pauvres, la maison et jardin du sieur Pierre Laval.

L'église et la communauté des Pénitents-Blancs pour la sacristie élevée dans le cimetière de l'Hôtel-Dieu : 24 livres.

Maison et jardin du sieur Pierre Boulle : 5 sols de rente. Elle était située près l'église des Pénitents-Blancs.

Maison de Raymond Lagarde, chapelier : 23 livres. Elle confrontait avec la rue publique de la Barrière, le four de l'hôpital et la maison de Pierre Boulle.

Tènement de la Croix de Mission.

Maison de Pierre Blatterie, coutelier, située pré de l'Hôpital, près la croix de Mission : 5 sols 20 deniers.

Maison de Louise Moussours, veuve Ganyaire, située Pré-de-l'Hôpital, près la croix de Mission, 20 deniers.

M. Borderie de Lavaur, écuyer, devait en rentes foncières : 1° sur un lopin de terrain de place au bas du cimetière des Pénitents-Blancs, ci-devant de l'Hôtel-Dieu : 1 denier ; 2° sur l'allée de son jardin, 5 sols ; 3° et sur sa maison basse située sur la place nommée le Pré-de-l'Hôpital, 10 sols.

Tènement dit de la Ville et banlieue.

Chambres et boutiques attenantes à la grosse tour, autrefois dite prisonnière au-devant du clocher de la cathédrale,
du côté de la montée de l'horloge : 13 sols, 16 deniers.

Maisons de Roulhiat attenante au four de la ville :
27 sols.

Moulin de la Garde : 6 sols. (Par contrat du 26 janvier
1521).

Moulin du Sac, appelé de *Las-Costas-Peyra-Moules del
Sac :* 5 sols 3 deniers.

Moulin de Comte à faire le tan : 10 sols ; ledit moulin situé
au faubourg de la Barussie et sur l'eau de Soulane.

Moulin du Coupart qui appartient aux dames religieuses
de la Visitation, situé au Trech, près le pont de pierre sur
lequel on passe aux processions de la Fête-Dieu : vingt sestiers
seigle.

Maisons du *Barry del Prat :* 6 deniers. Le barry ou quartier del Prat est le quartier sis depuis les ponts de pierre et de
bois à Tulle, sur lesquels passe la procession, les jours de la
Fête-Dieu.

———

ANNEXE Nᵒ 6

—

OBSERVATIONS SUR LE TÈNEMENT DE L'AUBARÈDE.

Il est ainsi appelé parce qu'il était planté d'aubiers sous lesquels les moines allaient prendre la récréation après le repas et renfermé depuis le Palais qu'on croit leur (mot illisible) jusqu'au coin de l'église des R. P. Jésuites. Ce tènement était divisé en deux parties : savoir la partie qui est depuis la petite rue qui descend de la Barrière à la rivière de Corrèze, le long de l'église et petite cour des R. P. Jésuites, jusques au coin de leur ancienne église, et l'autre partie depuis la petite rue jusqu'au Palais. Il a fallu bien du temps pour se mettre au fait de ce tènement ; enfin on croit y être parvenu incontestablement en 1739.

Première partie de ce tènement.

Cette partie regarde les R. P. Jésuites et renferme leur église, leur petite cour où il y a un puits, une partie de leur cuisine, les boutiques qui sont sur le pavé du Collège, et tout leur jardin, c'est-à-dire jusqu'au coin de leur ancienne église du côté des congrégations.

Il était dû à l'hôpital, comme étant au lieu de l'infirmier de la cathédrale, de rente foncière, directe et solidaire sept sestiers trois quartes froment, bonne mesure de Tulle, annuellement ; mais la ville s'étant obligée de placer ces révérends pères, elle a donné à l'hôpital le moulin de la Barrière pour l'indemniser de leur emplacement susdit et pour amortir ladite rente ; de sorte que, par ce moyen, elle se trouve éteinte et les R. P. Jésuites ne doivent plus rien.

Seconde partie de ce tènement.

La seconde partie de ce tènement renferme la maison basse, la cour qui est entre icelle et la maison Vialle et le jardin d'Emeric Pinaud, chapelier, les maisons, cour et jardin de M^llo Léonarde Jarrige, femme du sieur Guitard, bourgeois, et la maison du sieur abbé Fraysse, chanoine.

Tous ces héritages furent reconnus par Martin Pabot, le 27 septembre 1381. Ils ne composaient alors qu'un jardin sur lequel le sieur Pabot reconnut à l'infirmier de la cathédrale une rente annuelle, foncière et directe de trois sestiers froment à la bonne mesure de Tulle. Le titre de 1381 est en bonne forme en parchemin dans les archives de l'hôpital.

Il est dit cy-devant, sur l'article du sieur Fraysse que par des reconnaissances, ses auteurs reconnurent sa dite maison sous la rente d'un sestier froment payable annuellement, et, l'infirmier n'ayant pas réservé la solidarité des deux autres parties, l'hôpital ne la lui peut pas demander.

Il n'en est pas de même de Mlle Jarrige, ses auteurs reconnurent deux sestiers froment, ainsi qu'il a été dit cy-devant, elle y a été condamnée par sentence du sénéchal de Tulle confirmée par arrêt de la cour.............................

Cette seconde partie du tènement renferme aussi la maison du sieur Lajoinie, greffier de l'élection, celle du sieur Maille-rode, marchand, les deux maisons de Mlle Froment, veuve du sieur La Corre; comme aussi le petit jardin qui est derrière, et enfin la maison du sieur Chirac, marchand libraire.

Ces maisons et petit jardin faisaient autrefois le jardin de Pétronille Tavé, femme de Martial Pompier, ainsi qu'une place qui fut donnée par elle, comme il est dit ci-dessus, aux seigneurs évesques de Tulle pour faire un four.

Enfin cette seconde partie du tènement de l'Aubarède renferme encore la maison du sieur Guillaumie, prêtre, et du sieur Delbos, chaudronnier, la maison de M. l'abbé Lacombe, chanoine, le jardin de M. Lagarde de Celaur.

ANNEXE Nº 7

—

ETAT DES DROITS PAYÉS A L'HOSPICE AU 1ᵉʳ JANVIER 1759 POUR
LÈVEMENT DE BOUTIQUE, PRESTATION DE SERMENT ET INS-
TALLATION COMME ÉTRANGER.

La Barrière, depuis le bas de la rue jusqu'aux Récollets.

Antoine Mas, maçon et cabaretier, pour droits de cabaret,
3 livres; pour celui de maçon, 1 livre; en tout 4 livres
10 sols.

Pierre Valéry jeune, peigneur, mari de Margueritte Dacot,
qui est restée servante chez M. Maillerode, comme étrangère,
5 livres; pour peigneur, 1 livre 10 sols; en tout 6 livres
10 sols.

La femme de Bernard Broch, huillier, pour reste de son
droit d'étranger, 4 livres 13 sols.

Noël Laporte fils, huissier royal, pour son droit de réception.

Jean-Guillaume Taillandier, pour son droit d'étranger.

Pierre Queylac, pour son droit d'étranger.

Mathieu Roux, dit Provençal, chapelier du Dauphiné, étranger.

Jean Vauzanges, du lieu de la Guenne, pour son droit d'é-
tranger.

Henry Dupont et sa femme, pour leurs droits d'étranger et
lèvement de boutiques.

Margueritte Lagarde, veuve de Calmine Murat, lèvement
de boutique.

Jean Bourguet, dit Barlerayre, cabaretier, pour son droit
d'étranger et pour cabaret.

Léonard Galand jeune, hôte, pour son cabaret.

Pétronille Seigne, veuve Desgeix, cabaretière et marchande.

Les deux filles de Jean-Joseph Guirande, marchandes, pour lèvement de boutique.

Pierre Goudelou, jardinier, droit d'étranger.

François Roux, dit Pelaud, maréchal, lèvement de boutique.

Pierre Lacombe et sa femme, hôte, pour sa femme étrangère et pour lèvement de boutique.

Jean Bleygeat, bridier, pour lèvement de boutique.

François Freysselines et sa femme, dit le Camard, étranger.

Mlle Maugen, femme dudit Galand jeune, lèvement de boutique.

Jubert, cordonnier, pour sa femme étrangère.

Louise Cavillon, fille, et son associée, servantes du sieur Galand, étrangères.

Geoffroy Beaune et Marie Fournier, étrangères.

Guillaume Maurières, aubergiste, étranger.

D^{lle} Chauchet, femme du sieur Floucaud, notaire et procureur, étrangère.

Joseph Jarrige, armurier, lèvement de boutique.

Antoine Sennat et Gabrielle Boulle, son épouse, étrangers.

Mougenc de Saint-Avid, avocat, pour sa femme étrangère.

Mercure Fillol, étranger.

Baron, huissier, étranger et lèvement de boutique.

Joffre, marchand, et sa femme, coiffeuse, étrangers et lèvement de boutique.

La Barrière, depuis les Récollets jusqu'à la porte Saint-Jean.

Antoine-Simon Delord, marchand, étranger et lèvement de boutique.

La veuve de Jean Bonjean, dite Bugeaque, et son gendre, lèvement de boutique.

Le gendre de François Mas, maçon, étranger.

Les filles de feu Moulin, marchandes, lèvement de boutiques.

Le sieur Cuc, hôte au Chapeau-Rouge, étranger.

Léonard Boulle fils, marchand, lèvement de boutique.

Le gendre de Claude Serre, armurier, étranger.

D^{me} d'Arche d'Ambrugeat, étrangère.

Etienne Lagier, lèvement de boutique.

Jean Borie, cordonnier marchand, droit d'étranger.

Antoine Touron, serrurier, étranger.

Jean Borderie, menuisier, lèvement de boutique.

François Vidalin fils, marchand, étranger et lèvement de boutique.

La veuve d'Annet Maschat, marchande, lèvement de boutique.

La femme de Pierre Daumard, tailleur, étrangère.

Léonard Peyredieu, maçon près Sainte-Claire, étranger.

Antoine Murat, gendre Boissoure, cabaretier, étranger.

Jean Grenaille, sargetier, étranger.

Jean Puyaubert, pour sa femme étrangère.

Pierre Monteil, gantier, lèvement de boutique.

Jean Petit, maçon, près Sainte-Claire, étranger.

François Bernard, faiseur de chaises, étranger.

Jacques Boulle, de Corrèze, étranger et lèvement de boutique.

Marie Grellet, veuve de Jean Pastrie, cordonnier, lèvement de boutique.

Jean Maurieras, serrurier, d'Egletons, étranger et lèvement de boutique.

Antoine Vergne cadet, petit marchand, lèvement de boutique.

Lagues Cellerier, maître chapelier, étranger.

La femme du sieur Lajaunie, huissier aux tailles, étrangère.

Blanchet, marchand et sa femme, étrangers et lèvement de boutique.

Declaux, bourgeois, étranger.

Léonarde Bugeac, lèvement de boutiques.

Anne Channel, lèvement de boutiques.

Jean Chauchet et sa femme, étrangers.

Brivezac cadet, lèvement de boutique.

La Barrière, depuis la porte Saint-Jean jusqu'au corridor de la place.

Guillaume Bastid, étranger.

Borie Desrenaudes, conseiller au présidial, pour sa réception.

M. de La Tour, maire, pour sa prestation de serment.

François Leyrat, maître d'école, pour sa femme, étrangère.

Jean Graviche, marchand chaudronnier, étranger.

Madranges, cordonnier, et sa femme Léonarde Maneyrol, étrangère.

La femme de Duplessis fils aîné, marchand, étrangère.

Martialle et Toinette Duplessis, sœurs, marchandes, lèvement de boutique.

Jean Fléniac, dit la jeunesse et sa femme, étranger.

Delfau, marchand, étranger et lèvement de boutique.

M. de Saint-Germain, pour madame son épouse, étrangère.

Vialle fils, avocat et lieutenant, serment d'avocat et serment de lieutenant.

Béril, commis greffier de l'élection, prestation de serment.

Jean-Baptiste Rabanide, avocat, prestation de serment.

Antoine Traux, dit Souric, marchand, droit d'étranger et lèvement de boutique.

La demoiselle de Seignolles, étrangère.

Antoine Teyssier fils, marchand, lèvement de boutique.

Jean Grèze, potier d'étain, droit d'étranger et lèvement de boutique.

Lamore de Lamirande, lieutenant de l'élection, prestation de serment.

Jean Maschat, marchand et marguillier de Saint-Julien, lèvement de boutique.

Pierre Croisy, dit le Lyonnais. étranger.

Pierre Laribe, chaudronnier, étranger et lèvement de boutique.

Jacques Monteil, tailleur d'habits, étranger et lèvement de boutique.

Marie Personne, couturière et marchande, lèvement de boutique.

Etienne Veyssières, dit Buche, cordonnier, étranger.

Pierre Basset, dit Chausfayre, drapier, pour sa femme, étrangère.

M⠀ᵉ Dupuy, marchande, lèvement de boutique.

Barthélemy Monteil, marchand, lèvement de boutique.

Antoine Vergne, maître tailleur, étranger et lèvement de boutique.

Jacques Monteil, tailleur d'habits, étranger et boutique.

Michelette Pournel, femme de Jean Prach, boutique.

Estrade, huissier aux tailles, étranger.

Garrel, horloger, étranger et boutique.

Traux, tailleur d'habits, étranger et boutique.

Saint-Priest de Saint-Agne, avocat, pour sa femme étrangère.

Dumas, veuve de Saint-Germain, étrangère.

Dumas, secrétaire du roi, étranger.

Le pavé du Collège.

Jean Manial, dit Limousin, chapelier, étranger et boutique.

Vergne, serrurier, horloger, pour sa femme étrangère.

La veuve de Vidalin, boutique.

Cluzan, maréchal, étranger et boutique.

La veuve de Surreau et sa fille, boutique.

La femme du sieur Floucaud fils, médecin, étrangère.

Françoise Boudre, femme d'Etienne Pastrie, étrangère.

Le nommé Bergeron, étranger et boutique.

Rambaud, huissier, pour sa femme étrangère.

Place de l'Aubarède.

François Lanot, avocat, prestation de serment.

D^{lle} Maugen, fille, marchande, lèvement de boutique.

La veuve de Jean Moussours et la veuve Maschat, sa fille, boutique.

La fille de Villeneuve, traiteur, boutique.

Vergne, peintre et marchand, boutique.

Jean Daubès, médecin, étranger.

Dussol, avocat, prestation de serment.

Le fils de Lajeunie, greffier en l'élection, étranger.

La femme de Pierre Soleilhavoup, médecin, étrangère.

Jean Soleilhavoup aîné, chirurgien, pour sa femme, étrangère.

Joseph Roux, garde du palais, boutique.

Gabriel Peuch, maître perruquier, droit d'étranger et boutique.

Bernard Teyssier, perruquier, pour sa femme, étrangère.

Françoise Saule, étrangère, et lèvement de boutique.

François Hamo, musicien, étranger.

Maillard, garçon imprimeur, étranger.

La Fontaine Saint-Pierre.

Jean-Léonard Dalvy, imprimeur et cabaretier, boutique.

Jolibert, avocat, pour sa femme, étrangère.

De Lespinasse, bourgeois, pour sa femme, étrangère.

Pierre Villiès, huissier aux Tailles, pour sa femme, étrangère.

De Fénis de Labrousse, écuyer, pour madame son épouse, étrangère.

François Marsalès, charpentier, étranger.

Boucherel, étranger.

Léonard Tramond, bourgeois, pour sa femme étrangère.

Meynard de Lafaurie, lieutenant particulier, pour sa femme, étrangère.

Léger Boulle, sergent royal, étranger.

Le Trech.

Mlle Gaye de Laprade, étrangère.

Magdeleine Augier, marchande, étrangère et boutique.

M. du Boucharel, procureur du roi, pour sa femme étrangère.

Pierre Moussours, dit Burnégeayre, menuisier, pour sa femme étrangère.

Jean Peyrafort, dit Tersou, voiturier, étranger.

Martin Viallemaringe, cabaretier, étranger et boutique.

Dauphiné Cloitre, armurier, étranger et boutique.

Froment, avocat, prestation de serment.

Antoine Goutte aîné, cabaretier, pour sa femme étrangère.

Jean Jos, charpentier, étranger.

Jean-Léonard Bourguet, étranger et droit de réception comme conseiller.

Pinardel, chapelier, étranger.

Pascal et sa femme, étrangers et boutique.

Jeanne Rebeyrotte, veuve Touzat, cabaretière, étrangère et boutique.

Martial Merpillat, cabaretier, étranger et boutique.

Antoine Bordes, cabaretier, étranger et boutique.

Michel Roux, cabaretier, étranger et boutique.

Valade, cabaretier et cavalier de la maréchaussée, étranger.

Antoine Mas, dit *Lou Quinard*, boucher, pour sa femme étrangère et boutique.

Mme de Braquillanges, étrangère.

Farge, ancien maire et avocat, pour sa femme étrangère.

Giraud, horloger, étranger et boutique.

Léonard Lampe, tailleur d'habits, étranger et boutiques.

François Rambaud, huissier aux tailles, étranger.

Michel Narde; tisserand, étranger.

Jean Sylvain, boulanger et cabaretier, étranger et boutique.

Mareaud, traiteur, étranger.

Pierre, ancien domestique de l'abbé de Lacombe, étranger et boutique.

Les deux Lorraines, petites marchandes, étrangères et boutique.

Le sieur Sarragosse, maître d'école, étranger.

Servientis, bourgeois, étranger.

De Braconat, bourgeois, étranger.

Le four de la Barussie.

La femme de Léonard Lagarde, huissier aux Tailles, étrangère.

Jeannot, tailleur, et sa femme, étrangers.

Jeanne Val, femme de Jean, fournier du four de la Barussie, étrangère.

La Barussie.

De l'Espinasse de Pebeyre, élu en l'élection, droit de réception.

Le fils de Malaret, huissier royal, droit de réception.

Jean Aignou, dit Duval, huissier, pour sa femme, étrangère.

Pierre Peschadour, dit le Rouge, mazelier, pour sa femme, étrangère.

Jean Estorges, huissier, étranger et droit de réception.

François Mas, pour sa femme étrangère.

Antoine Lafon, gendre Guirande, chapelier, étranger.

Augustin Saint-Priech, cabaretier, étranger et boutique.

Selviat, mari de la Racaude, étranger.

Pierre Meyadrol, armurier, étranger.

M. de Saint-Victour, pour Mᵐᵉ de Saint-Victour, étrangère.

Alverge.

Margueritte Tronche, veuve Sirieix, cabaretière et Troubady, son gendre, marchand de chevaux, étranger et boutique.

Pierre Delbos, sabotier, étranger.

Jean Faurie, huissier royal, étranger.

Léonard Pranchères, cabaretier, boutique.

Jean-Baptiste Maugen, boutique.

Jean Meneyrol, serrurier, étranger et boutique.

Vieillefond, dit Lamblard, étranger.

François Peuch, armurier, boutique.

Catherine Massoulier, veuve Bach, étrangère.

Moussours, procureur, pour sa femme, étrangère.

Rabanide, marchand, boutique.

Antoine Tournel, gendre Besse, droit d'étranger.

Marc Vergne, charpentier, étranger et boutique.

Charel, gendre Celaur, garçon chapelier, étranger.

Léonard Charel, gendre de Jean Plas, dit Fify, chapelier, étranger.

Goutte fils, cordonnier, boutique.

Jean Terssac, serrurier, pour sa femme étrangère et boutique.

Jean Massounie, dit le Ratou, cordonnier, vendant vin, étranger et boutique.

Combrade, papetier, pour sa femme étrangère.

Charles-Joseph Queynel, boutique.

Léonard Ceindriat, armurier, boutique.

Joseph Arpajoux, tailleur d'habits, étranger et boutique.

François Vialle, potier d'étain, boutique.

Jean Lamy, gendre de la Marie Perduc, étranger.

La veuve de Jean Pauphile, voiturier, étrangère.

Jean-François Massé, dit la Flamme, maréchal, boutique.

Mme Dauphin, veuve du marquis de Scilhac, étrangère,

Bousset, tailleur, étranger.

Montet du Bois-de-la-Vergne, conseiller au présidial, étranger et prestation de serment.

Lolie, menuisier, étranger.

M. de Lauthonie, étranger.

Antoine Besse, huissier aux tailles, étranger.

La Fontaine Saint-Martin.

Gilles Blaud, cordonnier, étranger.

Décombre, bourgeois, étranger.

Soulier, dit Mitron, étranger.

Pierre Nicolaudie, étranger.

Le Canton.

Pierre Bar, dit l'Arfeuil, cabaretier, étranger et boutique.

Jean Beix, gendre du sieur Rolland, huissier, étranger.

Veuve Pimond, étrangère et boutique.

Marie, marchande sous la maison de M⁰ de Leyrat, boutique.

Ignace Reignac, receveur des consignations, réception.

Jean Libouroux, dit Mourayre, cordonnier, boutique.

La veuve de M. Duval de la Guirande, bourgeois, étrangère.

Louis Sublime, dit Lafontaine, étranger.

La femme du sieur Juyé de Labesse, procureur, étrangère.

Pasquet, perruquier, étranger.

Le Lion-d'Or.

M. de la Salvanie de Puymège, pour madame son épouse, étrangère.

M. Audubert, lieutenant criminel, étranger et droit de réception.

Antoine Peyrole, étranger.

Segrey, notaire et procureur, pour sa femme étrangère et deux droits de réception.

Simon Reyt et sa femme, hôtes étrangers.

Maisonneuve, bourgeois, étranger.

La Ville.

Joseph Dumond, marchand, étranger et boutique.

M. Selafer de Chabrignac, juge de la ville, étranger et prestation de serment.

M. Melon, avocat du roi, pour sa réception.

M. Lagarde d'Ambert, ancien conseiller au présidial et trésorier de France.

De Para, pour madame son épouse, étrangère, et pour sa réception.

M. Fortier, conseiller au présidial, droit de réception.

Claire Cordiés, veuve de Toriniot, étrangère.

M. de Saint-Priest de Saint-Agne, avocat, femme étrangère et prestation de serment.

M. de Saint-Priest de Laborie, avocat, prestation de serment.

Barthélemy Monteil, gantier, boutique.

Etienne Espinat, teinturier, boutique.

Léonard Margery, huissier royal, étranger et réception.

Jean-François Baluze, perruquier, boutique.

Delnaud, vitrier, étranger.

Jean Jayle, perruquier, gendre de la Marsaloune, étranger et boutique.

M. Dumyrat, chanoine, réception.

M. Dumyrat de Valiarguet, avocat, prestation de serment.

M. Albier de Bellefond, président en l'élection, droit d'étranger et de réception.

François Crignon, gendre Bassaler, faiseur de bas, étranger et boutique.

M. Dumyrat, conseiller en la cour des Monnaies, pour sa femme, étrangère.

M. Léonard Saint-Exupéry, huissier, pour sa femme, étrangère.

M. Léonard Puymège, boulanger, gendre de la Clercine, étranger.

Jean Angely, boulanger, étranger et boutique.

M. de la Guaraine du Peyroux, étranger.

Gabriel Toriniot, marchand quincaillier, boutique.

Antoine Manssié, boutique.

Le Blanc, marchand étranger et boutique.

Noël Vedrenne, huissier, boutique.

M. Dumas, secrétaire du roi, étranger.

La place Saint-Julien.

M. Després du Leyris, conseiller de police, prestation de serment.

M. de la Bachélerie, écuyer, étranger.

Jean Massoulier, dit Frison, perruquier, boutique.

Jeanne Malombre, veuve Leyx, sergent royal, boutique.

Pourchet, tailleur d'habits, boutique.

Ciercie, médecin, étranger.

Teyssier, perruquier, boutique.

La Rode de la Père.

M. Melon de Pradou, conseiller au présidial, réception.

M. Jacques Mirat, bourgeois, étranger.

François Tramont, dit Pampaligot, pour sa femme étrangère.

Antoine Leyrat, dit Couquetou, étranger.

Jeanne du Viallard, dit Nez-coupé, veuve Lafon, étrangère.

Pierre Cerou, meunier, au moulin du Chapitre, étranger.

Le pont Choisinet et les Portes de fer.

Antoine Coustalin, potier d'étain, étranger.

Brival, avocat du roi, pour madame son épouse, étrangère.

Marcillou, aubergiste, pour sa femme étrangère.

La Rivière.

Blaise Tible, messager de Bordeaux, étranger.

Gérard Martinie, huissier aux tailles, étranger.

Fleyssac, sculpteur et petit marchand, étranger et boutique.

M. Meynard de la Farge, pour madame son épouse, étrangère.

M. Serre, juge du Chapitre, étranger.

Albier, petit marchand, étranger et boutique.

François Lunéville, huissier aux tailles, étranger.

ANNEXE N° 8

—

EXTRAIT DU DEVIS DES TRAVAUX A FAIRE POUR RÉÉDIFIER
LES BATIMENTS INCENDIÉS EN 1775.

..... Que pour réédifier ces murs en bon mortier à chaux
et à sable sur des fondements de quatre pieds d'épaisseur
pour le premier où doivent être placés les offices, cuisine et
cave, le tout voûté; et depuis le premier jusqu'au quatrième,
les murs doivent être de trois pieds d'épaisseur au solage de
la charpente, et que pour ladite construction desdits cinq cent
treize toises de mur tant plein que vide, y compris le moëlon
à vingt-quatre livres la toise, pour les seuls matériaux, cela
forme la somme de douze mille trois cent douze livres,
cy.. 12,312 »

Qu'il faut pour les portes, fenêtres ou cantona-
des et bas de cheminée quatre mille pieds de pierre
de taille, à vingt sols le pied, la somme de quatre
mille livres, cy.............................. 4,000 »

Il faut aussi pour les dites portes et fenêtres
soixante-douze mantaux ou accoudoirs de pierre
de taille, à six livres pièce, font la somme de quatre cent trente-deux livres, cy................ 432 »

Que pour la première rampe à deux courses de
l'escalier, il faut vingt marches et deux palliers en
pierres de taille, chacune de trois pierres, de cinq
pieds de long et de six pouces d'épaisseur sur un
pied de large, à huit livres pièce, la somme de
deux cent quarante-huit livres, cy............. 248 »

Que pour la voûte des cuisines, offices et cave, il
faut deux mille charretées de pierres lalinche qui
est meilleur marché que la pierre de taille, à trois
livres la charretée, font la somme de six mille
livres, cy.................................... 6,000 »

Pour chaux et sable la somme de six cents livres, cy.................................... 600 »

Qu'il faut pour la construction de six cheminées trente milliers de briques en terre cuite, à cinquante sols le cent, font la somme de sept cent cinquante livres, cy......................... 750 »

Plus pour la main-d'œuvre tant des maçons, tailleurs de pierres ou charpentiers, pour faire les échafauds, que pour les journaliers pour servir les maçons ou pour nettoyer les décombres et autres, la somme de sept mille livres, cy.......... 7,000 »

Qu'il faut pour les murs de refente à bon mortier, ou pour crépissage et blanchissage la somme de seize cents livres, cy....................... 1,600 »

S'ensuit l'état et estimation de la charpente du dit corps de logis, il faut soixante poutres de bois de chêne, de vingt-deux pieds de long, de treize pouces de carissage sur quatorze pouces de hauteur, à soixante livres pièces, la somme de trois mille six cents livres, cy.................. 3,600 »

Il faut trois mille solives de six pieds de long, et quatre à cinq pouces de carissage, à dix sols pièce, font la somme de quinze cents livres, cy........ 1,500 »

Il faut aussi trois mille planches de six pieds de long, et un pied de large pour les premiers planchers, à cinquante livres le cent, la somme de quinze cents livres, cy......................... 1,500 »

Plus autres deux mille planches de meilleure qualité pour le double plancher des infirmeries, à soixante livres le cent, douze cents livres, cy.... 1,200 »

Il faut pour le corridor et les cloisons trois cents colonnes de huit, neuf et dix pieds de haut et de carissage de sept à huit pouces, à quinze sols la pièce font la somme de deux cent vingt-cinq livres, cy.................................... 225 »

Mais il serait plus avantageux et presque indispensable de continuer les murs de refente au lieu de simples cloisons, par ce moyen tout en serait plus solide et plus sain, et cela ferait une dépense du double en sus.

Pour le toit quarante-six jambes de force de dix pieds de long sur un pied de carissage, à dix livres pièce, cy.. 460 »

Pour lassets et solles la quantité de huit cents pieds de carissage de huit pouces, à cinq sols le pied, la somme de deux cents livres, cy.......... 200 »

Il faut aussi trois cent cinquante chevrons de vingt-huit pieds de longueur pour six et sept pouces de carissage, à cinq livres pièce, la somme de dix-sept cent cinquante livres, cy............ 1,750 »

Il faut quatre cent petits chevrons et contre chevrons de six pieds et cinq pieds et demi de long de six et cinq pouces de carissage, à dix sols pièce, la somme de deux cents livres, cy........ 200 »

Il faut trois cent cinquante loyaux de quatre pieds et demi de long, et de cinq pouces de carissage, à six sols pièce, la somme de cent cinq livres, cy.................................... 105 »

Il faut aussi quarante tirans de quarante six pieds de long, sur neuf pouces de carissage à quarante livres la pièce, la somme de seize cents livres, cy.................................... 1,600 »

Il faut vingt poinçons de quinze pieds de long, et d'un pied de carissage à quinze livres pièce, trois cents livres, cy........................ 300 »

Il faut quarante-quatre arrestiers de vingt-cinq pieds de long, sur huit pouces de carissage, à quatre livres la pièce, la somme de cent soixante-seize livres, cy.............................. 176 »

Il faut douze cents pieds de soles de sept pouces sur six de carissage, à quatre sols le pied, la somme de deux cent quarante livres, cy........ 240 »

Pour les quatre courses faisant huit rampes pour l'escalier, les marches de cinq pieds de long, quinze pouces de largeur et six d'épaisseur, les limons accoudoirs, balustres clous et plafonds, la somme de douze cents livres, cy.............. 1,200 »

Il faut cent quatorze pieds de fettage de six pouces de carissage, à cinq sols le pied, la somme de vingt-huit livres dix sols, cy................ 28 10

Il faut aussi deux cents pieds de bois en longueur et de carissage de six et quatre pouces, pour douze lucarnes en capucine, à trois sols le pied, la somme de trente livres, cy............. 30 »

Il faut deux quintaux de cloux de couronne à quarante livres le quintal, quatre-vingts livres, cy. 80 »

Pour les cloux des planchers vingt milliers à cinq livres dix sols le millier, la somme de cent dix livres, cy................................. 110 »

Pour le toit et couverture, il faut trois mille lates de six pieds de long sur cinq et six pouces de large à cent-cinquante livres le millier, la somme de quatre cent cinquante livres, cy...... 450 »

En ardoises pour la couverture, il faut cent cinquante milliers d'ardoises à quinze livres le millier, la somme de deux mille deux cent cinquante livres, cy............................. 2,250 »

Il faut aussi des cloux d'ardoises ou de lates, deux cent cinquante milliers, à quarante-cinq sols le millier, la somme de cinq cent soixante-dix sols, cy................................. 562 10

Pour la main-d'œuvre des recouvreurs ou service d'yceux la somme de six cents livres, cy.... 600 »

Plus pour les croisées au nombre de soixante, à soixante-douze livres pièce, soit en bois, vitres, ferrements, contrevents et main-d'œuvre, la somme de quatre mille cinq cent vingt livres, cy. 4,520 »

Pour la maîtresse porte tout compris la somme de cent cinquante livres, cy.................. 150 »

Pour placards et décharge, ou buffets à la cuisine, office et réfectoire la somme de cinq cents livres, cy................................. 500 »

Pour ferrements, soit en gonds, pates, fiches, crochets, pivots et serrures, la somme de six cents livres, cy................................. 600 »

S'en suit l'estimation des autres bâtiments par-

tie incendiés, partie démolis, coupés ou décou-
verts, pour empêcher le progrès des flammes,
premièrement à la sacristie joignant l'église, le
vestibule où était un escalier servant à la sacristie et au pavillon au-dessus duquel était placé
l'horloge, dans l'étendue de dix-huit pieds de
long et de seize pieds de profondeur, couverte en
ardoises, le dit vestibule était à deux étages et
couvert en ardoises, l'escalier qui servait à ce
pavillon a été incendié avec tout ce qui est dit ci-
dessus, et pour cette reconstruction, nous esti-
mons qu'elle est de valeur de quinze cents livres,
cy.. 1,500 »

 L'horloge, la somme de quatre cents livres,
y compris la sonnerie, cy...................... 400 »

 La chambre de la supérieure des sœurs dudit
hôpital, qui était séparée par un torchi a été
démoli pour empêcher les progrès du feu, la
somme de soixante livres, cy.................. 60 »

 Le dommage causé à la sacristie, non compris
les meubles et ornements gâtés et détériorés la
somme de deux cent cinquante livres, cy........ 250 »

 Pour remettre le dommage occasionné à la couverture de la sacristie, la somme de deux cents livres, cy...................................... 200 »

 Pour réparer le dommage occasionné au vestibule du portail de la cour, à la loge du portier, et
aux buanderies, tant en charpente, lates, cloux,
tuiles creuses, que main-d'œuvre, la somme de
cinq cent cinquante livres, cy.................. 550 »

Revenant toutes les susdites sommes accumulées
ensemble à celle de soixante mille trois cent
trente-quatre livres, cy....................... 69,334 »

ANNEXE N° 9

—

PROCÈS-VERBAL D'EXPERTISE DES BIENS DE L'ANCIEN HOPITAL.

Nous, Pierre Boudrie, notaire et expert de la commune de Tulle, suivant la commission à nous adressée par l'administration du district de Tulle à l'effet de procéder à l'estimation des biens nationaux, sur l'avis et assistance des officiers municipaux de la commune de Tulle, nous nous sommes transportés sur un terrein appelé l'ancien hôpital, et après avoir parcouru le dit bien que nous avons trouvé composé de bâtiments, jardin, pré et terre tout contigü, et après avoir pris des officiers municipaux, les renseignements nécessaires sur la population du canton, sur les facultés des habitants et sur l'avantage ou le désavantage qui pourrait résulter de la division ou de la non division du dit bien, nous avons déterminé de concert avec les dits officiers municipaux que le dit bien est dans le cas d'être divisé à l'effet d'en former plusieurs lots d'adjudication.

En conséquence, nous avons d'abord opéré à la formation des différents lots ainsi qu'il va être expliqué :

1er *Lot.* — Le premier lot est composé d'un bâtiment, appelé le bâtiment neuf, partie de cour au-devant, grange, partie de jardin, partie de pré, le tout tenant et ainsi qu'il a été marqué par différents jalons, contenant le tout ensemble six seterrées, six coupes et demy (la seterrée composée de quinze mille six cent vingt-cinq pieds carrés et superficiels et encore composée de douze coupes) confrontant au restant du dit pré et cour du second lot vers le levant. Du midy confronte à la terrasse du grand bâtiment, restant du jardin et partie du pré du troisième lot, du couchant à partie de pré des quatrième et cinquième lot, du nord au chemin de Tulle à Argentac, avec cette clause que la fontaine qui jaillit dans cette partie de cour, sera entretenue entre le présent et le

troisième lot et le réservoir entretenu par le présent lot en
seul dont il fait partie, les eaux de cette fontaine pourront
continuer d'être prises à leur ancienne source et de pouvoir
traverser les mêmes endroits par lesquels l'ancien hôpital les
faisait traverser, plus le portail d'entrée à côté de la chapelle
sera désormais commun entre le présent et le second lot et
entretenu aux frais communs. Le lot ainsi contenancé, limité
et confronté demeure estimé à la somme de dix-sept mille
livres : 17,000 livres.

Droits du commissaire pour le présent lot : 15 livres.

2ᵐᵉ *Lot.* — Le second lot est composé d'un petit bâtiment,
chapelle y tenant l'apentif qui est à gauche en entrant jusqu'à l'alignement du mur de façade du grand bâtiment du
troisième lot, partie de cour jusques à la terrasse du dit grand
bâtiment et jusqu'au milieu du degré de cette terrasse, partie
de pré tenant aux dits bâtiments, contenant le tout trois seterrées, confronte du levant au chemin de l'hôpital aux Malades, du midy au restant de l'apentif et terrasse du troisième
lot, du couchant au restant de cour et restant de pré du premier lot, du nord au chemin d'Argentac à Tulle et de Tulle
aux Malades.

Plus apartiendra au présent lot second, partie d'une terre
et rocher au-dessous appelé sur l'Hôpital, confronte au levant
au pré ou rocher du citoyen Regis et au terrein acquis par le
citoyen Duval, du midy au restant de la même terre du troisième lot, du couchant au chemin des Malades aux Condamines et à l'hôpital du nord aux possessions du citoyen Eyrolles, le dit parti de terre contenant quatre seterrées non
compris les rochers.

Avec cette clause que le présent lot aura en seul la fontaine
qui jaillit dans cette partie du bâtiment, et ne contribuera
pas à l'entretien de celle qui est au milieu de la cour, et aura
la faculté d'aller chercher l'eau de cette fontaine à la source
et de la faire traverser dans les mêmes endroits où l'ancien
hôpital la faisait traverser ; et quand cette eau sortira desdits
bâtiments elle sera ramassée dans le réservoir qui est au bas
dudit pré pour de là être divisée entre le présent lot et le premier lot pour l'arosement de leurs portions de pré.

Le portail d'entrée qui est dans le présent lot sera commun
avec le premier lot et entretenu par moitié, le présent lot

ainsi déterminé demeure estimé la somme de dix mille livres : 10,000 livres.

Droits du commissaire pour le présent lot : 15 livres.

3me *Lot.* — Le troisième lot est composé d'une maison et
partie d'apentif appelé le grand bâtiment haut, la terrasse
qui est au-devant la dite partie d'apentif au pignon de ce
bâtiment du côté du chemin en suivant seulement l'alignement du mur de façade, partie de pré et restant du jardin,
contenant le tout trois seterrées dix coupes, ladite partie de
jardin à prendre depuis l'angle de la grange vers le midy
jusqu'au jalon planté au bord du pré, à l'angle supérieur de
l'allée, confrontant le tout du levant au chemin de l'Hôpital
aux Malades, du midy au pré du citoyen Froment, chemin
des Malades aux Condamines, entre deux du couchant à la
partie de pré du quatrième lot, du nord à la partie du même
pré, partie de jardin, grange et partie de cour du premier
lot, partie de cour et apentif du second lot. Sera de plus tenu
le présent lot de boucher la porte de l'apentif qui lui est des-
tinée donnant dans la cour, dans laquelle il n'aura aucun
droit de passage par le grand portail, mais seulement un
droit de passage dans la partie de cour du premier lot, pour
aller puiser l'eau à la fontaine qui y jaillit, sera tenu le présent lot de faire son entrée pour son bâtiment du côté du
chemin sans pouvoir passer par la cour, ne pourra le présent
lot sous aucun prétexte jetter aucun immondice dans les deux
parties de cour du premier et du second lot, sera de plus tenu
d'élever le mur de sa terrasse dans tout son long, de quatre
pieds au-dessus de l'élévation actuelle, cette terrasse ne pourra
pas avancer du côté de l'apentif du second au-delà de l'angle
du pignon du même grand bâtiment depuis lequel angle
cette même terrasse sera encore fermée à la même hauteur
que le reste de mur.

Plus appartiendra au présent troisième lot partie d'une
terre appelée de l'Hôpital, confrontant du levant au cimetière
acquis par le citoyen Duval, du midy et couchant au chemin
des Malades à l'Hôpital, du nord au restant de ladite terre
du second lot, contenant le présent parti trois seterrées.

Ne pourra le présent lot empêcher de passer dans cette
terre les tuyaux nécessaires aux susdites deux fontaines
depuis leur source.

Le présent lot ainsi déterminé, demeure estimé la somme de douze mille six cents livres, cy : 12,600 livres.

Droits du commissaire pour le présent lot : 15 livres.

4ᵐᵉ *Lot.* — Le quatrième lot sera composé d'une partie de pré appelé de l'Hôpital, confronte du levant au pré du citoyen Froment, le chemin de l'Hôpital aux Condamines entre deux, du midy au bois dudit citoyen Froment, même chemin entre deux du couchant à l'autre partie du même pré du cinquième lot, du nord au levant au parti de pré du troisième lot. Contenant le présent parti deux seterrées quatre coupes et demy estimé dix-huit cents livres, cy : 1,800 livres.

Les eaux du réservoir à la tête du présent parti seront partagées entre le présent et le cinquième lot, de la manière suivante, le présent lot en gardera un tiers et le cinquième lot en aura deux tiers et le réservoir entretenu dans la même proportion.

Les droits du commissaire pour le présent lot : 7 livres 10.

5ᵐᵉ *Lot.* — Le présent cinquième lot aura l'autre partie du même pré de l'hôpital, confrontant du levant à l'autre partie du même pré du quatrième lot, du midy au bois du citoyen Froment, le chemin de l'Hôpital aux Condamines entre deux, du couchant au nord au chemin d'Argentac à Tulle, encore du nord au levant au parti de pré du premier lot, contenant le présent parti deux séterrées six coupes et demy cette partie du pré n'ayant été prise que jusqu'à l'alignement tracé par le nouveau chemin, lequel présent lot demeure estimé la somme de deux mille cent cinquante livres, cy : 2,150 livres.

Il aura les deux tiers de l'eau du réservoir qui est dans le parti du pré du quatrième lot, ainsi que les deux tiers de celles qui en descendront.

Frais du commissaire pour le présent lot : 7 livres 10.

Elles et arretté ledit procès-verbal l'an troisième de la République française une et indivisible.

Signé : Duval, maire ; Brugeille, officier municipal ; Boudrie, commissaire expert.

ANNEXE N° 10

—

Nature des biens et quotité des revenus fixés par année commune, d'après les trois derniers baux, ou par le produit des dix dernières années pour les parties non affermées avec énonciation des titres qui en établissent la propriété et jouissance.

Par lettres patentes de Sa Majesté du mois de décembre 1670, enregistré au Parlement de Bordeaux, le 9 février 1671, le Roy établit un hôpital dans la ville de Tulle sous le nom d'Hôpital général a la sollicitation du Seigneur Evêque et des habitans de lad. ville; ces lettres dont copie imprimée est cy jointe, contiennent différens réglemens pour l'administration dud. hôpital, et énoncent les droits qui lui sont attribués.

Par ces mêmes lettres, toutes les aumones générales et particulières qui se font dans la ville de Tulle, faux bourgs d'icelle et hameau en dépendans, et par exprés celles que le Seigneur Evêque, les sieurs doyen, chanoines, et autres bénéficiers du chapitre ont accoutumé de faire et généralement toutes les autres aumones affectées aux pauvres en termes généraux, sont unis, incorporés, et attribués aud. hôpital général.

Par autres lettres patentes du mois de mars 1675, enregistrées au Parlement de Bordeaux, le 13 juin aud. an, le Roy en confirmant led. établissement de 1670, unit et incorpore les revenus de l'Hôtel-Dieu de Tulle aud. Hôpital général, et Sa Majesté approuve et confirme l'union faite aud. hôpital par le Seigneur Evêque du bénéfice simple de l'infirmerie de

l'Eglize Cathédralle de Tulle, pour être lesd. revenus reçûs
par les directeurs dud. hôpital et par eux employés à la nourriture et entretien des pauvres dud. hôpital, ainsy que les
autres revenus dud. hôpital.

En vertu de ces lettres patentes, et autres titres, qui seront
cy après énoncés, il est dû annuellement aud. hôpital en
rentes foncières, redevances, ou dixmes,

Sçavoir :

Par le Seigneur Evèque, la quantité de 400 sestiers seigle,
à 2 livres............................   800   »)
   Froment 1 sestier, à 3 livres......   3   » }   863   »
   Fèves, argent et une nape..........   60   »)
Reconnaissances de 1438 et 15!8 et arrêts des
20 juin 1701 et 23 juin 1710.

Par le trésorier, le cellerier, le chambrier, l'au-
monier et le prévot de Naves, unis à l'Eglize
Cathédralle.
   Froment, 12 sestiers, à 3 livres....   36   »)
   Seigle, 94 sestiers 1/2, à 2 livres..   189   » }
   Fèves, 15 sestiers, à 2 livres 8 sols.   36   » }   276   12
   Argent.........................   15   12)

Le bénéfice de l'infirmerie uni à l'hôpital produit
année commune en dixmes d'une partie de la
paroisse de Sainte-Fortunade, seigle 400 sestiers,
à 2 livres........................   800   » |
   La dixme des agnaux   30   » |
En dixmes sur deux villages de
la paroisse de Laguenne, affermés..   .50   » |
En 10 sestiers, de grains, de rente
foncière sur le tènement de Vedren-
nes, paroisse de Chanat...........   20   »)   980   »
   En 10 sestiers d'avoine sur le
tènement du Tramond, paroisse de
Naves...........................   20   » |
En 5 sestiers 3 quartes, froment
et argent, sur certaines maisons de
la ville de Tulle, le tout du revenu
de   60   » |

Par contrat du 19 avril 1740, l'hôpital a arrenté a perpétuité des bâtimens et un terrain pour la somme de.................................... 100 »

Par contrat du 1er août 1747, l'hôpital a acquis la rente de deux tènemens situés dans la paroisse de Gimel, évalués en grains, argent et suites, la somme de.................................... 70 »

Les préclôtures de l'hôpital consistent en un jardin potager, une prairie, un pacage, une terre labourable et une vigne, le tout du revenu annuel de la somme de.............................. 150 »

Possède un four dans la ville affermé......... 500 »

Un moulin dans lad. ville, affermé 48 sestiers seigle à 2 livres.............................. 96 »

Un domaine dans la paroisse de Saint-Hilaire-Foissac, affermé.............................. 232 10

Autre domaine dans celle de Gimel, du produit de,.................................... 120 »

Autre domaine dans celle de Saint-Mexent, du produit de............................... 120 »

Héritages détachés dans deux paroisses....... 40 »

La manufacture établie dans l'hôpital depuis le 1er juin 1742, dans laquelle il ne se fabrique que des étoffes en laine est du produit annuel de.................................... 600 »

Rente sur les tailles de l'élection de Tulle, de la création du mois d'août 1720............... 336 17

Rente constituée sur les religieux de l'abbaye de Chalis, diocèze de Senlis, au profit du feu sieur Ladoire qui en a fait don à l'hôpital, contrat du 8 février 1752...................... 800 »

Rentes constituées ou intérêts dûs à l'hôpital par différens contrats et autres actes.......... 851 »

Les droits d'installation et prestation de serment d'officiers, d'établissemens et autres droits casuels.................................... 100 »

Le produit des quêtes, annonces et legs, que l'hôpital reçoit de la charité des habitans est de.. 800 »

7,035 19

Total des Revenus de toute nature.

Sept mille cent dix livres dix-neuf sols, cy....   7,110 19

Charges à acquérir sur les Revenus.

Dépense occasionnée annuellement par l'entretien de cent vingt lits qu'il y a dans l'hôpital pour le service des pauvres à 5 livres par lit............................   600 »

Décimes.................................   25 »

Honoraires de l'aumonier....................   200 »

Gages de quatre sœurs de charité ....   200 »

Appointemens de l'homme d'affaire...........   200 »

Gages de deux domestiques, d'un portier, de quatre infirmières et de deux servantes de peine.   250 »

Gages, habits et équipement d'un archer destiné a chasser les mandians de la ville et pour la corre tion des pauvres.....................   130 »

Pour la nourriture et entretien d'un cheval...   100 »

Pour entretien année commune de cent quatre-vingt pauvres, à 10 livres par pauvre...........   1,800 »

Pour achat de meubles, effets, ustenciles, etc..   600 »

Pour bois à bruler, ou pour le chaufage du four, qui est dans l'intérieur de l'hôpital........   1,000 »

Il se consomme dans la maison, année commune :

Vin, 20 muids, évalués.........	400 »	
Viande de boucherie............	1,600 »	
Froment, 80 sestiers, à 3 livres...	240 »	5,500 »
Seigle, 1,200 sestiers, à 2 livres ..	2,400 »	
Huille, fromages, beure, sel, pois et autres légumes................	800 »	

Remèdes et médicamens....................   250 »

Réparations des bâtimens, entretien des fontaines et réservoirs........................   400 »

Pour les impositions des biens dont l'hôpital est tenu de payer a la décharge des fermiers........   210 »

Pour les frais de la mise des dixmes de Sainte-Fortunade.................................   50 »

11,515 »

*Rentes passives dues par l'Hôpital Général et motifs
desd. Rentes.*

Rentes perpétuelles au denier.

415 livres, portion congrue du curé et vicaire de la paroisse de Sainte-Fortunade.

11 livres, rente obituaire, au denier 20.

Principal 200 livres, à l'Église de la paroisse de Saint-Hilaire-Foissac.

Rentes rachetables au denier.

70 livres, rente constituée, au denier 20.
Principal, 1,400 livres.
(Contrat du 21 mars 1736).

50 livres, rente viagère, au denier 10.
Principal, 1,000.
(Contrat du 29 janvier 1745).

120 livres rente viagère, au denier 10.
Principal, 1,200.
(Contrat du 18 janvier 1746).

130 livres, rente viagère, au denier 10.
Principal, 1,300.
(Contrat du 20 aoust 1747).

50 livres, rente constituée, au denier 20.
Principal, 1,000.
(Contrat du 28 avril 1750).

100 livres, rente constituée, au denier 20.
Principal, 1,000.
(Contrat du 2 janvier 1750).

40 livres, rente constituée, au denier 20.
Principal, 800.
(Contrat du 25 avril 1751).

45 livres 10 sols, rente constituée, au denier 20.
Principal, 910.
(Contrat du 14 novembre 1751).

200 livres, rente viagère, au denier 15.
Principal, 3.000.
(Contrat du 29 may 1752).

30 livres, rente constituée, au denier 20.
Principal, 600.
(Contrat du 11 juin 1753).

50 livres, rente constituée, au denier 20.
Principal, 1,000.
(Contrat du 13 février 1760).

60 livres, rente viagère, au principal de 1,000.
(Contrat du 17 juin 1760).

60 livres, rente constituée, au denier 20.
Principal, 1,200.
(Contrat du 4 juillet 1763).

Total des rentes passives.

Quatre cent quatre-vingt-cinq livres, cy......	485	»
Cinquante livres, cy........................	50	»
Cent trente-une livres, cy...................	131	»
Cent trente livres, cy.......................	130	»
Cinquante livres, cy........................	50	»
Cent livres, cy.............................	100	»
Quarante livres, cy.........................	40	»
Quarante-cinq livres dix sols, cy.............	45	10
Deux cents livres, cy.......................	200	»
Trente livres, cy...........................	30	»
Cinquante livres, cy........................	50	»
Soixante livres, cy.........................	60	»
Soixante livres, cy.........................	60	»
	1,431	10

L'hôpital a été obligé de contracter toutes les rentes constituées et viagères, détaillées cy-dessus, pour faire subsister
les pauvres.

Il est doû en outre à l'ancien trésorier, suivant son compte
arrêté le 24 octobre 1762...................... 2,880 12 3

Et au trésorier en exercice suivant son livre
journal arrêté le 1er juillet 1764............... .. 2,603 4 4

5,483 16 7

Total général des charges.

Douze mille neuf cent quarante-six livres dix
sols, cy 12,946 10

Résultat.

Les revenus de toute nature, montent à........ 7,110 19
Et les charges, montent à 12,946 10

Partant les charges excédent annuellement de
la somme de............................ 5,835 11

Dettes exigibles au 1ᵉʳ janvier 1764 et cause desd. dettes.

Il est dû à l'hôpital la somme de dix mille livres par
différens contrats et d'obligations ou actes sous seing privé,
qui ont été donnés ou légés par des particuliers qui n'ont pû
en tirer party, lesquels effets sont pour la plus part à charge
à l'hôpital, pour les frais et procédures qu'on est obligé de
faire on les réduit au quart qui est quinze cens livres produi-
sants annuellement en intérêts................. 75 »

Observations sur la forme d'administration
et du recouvrement des revenus.

Le bureau de l'hopital, dont Mgr l'Evêque est président,
est composé de deux directeurs eclésiastiques et de quatre
laïques, d'un receveur ou tresorier, et d'un secrétaire, chacun
des directeurs demeure trois ans dans la direction, et le
tresorier est deux ans en exercice.

Tous les dimanches ou lundys, suivant la saison, les
directeurs et tresoriers, se rendent à l'hôpital pour conferer
et regler ce qui le regarde.

On nomme a chaque bureau, selon l'ordre du tableau, un
directeur pour aller à l'hôpital pendant la semaine faire
observer les reglemens et tenir l'œil à ce qui se passe, le
bureau suivant il rend compte.

Les obligations, procedures, contrats, rentes et autres effets
sont divisés en autant de lots qu'il y a de directeurs, tout ce
qui compose les lots est exactement écrit dans un livre.

Chaque bureau on met sur l'agenda ce que chacun des
directeurs doit faire pendant sa semaine, le bureau suivant
on lit l'agenda et on voit ce qui a été exécuté.

Le receveur ou tresorier est seul chargé de la recette et
depense.

Lorsqu'il entre en exercice, son predecesseur luy remet un livre qui contient un extrait de tout ce qui est dû a l'hôpital, et dans lequel il rapporte en son lieu tous les payemens faits en consequence.

Il y a de plus un livre journal sur papier timbré, cotté et paraphé par le président de l'administration, dans lequel il porte jour par jour toute la recette et la depense par colonnes.

Le tresorier presente chaque mois au bureau, son livre journal de recette et depense avec les pieces justificatives, il ne doit rien payer que sur le mandement d'un directeur ; ce compte est examiné article par article, on admet, ou rejette, ou reforme, ainsi qu'il paroit juste et convenable, ensuite on arrette son livre journal ou compte qui doit au moins être signé de trois directeurs.

Les deux années de l'exercice du trésorier finies, il n'a suivant les lettres patentes de l'établissement de l'hôpital que quatre mois pour rendre son compte general, dans ce delay, il le presente de luy signé et affirmé, et tel qu'il a été arrêté cy devant mois par mois, avec les pieces justificatives, ajoutant a la fin dud. compte, un precis de la recette et depensse tant en argent, qu'en grains et autres denrées, pour lors le bureau, par une deliberation écritte dans les registres, nomme deux directeurs pour examiner ce compte, l'examen fait, ils en font le rapport, le bureau clos et signe led. compte, dont on fait un double sur papier timbré, qui est déposé dans les archives, avec les pieces justificatives, et l'autre demeure en main du rendant compte.

Il y a un registre en papier timbré, cotté et paraphé, ou l'on écrit les deliberations du bureau.

On inscrit sur un autre registre en papier commun le nom des pauvres, leur âge, le lieu de leur naissance, le jour de leur entrée dans l'hôpital et le jour de leur sortie ou décès.

La sœur œconome tient un livre de depense pour la nourriture des pauvres, qui est examiné, clos et signé a chaque bureau.

L'aumônier tient un registre particulier, cotté et paraphé, par le lieutenant general pour les baptemes et pour les morts.

Il y a un medecin et un chirurgien attachés à l'hôpital qui

1966

charitablement et sans rétribution visitent assidûment et soignent les malades.

Les bâtiments de l'hôpital sont assés vastes pour contenir quatre cens pauvres, ils sont composés d'une chapelle, et de trois corps de logis qui contiennent plusieurs salles, chambres et cinq infirmeries, dont deux sont pour les femmes malades, une troisieme pour celles en couches et deux pour les hommes.

La manufacture établie dans l'hôpital depuis 1742, dans laquelle il n'est fabriqué que des étoffes de laine du païs, qu'on appelle Ras, produit annuellement la somme de 600 livres, qui est portée en recette dans l'état des revenus.

L'objet de cet établissement dont le fonds n'est que de quatre mille livres a été principalement l'occupation journaliere des pauvres dont les uns sont employés a la fabrique des étoffes sous les yeux d'un maître gagé, d'autres sont occupés a filer a la roüe et a la quenoüille, d'autres a carder et peigner la laine.

L'hôpital pourroit ameillorer cette manufacture et la rendre plus produisante, s'il avoit des fonds assez considerables pour faire les emplectes de laine, d'huille et autre choses necessaires et pour se procuré un certain nombre de bons ouvriers pour former les apprentifs, par ce moyen on fabriqueroit dans l'hôpital des étoffes d'une meilleure qualité, et toutes celles qui sont necessaires pour l'usage et l'habillement des pauvres, au lieu qu'on est obligé de les acheter à grands frais.

Nous soussignés directeurs et trésorier de l'Hôpital general de la ville de Tulle, certifions le present etat sincère et veritable, à Tulle, le neuf juillet mil sept cent soixante-quatre.

MEYNARD DU TOURNIER,   BELLEFOND.

BOUZONIE.   DESRENAUDE.

VILLENEUVE,
Trésorier.

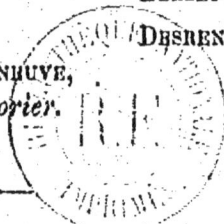

www.ingramcontent.com/pod-product-compliance
Lightning Source LLC
Chambersburg PA
CBHW070805270326
41927CB00010B/2301